U0647752

本书为浙江省哲学社会科学重点研究基地浙学研究中心重点课题最终成果
本书由浙江省社会科学院省级社会科学学术著作出版资金资助出版

“浙学研究丛书”主编　何显明　陈　野

综合研究系列

浙学通论

吴　光　王　宇　张宏敏　著

·杭州·

图书在版编目(CIP)数据

浙学通论 / 吴光，王宇，张宏敏著. —杭州 ：浙江大学出版社，2022.8
ISBN 978-7-308-22431-4

Ⅰ. ①浙… Ⅱ. ①吴… ②王… ③张… Ⅲ. ①哲学学派—研究—浙江 Ⅳ. ①B2

中国版本图书馆 CIP 数据核字(2022)第 045745 号

浙学通论
ZHEXUE TONGLUN
吴 光 王 宇 张宏敏 著

策　　划 宋旭华 王荣鑫
责任编辑 徐凯凯
责任校对 蔡 帆
封面设计 项梦怡
出版发行 浙江大学出版社
(杭州市天目山路 148 号 邮政编码 310007)
(网址：http://www.zjupress.com)
排　　版 浙江时代出版服务有限公司
印　　刷 广东虎彩云印刷有限公司绍兴分公司
开　　本 710mm×1000mm 1/16
印　　张 15.25
字　　数 312 千
版 印 次 2022 年 8 月第 1 版 2022 年 8 月第 1 次印刷
书　　号 ISBN 978-7-308-22431-4
定　　价 68.00 元

“浙学研究丛书”导言

浙江山川清丽，经济发达，人文鼎盛，地域文化传统源远流长。浙地学人在长久历史岁月里殚精竭虑、发微探真而成之学术思想精义，为本区域文化构建起丰富的内在层次。她以“浙学”的形态与名义，凭借理性思辨的学思与睿智，为浙江历史与当代发展注入了人文精神的厚重意蕴。

一、浙学的理论渊源与名义之辩

浙江省社会科学院哲学所资深研究员、著名浙学研究者吴光认为，浙学的理论源头，可从东汉王充算起。王充是浙江思想文化史上第一个建立系统哲学理论、形成思想体系的学者，他的“实事疾妄”学术宗旨代表了一种求真务实、批判创新的精神，而这正是浙学的基本精神。浙学形成于永嘉、永康、金华、四明之学异军突起的南宋。永嘉、永康之学给浙学打上了追求功利、讲求事功的思想烙印，金华、四明之学则分别传承了中原文献之学和江西陆学的精神传统。明代中后期，以王阳明为宗主的阳明学派遍及两浙，风靡全国，确立了良知心学理论体系。明清之际，刘宗周（蕺山）的诚意慎独之学独树一帜，形成涵盖两浙的蕺山学派；其高足黄宗羲接踵而起，力倡重视经世实践的“力行”哲学，开创具有民主启蒙性质和实学特征的浙东经史学派，使浙学升华到足以主导中国思想潮流的地位，成为推动近代思想解放和民主革命运动的思想大旗。自南宋至明清，浙学内部学派林立，宗旨各异，而其主流则是以“求实、批判、兼容、创新、民本”为根本精神的两浙经史之学。

据现有史料分析，浙学概念最早由南宋朱熹提出。朱熹在评论浙东学者吕祖谦、陈傅良、叶适、陈亮的学术时，首次将“永嘉、永康之说”称为“浙学”。明代中期以后，阳明心学风靡两浙，故有学者从学术传播的师承、地域上突破南宋以来以浙东永嘉、永康、金华之学为浙学的视野，而从两浙地区的大视野讨论浙学。如浙西德清学者蔡汝楠在其书函中，将明代两浙地区的阳明心学列入浙学传承脉络。又有曾任浙江提学副使的福建籍学者刘鳞长著《浙学宗传》，将宋明时代包括浙东、浙西在内的儒学流派归入浙学传统，粗具"大浙学"的概念。清代全祖望撰《宋元学案叙录》，多次使用浙学概念，并作肯定性评价。他认为浙学主要是指"浙东之学"，但也包括"浙西之学"，其学术渊源都与宋初大儒胡瑗在浙西湖州讲学时形成的"湖学"相呼应，地位堪与齐鲁之学、闽学、关学、蜀学相媲美，而且蔚为一大学统，对宋元学风有启迪之功。清乾嘉时的浙东学者章学诚在《文史通义·浙东学术》中认为，"浙东之学"与"浙西之学"的学术渊源与学风虽有不同，但都是儒家之学，其根本之道可以并行不悖、互相兼容。

溯源综述，综合比堪，浙学的内涵可作狭义、中义与广义之区分。狭义的浙学概念是指发端于北宋，形成于南宋永嘉、永康地区，以陈傅良、叶适、陈亮为代表的浙东事功之学。中义的浙学概念是指渊源于东汉、酝酿形成于两宋、转型于明代、发扬光大于清代的浙东经史之学，包括东汉会稽王充的"实事疾妄"之学，两宋金华之学、永嘉之学、永康之学、四明之学，以及明代王阳明心学、刘蕺山慎独之学和清代以黄宗羲、万斯同、全祖望为代表的浙东经史之学。广义的浙学概念指的是渊源于古越、兴盛于宋元明清而绵延于当代的浙江学术思想传统与人文精神传统，它是狭义浙学与中义浙学概念的外延：既包括浙东之学，也包括浙西之学；既包括浙江的儒学与经学传统，也包括浙江的佛学、道学、文学、史学等人文社会科学传统，甚至在一定意义上涵盖了具有浙江特色的自然科学传统。站在当今文化建设和弘扬文化精神的立场上，则应取广义的浙学概念，尤其重视对其人文精神的研究和应用。①

二、浙学的人文精神与当代价值

浙学不仅具有深刻的理论内涵，更具务实的实践品格；不仅熠熠生辉于历史天空，更呈现出蓬勃鲜活的当代价值。

浙江的地域文化传统孕育了以浙学为核心的浙江地域学术思想和文化精

---

① 以上有关浙学理论渊源与名义之辩的论述，详见吴光《简论"浙学"的内涵及其基本精神》，载《浙江社会科学》2004年第6期。

神，浙江地域学术思想和文化精神又在历史的演进里引领着、支撑着浙江人民行进在建设美好家园的大道上。她以穿越时空的生命力、感召力和价值引领，不断吸纳融合优秀文化元素，不断淬炼升华精神品质，激励着浙江人民在各个不同的历史时期超越自我、开辟新境。例如，新民主主义革命时期，革命红船起航于浙江嘉兴。红船精神所蕴含的“开天辟地、敢为人先的首创精神，坚定理想、百折不挠的奋斗精神，立党为公、忠诚为民的奉献精神”，正是浙江地域文化精神的重要价值核心，为浙学注入了深刻的时代精神内涵。

改革开放以来，浙江在缺乏区位优势、工业基础、政策扶持和资源禀赋等各种条件的情况下，千家万户办企业，千辛万苦搞经营，千山万水闯市场，千方百计创新业，创造了第一批发放个体工商执照、第一个闻名全国的农村专业市场、第一座农民城、第一批股份合作制企业等多个全国第一。浙江经济奇迹的产生并非偶然，分析其成因，实与隐藏在经济发展背后以浙学为人文基因的浙江精神密不可分。浙江曾于 2000、2005 年开展的两次研究表明，浙江精神与浙江发展的历史轨迹一路相伴，始终引领着浙江人民不断自我诊断、自觉反思，激励着浙江人民励精图治、开拓进取，推动着浙江经济社会的发展。

2000 年，针对改革开放 20 多年来“真富、民富、不露富”的“浙江现象”和浙江民众在社会主义市场经济形成时期焕发出来的集体性创业意识开展的研究表明，基于浙学传统中经世应物、崇义谋利、工商并举等学术思想的讲究实效、敢闯敢拼、善谋实利等特质，是沉积于浙江人身上的文化基因。它们“一有阳光就灿烂，一遇雨露就发芽”，在改革开放的环境里，形成具有时代特征的“自强不息、坚韧不拔、勇于创新、讲求实效”的浙江精神，使得浙江人特别能够适应和发展市场经济，锤炼出强大的民营经济，成为助推浙江经济持续高速发展的动因。

2005 年，面对浙江发展“先天的不足”和“成长的烦恼”，一些老问题未从根本上解决、一些新问题又不同程度地比全国先期遇到的实际状况，为使浙江人民在全面建设小康社会、加快推进社会主义现代化建设的不懈追求中具有现代的思想观念、价值取向、心理状态和社会道德标准，时任浙江省委书记习近平同志亲自主持开展了“与时俱进的浙江精神”研究，并淬炼出“求真务实、诚信和谐、开放图强”的浙江精神。

全面审视、提炼浙江传统文化基因、文化品格之于当代发展的价值，是此次研究的一个重要内容。经过深入调研、系统研究，提炼出“以人为本、注重民生的观念”“求真务实、主体自觉的理性”“兼容并蓄、自得创新的胸襟”“人我共生、天人合一的情怀”“讲义守信、义利并举的品行”“刚健正直、坚贞不屈的气节”“卧薪尝胆、发愤图强的志向”七项浙江传统文化特质，作为“与时俱进的浙江精神”的历史基础和传统基因。浙江的历史传统中，在浙东学派敢言功利的崇义谋利理念外，尚有更多丰富内涵和要素。例如，在学术人物上，有被英国科学史家李约瑟评价为“中国科学史上的坐标”和“中国科技史上的里程碑”的沈括，有近代启蒙思想家龚自珍，有清末民初思想家、革命家、国学大师章太炎，有革命家、教育家、政治家、民主进步人士蔡元培。在地域民风上，有义利双行的善谋实利，有人我共生的和谐互助，有尚德向善的品性修养，有崇学重教的耕读传家，有穷高极远的探微精研，有兼容并蓄的包容开放。如此等等，不一而足，人文璀璨，厚重灿烂。唯其如是，浙江方能走过数千年的时光，创造出丰富的文明业绩和历史传统。因此，与2000年的研究相比，这一研究更为客观准确地兼顾了体现于浙江境内不同区域的文化要素和浙学发展过程中历史性融合汇聚的多种思想成果，为引领浙江发展提供了更为全面的历史基础和思想资源的支撑。

综上所述，浙学作为一种内涵深刻、充满活力的区域学术思想传统，凝聚着浙江学人的理性智慧，贯穿着忧国恤民的社会关切，蕴含着人文精神的巨大能量。她不但在历史上促进了浙江乃至中国的文明进步，至今也仍然蕴含着推动经济社会发展的思想资源。其不朽之丰神品格，正如其地的青山秀水，百世不磨，魅力无尽。由此，我们认为，通过对浙学传统及其现当代演变发展做进入式的深入剖析，细致研究人、地、文、学之间涵育、形塑、认同、超越、反哺等共存互动的复杂关系，追寻其永恒不坠的内在精神，提炼并激活其中跨越时空、具有当代价值的文化元素和精神，融入当下社会生活的践行之中，当是研究传承浙江区域文化不可或缺的实务之举，也是丰富发展中华文化、实现其当代价值的可行路径。

三、浙江省社会科学院的浙学研究学术传统

浙江省社会科学院是浙江省浙学研究的先行者和主力军。1980和1981年，浙江省社会科学院先后在杭州发起并主办“华东地区宋明理学讨论会”“全国宋明理学讨论会”，是为新中国成立以来举行的首次区域性和全国性宋明理学研讨活动，在当时起到了“解放思想”“拨乱反正”的开风气作用。

多年来，浙江省社会科学院形成了关于浙学的一系列研究成果。吴光研究

员主编了《黄宗羲全集》《王阳明全集》《刘宗周全集》《马一浮全集》和“阳明学研究丛书”，率先提出“王充是浙学开山祖”的观点和“浙学内涵的广义、中义、狭义之分”等论述，在当代浙学研究领域具有开拓之功。浙江省社会科学院研究人员发表了数十篇浙学研究论文、出版相关专著、结合浙江当代文化建设提交应用对策报告，并系统整理了关于阳明后学、清代浙东学派的文献资料，获得国家社科基金重大招标课题等众多省级以上项目的立项。

浙江省委领导一直高度重视和关心浙学研究。时任浙江省委书记习近平同志对推进浙学研究作出重要指示，要求浙江学术界“要把大浙学的文章做深做大，从更深层次、更广阔的视野总结浙学与浙江精神”。2016 年，省委常委、省委宣传部部长葛慧君同志在《关于大力弘扬优秀传统文化、建设浙江文化强省》的报告上批示，要求“把浙学研究先做起来”。省委领导的关心和重视，一直激励着我们精心谋划、整合力量、集中精力开展浙学研究，为擦亮浙学这张浙江省人文社科研究乃至文化建设的金名片而不懈努力。

四、浙学研究中心的科研定位和研究架构

浙学研究中心是浙江省专业浙学研究机构，依托浙江省社会科学院历史人文和浙学研究院，整合院文化研究所、历史研究所、哲学研究所、《浙江学刊》杂志社和省方志办科研力量开展相关研究。自 2017 年 11 月入选浙江省哲学社会科学重点研究基地以来，中心坚持“立足浙江、研究浙学、传承学统、创新浙学”的研究宗旨与发展方向，着力发挥作为省级重点基地应有的规划、组织、协调作用，大力整合浙江省社会科学院及院外相关文史哲基础理论研究资源，积极推动多学科协同研究平台建设；力求加强顶层设计，整合科研力量，拓展研究空间，通过多单位、多学科的协同研究，深化浙学研究主旨，建构浙学研究体系，提升“浙学”研究品质；按照“综合浙学研究”“古典浙学研究”“近现代浙学研究”“专题浙学研究”的框架开展系统研究，打造具有全国影响和一流学科属性的浙学研究品牌。

“综合浙学研究系列”从宏观层面开展基础性的浙学研究，着力打造奠基性、综合性浙学研究成果。主要开展“浙学通论”“浙学通史”“浙学研究综合报告”“阳明学研究综合报告”等省社科规划、本中心自设课题的研究。

“古典浙学研究系列”秉持浙江省社会科学院持之以恒、传承有序的浙学研究传统和厚重扎实的研究优势，立足永嘉学派、浙江朱子学、宋明理学、阳明心

学、阳明后学、浙东经史学派等古典浙学传统研究领域，着力打造系统性、经典性浙学研究成果。主要开展“永嘉学派文献搜集、整理和研究丛书”“阳明后学文献整理与研究丛书”“清代浙东经史学派文献丛书”“浙江儒学通史丛书”等国家社科基金重大招标课题、浙江省文化研究工程第二期重大系列项目以及其他相关项目的研究。

“近现代浙学研究系列”为本中心在传统浙学的研究基础之上、内容框架之外，着力打造的浙学研究新领域，旨在立足近现代中国社会转型、文化重构之历史场景，探索古典浙学萦回迂曲的现代化路径，研究其当代重光的内在逻辑和现实可能，着力打造开拓性、建构性浙学研究成果。主要开展“近现代浙江学术文化转型研究”“近现代浙江社会文化变迁研究”“近现代浙江中西文化交流研究”“近现代浙江史学史研究”“近现代浙江学人古典诗学研究”“近现代浙江新文学家文学评论研究”“近现代浙籍知识分子与近代中国社会主义思潮研究”“近现代浙江佛教书籍综合研究”等本中心自设课题的研究。

“专题研究系列”整合浙江省社会科学院已有文史哲研究资源和既有成果，聚焦浙学某一专业方向的深入探讨，推进浙学相关分支领域的深化研究，着力打造专题性、多样性浙学研究成果。主要开展“浙江宋明理学研究”“永嘉学派思想研究”“浙江佛学研究”“浙江词学研究”“国际视野下的浙学：阳明文化海外传播研究”“中国村庄发展的浙江样本研究”“钱塘江文化研究”等浙江省第二期文化研究工程系列项目和本中心自设课题的研究。

系统梳理和汇编出版相关研究成果，有利于集中检视本中心取得的浙学研究成果，更为精准有序地谋划和开展下一阶段的深化研究；有利于形成整体性、规模化的集成效应，更好地发挥研究成果的学术价值、社会价值和文化价值；有利于增进本中心与国内相关学术研究机构间的学术交流，提升学术影响力。为此，我们以上述四个研究系列中本中心自设课题的研究成果为主，兼顾其他成果，汇编为“浙学研究丛书”，集中出版，以期就教于学界前辈时贤。

浙江省社会科学院院长　何显明教授

浙江省社会科学院副院长、浙学研究中心主任　陈野研究员

2020 年 1 月 21 日

目　录

第一章 “浙学”的内涵与外延

“浙学”是中华文化的重要分支。作为富有活力的地域文化的重要形态之一,“浙学”自南宋成型以来已历经800余年。它在历史上曾经起过重要作用,而在当代,随着浙江经济社会的长足发展和学术文化的日益繁荣,人们对隐藏在其背后的文化动力日益关注并进行深层次的探讨。因此,从理论上深入探讨“浙学”的源流演变、思想内涵、基本精神及其当代价值是十分必要的。

第一节 “浙学”的思想文化渊源

从地域文化的形成历史与特点看,浙江在古代属于吴越文化地区。吴越地区,包括现在的江苏南部、上海和浙江全境,自古以来就有着密不可分的文化联系。据历史文献记载,“吴”“越”的称谓始于殷周之际。据《史记·吴太伯世家》和《越绝书》《吴越春秋》等书记载,大约3100年前,周太王古公亶父的长子泰伯、次子仲雍,为了避让王位而东奔“荆蛮”,“自号句吴”,“荆蛮义之,从而好之者千余家,立为吴太伯”。后来,周武王伐纣胜利后,“追封太伯于吴”。到吴王阖庐时,国势强盛。其子夫差,一度称霸诸侯,国土及于今之江、浙、鲁、皖数省,后被越王勾践所灭,其地为越吞并。至于“越”之缘起,据史书所载,是因夏禹死后葬于会稽[①],夏后帝少康封其庶子于此,传二十余世而至允常、勾践父子,自立

① 相传夏朝始祖大禹卒后葬于会稽山山麓。今浙江绍兴东南郊的会稽山山麓有大禹陵建筑群,由禹陵、禹祠、禹庙三大建筑组成。大禹陵始建于明嘉靖年间,至康熙间重修;20世纪90年代又经浙江省绍兴市政府整修,今列为全国重点文物保护单位。自1995年以来,当地政府每年都要举行公祭大会,祭奠大禹。

为越王，号“於越”（“於”读作“乌”）。其时吴越争霸，先是吴胜越败，后来越强灭吴，勾践称霸，再传六世而为楚所灭。

然而，作为诸侯国的吴、越虽然灭亡，但其所开辟的疆土名称及其文化习俗却一直传承并不断丰富发展至今。如吴县、吴郡、吴中、吴山、三吴、吴语等等，皆承“句吴”而来；如越郡、越都、吴越、越中、越族、越语、越剧等等，皆承“於越”而来。从历史地理而言，吴越分属两地却有许多重叠，如“吴会”，或指会稽一郡，又指吴与会稽二郡；如“三吴”，既含吴地，又含越地，跨越今之江、浙二省；如“吴山”，却不在吴都（今属苏州）而在越地（今属杭州）。正如《越绝书・纪策考》所记伍子胥之言道：“吴越为邻，同俗并土。”以及同书“范伯”篇所记范蠡之言说：“吴越二邦，同气共俗。”这里所谓“同俗并土”或“同气共俗”，说明吴越地区的文化联系历来非常密切，其文化风格与习俗也相当接近。这也是人们经常合称“吴越文化”的历史原因。

但严格地说，“吴越文化”是有吴文化与越文化的各自传承与特色的。“吴文化”主要是指江苏南部、上海地区的文化传承，“越文化”则主要是指今浙江地区的文化传承。考古发掘的材料已经确证：大约 5 万年前，已有人类在今浙江建德一带居住（被称为“建德人”）；而距今 8000 年以上的跨湖桥文化（在今浙江杭州市萧山区境内）、距今 7000 年的河姆渡文化（在今浙江余姚市境内）及稍后兴起的、距今约 4000 年至 6000 年的马家浜文化（在今浙江嘉兴市境内）和良渚文化（在今浙江杭州市余杭区境内），以其在当时堪称先进的制陶、制玉工艺和打制、磨制、编制的石器、骨器、木器、竹器等生产工具、生活用具以及干栏式建筑模式，向全世界宣告了中华民族起源的多元性，宣告了长江三角洲地区特别是浙江地区史前文明历史的悠久与发达。而在上古文明史上，浙江以其古越国、汉会稽郡、五代吴越国的辉煌历史著称于世。这一切，为浙江人文精神传统的形成及代表这个传统的“浙学”的形成提供了丰富多彩的历史依据。例如，河姆渡文化遗址出土的“双鸟舁日”象牙雕刻象征着浙江先民祈求人与自然和谐相处、崇尚“天人合一”的原始理念；良渚文化遗址出土的羽冠、人面、兽身三位一体的玉琮雕刻，象征着浙江先民崇尚“万物一体”的和谐精神与开放创新精神；春秋战国时期的越王勾践“卧薪尝胆”、兴越灭吴故事所代表的是一种百折不挠、艰苦创业的精神；汉代会稽郡已经是文化发达之邦，她哺育了像王充那样的伟大哲学家与吴君高、赵晔那样杰出的史学家，为后人留下了《论衡》《越绝书》《吴越春秋》等传世名著；吴越国立国虽然只有 53 年（907—960），却创造了经济文化和谐发展的奇迹，为后人留下了像雷峰塔、保俶塔等佛教文物奇葩。

然而在我看来，从学术发展的脉络而言，作为一种形成地域文化特色的“浙学”的思想源头，可以追溯到东汉会稽郡上虞县的杰出思想家王充那里。笔者于1993年10月在“全国首届陈亮学术研讨会”上的大会发言中明确提出了“王充为浙学开山祖”的观点。[①] 2004年，在由我主持策划的《浙学研究集萃》一书的序言中，我重申了这一观点，提出浙学内涵的狭义、中义、广义之别，指出：“关于‘浙学’的内涵，应该作狭义、中义与广义的区分。狭义的浙学概念是指发端于北宋、兴盛于南宋永嘉、永康地区以陈傅良、叶适、陈亮为代表的浙东事功之学；中义的‘浙学’概念是指渊源于东汉、酝酿形成于两宋、转型于明代、发扬光大于清代的浙东经史之学，包括东汉会稽王充的‘实事疾妄’之学、两宋金华之学、永嘉之学、永康之学、四明之学以及明代王阳明心学、刘蕺山慎独之学和清代以黄宗羲、万斯同、全祖望为代表的浙东经史之学。”[②]我之所以将王充判定为“浙学开山祖”和中义浙学的源头。首先是因为王充是浙江思想文化史上第一个建立了系统的哲学理论、形成了思想体系的哲学家、史学家和思想家，他的“实事疾妄”[③]学术宗旨代表了一种实事求是、批判虚妄的实学精神，其“文为世用”[④]的主张则体现了一种学以致用、经世致用的实用精神。其“德力具足”的“治国之道”[⑤]体现了一种多元包容的兼容精神，而这些正是宋元明清乃至近现代薪火相传的“浙学”基本精神。其次，王充的《论衡》及其“实事疾妄”思想极大地影响了他以后的学者、思想家，尤其是影响了“浙学”的学者和思想家。

近年来，笔者多次检索《四库全书》电子版，竟然有所发现，可佐证我的“王充是浙学开山祖”的观点。现将检索结果简述如下：

自南朝宋的范晔至清初乾隆以前的学者，不仅有许多浙籍名家，而且有许

---

① 详见《陈亮研究论文集·会议综述》，杭州大学出版社1994年5月版。

② 吴光：《浙学的内涵与外延(序一)》，载《浙学研究集萃》，上海古籍出版社2005年1月版，第5页。

③ 《论衡·对作篇》曰：“《论衡》实事疾妄，《齐世》《宣汉》《恢国》《验符》《盛褒》《须颂》之言，无诽谤之辞。”关于王充学说的宗旨与特点，以往都根据《论衡·佚文篇》的王充自述概括为“疾虚妄”，是我首次根据《论衡·对作篇》所说“《论衡》实事疾妄”一言将它概括为“实事疾妄”的。参见吴光：《王充“效验论”浅析》，载《社会科学研究》1980年第3期；《王充学说的根本特点——实事疾妄》，载《学术月刊》1983年第6期。

④ 《论衡·自纪篇》曰：“(文)为世用者百篇无害，不为用者一章无补。”强调的是文章须为世用，正是一种学以致用、经世致用的精神。

⑤ 《论衡·非韩篇》曰：“治国之道，所养有二：一曰养德，二曰养力，养德者养名高之人以示能敬贤。养力者养气力之士，以明能用兵。此所谓文武张设、德力具足者也。”

多非浙籍名家都在自己的著作中评论了王充的生平事迹，或征引了《论衡》的观点或文字。非浙籍名家有范晔、李贤、韩愈、刘昫、郑樵、欧阳修、朱熹、魏了翁、王夫之、顾炎武、方以智、惠栋等，皆称引王充《论衡》。如南朝宋范晔著《后汉书》立"王充传"，称王充"少孤，乡里称孝。后到京师，受业太学，师事扶风班彪。好博览而不守章句。家贫无书，常游洛阳市肆，阅所卖书，一见辄能诵忆，遂博通众流百家之言。……好论说，始若诡异，终有理实"。《后汉书·李贤注》引《袁山松书》曰："充所作《论衡》，中土未有传者，蔡邕入吴始得之。恒秘玩以为谈助。"注引《谢承书》荐语曰："充之天才，非学所加，虽前世孟轲、孙卿，近汉扬雄、刘向、司马迁，不能过也。"唐代韩愈《别本韩文考异》卷十二有《后汉三贤赞》，曰："王充者何？会稽上虞。……师事班彪……遂通众流。闭门潜思，《论衡》以修。……终于永元。"五代刘昫撰《旧唐书》、宋代郑樵著《通志》、宋代欧阳修撰《新唐书》、元代脱脱编《宋史·艺文志》、南宋朱熹《楚辞辩证》、魏了翁《周易要义》等历代名儒皆引证或著录了《论衡》。清初考据名家阎若璩撰《古文尚书疏证》，引《论衡》文字辨《古文尚书》篇数与真伪。明清之际三大家之一的王夫之撰《诗经稗疏》卷四引《论衡》曰："《春秋》说上寿九十，中寿八十，下寿七十。三说不同，其为上、中、下之三等均也。"三大家之一的顾炎武《日知录》也以《论衡》为准绳。《日知录》卷三十一"劳山"条曰："《史记正义》曰'荥成山，即成山也。按史书及前代地理书并无荥成山，予向疑之。以为其文在琅邪之下、成山之上，必劳字之误。后见王充《论衡》引此正作'劳成山'，乃知昔人传写之误。唐时诸君亦未之详考也……今特著之以正史书二千年之误。"明末清初学问家、桐城方以智撰《通雅》五十二卷，引《论衡》凡十二处。清代易学名家惠栋所著《易汉学》多次征引王充《论衡》之言以圆其说。如《易汉学》卷五称"王充《论衡》曰：《易》京氏布六十四卦于一岁"云云。这些资料，表明王充《论衡》在历代学者中有很大影响。

而在两浙学者中，则有北宋高似孙，南宋毛晃、吕祖谦、王应麟、黄震，明代方孝孺、张次仲，清代黄宗羲、万斯同、陆陇其、朱彝尊、胡渭等浙学名家引用了王充《论衡》。如北宋余姚人高似孙著《子略》有"王充《论衡》"专条，评论甚详，赞其"叙天证、敷人事、析物类、道古今，大略如仲舒《玉杯》《繁露》而其文详"。南宋绍兴年间衢州人毛晃著《禹贡指南》引《论衡》所记"武王伐纣，会盟于孟津"史事。南宋浙学代表人物婺州（今金华）吕祖谦《少仪外传》引王充《论衡》批评"辰日不哭，哭则重丧"之说以证世俗迷信之非，其《宋文鉴》称"王充《论衡》有

《命禄》，极言必定之数，览之有感”。南宋文献学大师、鄞县人王应麟引《论衡》十一条，其中《玉海》引五条，如卷五十八《越纽录》引云：“王充《论衡》，吴君高之《越纽录》，周长生之《洞历》，刘子政、杨子云不能过也。”同书卷六十二综合以往传记立《王充传》并著录《论衡》三十卷，八十五篇。南宋慈溪人黄震也多次引用王充与《论衡》，其《古今纪要》卷三“后汉”人物曰：“王充《论衡》，蔡邕得而秘之，王朗得而方进。其书谓汉太平过前代。”其《黄氏日抄》卷五十七有《读诸子·论衡》一文，详细记载了王充事迹及其《论衡》的考辨，称“唯其辨讹正谬，有裨后学见闻”。明末海宁举人张次仲撰《周易玩辞困学记》引《论衡》言辨“丈夫、丈人”之缘由。清初浙东学派领袖人物余姚黄宗羲在所编《明文海》中，也多处征引王充《论衡》，如卷一百十一《夷齐辨》文曰“王充曰：‘太公、伯夷俱贤也，并出周国，皆见武王。’”卷一百三十《七七义》文曰：“读《论衡·订鬼篇》有曰：‘鬼者甲乙之神，甲乙者天之别气’”卷二四二《徐迪功外集序》记曰：“此（桓）君山知《玄经》之必传，（蔡）中郎抱《论衡》而秘玩者也”。卷三百三十五《藏书阁记》文曰：“昔王充家贫无书，常诣洛阳市肆，阅所卖书，潜心默读，遂博通诸家。”黄宗羲的高足、鄞县万斯同著《儒林宗派》，卷三将“王充，班彪门人”列为“诸儒兼通五经”者。清初浙西名儒如萧山人毛奇龄、德清人胡渭、平湖人陆陇其、嘉兴人朱彝尊等都多处征引王充论衡以伸其说。如毛奇龄《古文尚书冤词》《经问》二书，均引王充《论衡》之言证《古文尚书》二十九篇非伪增之作。胡渭著《易图明辨》《禹贡锥指》，皆引王充《论衡》以证经传是非。陆陇其撰《四书讲义困勉录》引《论衡·解除篇》证解除、驱疫之虚，又引《论衡·感虚篇》证传言“杞梁之妻向城而哭，城为之崩”之妄。朱彝尊撰《经义考》三百卷，多处征引王充《论衡》，如卷二百三十二：“邵博曰：大贤若孟子，其可议乎？后汉王充乃有《刺孟》、近代何涉有《删孟》。《刺孟》出《论衡》，韩退之赞其闭门潜思，《论衡》以修矣，则退之于孟子‘醇乎醇’之论，亦或不然也。”①

上述所引资料不过是其中一小部分，但已足资证明，王充及其《论衡》在中国学术思想史和浙江思想文化史上确有巨大影响，因此，我们誉之为“浙学开山祖”“浙学之源头”是不为过的。

但王充时代并没有形成人才济济的学派。“浙学”的直接源头还是北宋初

---

① 本节梳理节录之历代名家及浙江学者所引用王充《论衡》之资料，均据上海人民出版社和迪志文化出版有限公司合作出版的《文渊阁四库全书电子版》，并查对了上海人民出版社版《论衡》之原文。

期在湖州府以讲学闻名而后被延请至中央太学讲学的安定先生胡瑗，诚如全祖望《宋元学案·士刘诸儒学案叙录》所言："庆历之际，学统四起"，其浙东、浙西之学"皆与安定湖学相应"，说明湖学是浙学之源。但浙学的成熟还是在永嘉、永康、金华、四明之学异军突起的南宋。到了明代中后期，以王阳明为宗主的阳明学派不仅遍及两浙，而且风靡全国，确立了良知心学。而在明清之际，刘宗周（蕺山）的诚意慎独之学独树一帜，形成了涵盖两浙的蕺山学派；其高足弟子黄宗羲接踵而起，力倡重视经世实践的"力行"哲学，开创了具有民主启蒙性质和实学特征的浙东经史学派，从而使"浙学"升华至足以主导中国思想潮流的地位，成为推动近代思想解放和民主革命运动的思想大旗。

这便是"浙学"从孕育到成型的大致情形。

第二节 "浙学"概念的由来及其内涵

过去，在论及浙江学术文化时，学者们谈得较多的是"浙东学派"与"浙东史学"的概念，而忽略了起源更早的"浙学"之说。究其原委，盖因清代浙东史学家章学诚写了一篇题名《浙东学术》的文章，及近代学术大师梁启超在 20 世纪初撰写了《清代学术概论》与《中国近三百年学术史》这两部学术名著，并在书中极力推崇"浙东学派"和"浙东史学"。

据我们考证，"浙学"概念实际上比"浙东学派"的概念要早出现 400 多年。最早是由南宋理学家朱熹（1130—1200）提出的，而"浙东学派"的概念则始见于清初大儒黄宗羲（1610—1695）的著作。

朱熹论"浙学"，一见于《晦庵集》卷五十《答程正思书》，曰："浙学尤更丑陋，如潘叔昌、吕子约之徒，皆已深陷其中。不知当时传授师说，何故乖讹便至于此，深可痛恨！"[①]再见于门人黎靖德编《朱子语类》，曰："江西之学（指陆九渊心学）只是禅，浙学（指永嘉、永康之说）却专是功利。禅学，后来学者摸索一上，无可摸索，自会转去。若功利，则学者习之便可见效，此意甚可忧。"[②]可见朱熹对浙学颇为反感。然其论虽然偏颇，但他最早提出"浙学"概念是功不可没的。

---

① 朱熹：《答程正思》，载陈俊民校订《朱子文集》卷五十，台北财团法人德富文教基金会 2000 年版，第 2308 页。

② 引文见黎靖德编，王星贤点校：《朱子语类》卷一百二十三，中华书局 1986 年版，第 2967 页。

明代中期以后，阳明心学风靡两浙，“浙学”获得正面评价。时任浙江提学副使的刘鳞长编著了《浙学宗传》一书，已粗具“大浙学”的规模。查《浙学宗传》共立案44人，其中浙籍学者39人，非浙籍学者5人。此书之长在于涵盖了“两浙诸儒”，并将王阳明心学人物入传，然失之于简略，有以偏概全之病。

黄宗羲在《移史馆论不宜立理学传书》一文中首次使用了“浙东学派”一词，他在文中指出，当时明史馆修史诸公所传《修史条约·理学四款》中有所谓“浙东学派最多流弊”之说，对此，黄宗羲驳斥说：“有明学术，白沙（陈献章）开其端，至姚江（王阳明）而始大明。……逮及先师蕺山（刘宗周），学术流弊，救正殆尽。向无姚江，则学脉中绝；向无蕺山，则流弊充塞。凡海内之知学者，要皆东浙之所衣被也。今忘其衣被之功，徒訾其流弊之失，无乃刻乎！”[①]在这里，黄宗羲明确把王阳明心学和刘宗周慎独之学归入浙东学派，等于建立了明清浙学的学术统系。黄氏还在崇祯年间汇编过一部集数十名浙东学者著作的《东浙文统》若干卷。[②] 但黄宗羲所谓学派，并非现代意义的学派，而是指学术脉络，他对“浙东学派”的理论内涵也未作出明确界定。

黄宗羲之后，首先是作为“梨洲私淑”的谢山先生全祖望在所撰《宋元学案叙录》中对“浙学”的内涵做了外延，并对宋以来的浙学做了肯定性评价。如在《宋元学案·士刘诸儒学案叙录》中称：

> 庆历之际，学统四起，齐鲁则有士建中、刘颜夹辅泰山而兴；浙东则有明州杨、杜五子、永嘉之儒志、经行二子，浙西则有杭之吴存仁，皆与安定（胡瑗）湖学相应。[③]

又称“浙学之盛，实始于此（指永嘉九先生）”，称金华四先生（何基、王柏、金履祥、许谦）为“浙学之中兴”，赞黄震“足以报先正拳拳浙学之意”。

乾嘉时代的浙东学者章学诚在《文史通义·浙东学术》中论述了“浙东之学”与“浙西之学”的异同，并分析了各自的学术渊源。在章学诚看来，“浙东之

---

① 黄宗羲：《南雷文定·移史馆论不宜立理学传书》，载《黄宗羲全集》第10册，浙江古籍出版社2005年增订版，第221页。

② 参见吴光：《黄宗羲著作汇考》，台北学生书局1990年版，第244页。

③ 全祖望：《宋元学案序录·士刘诸儒学案叙录》，载《黄宗羲全集》第3册，浙江古籍出版社2005年增订版，第316页。

学”与“浙西之学”的学术渊源及其学风虽然不同，但都是儒家之学，其根本之道是可以并行不悖、互相兼容的。

章学诚对“浙东、浙西”之学作了更明确的理论总结。对此，我在1993年应邀访问台湾“中央研究院”中国文哲研究所时发表的演讲稿《试论“浙学”的基本精神——兼谈“浙学”与“浙东学派”的研究现状》已作考述。拙文指出：

> 全祖望所撰《宋元学案叙录》曾多次使用“浙学”一词概括浙江学者的学术源流、特色和风格……全祖望所谓的“浙学”，是相对于濂、洛、关、闽之学而言的南宋浙江儒学，其范围涵盖了当时浙东地区的永嘉、永康、金华、四明（宁波）诸子之学。“浙学”诸子的思想倾向……往往具有一种“和齐斟酌，折衷朱陆”的学术风格……继全祖望之后，清乾嘉时代的史学家章学诚在《浙东学术》一文中首次作出了“浙东之学”与“浙西之学”的区分，并分析了各自的学术渊源和学派特色。从章氏所述浙东之学的源流与特色来看，浙东学术的主流是从南宋四明学派、中经明代姚江学派（即阳明学派）到明清之际的蕺山—梨洲学派，其特色是“宗陆（王）而不悖于朱”。值得重视的是，章学诚所讲的“浙东学术”，并非单指史学，而是涵括了宋明理学、心学的“经史之学”。

在总结梳理前人有关“浙学”论述的基础上，我对“浙学”作出初步定义：

所谓“浙学”，即发轫于北宋、形成于南宋而兴盛于明清的浙东经史之学。它并非单一的学术思潮，也没有形成一个统一的学术流派，而是内含多种学术思想、多个学术派别的多元并存的学术群体——在“浙学”内部，既有宗奉程朱的理学派，也有宗奉陆王的心学派，还有独立于理学、心学之外的事功学派。然而，这个学术群体内部的各家各派，在相互关系上并不是绝对排他、唯我独尊的，而是具有兼容并蓄、和齐同光的风格，从而体现了某种共同的文化精神——浙学精神。

现在检讨起来，我的这个定义重视了“浙学”的主流——浙东学派与浙东学术的发展演变及其特色，大体上可以成立，但还是相当粗糙且片面的。之所以说它粗糙且有片面性，是因为对章氏《浙东学术》中所说“故浙东、浙西，道并行而不悖也”（《文史通义》内篇卷五）一语未予足够的重视，忽略了“浙西之学”在“浙学”中应占有的地位。况且，历史是不断发展进步的，学术史及学术概念的涵义也是与时俱进、不断充实的。“浙学”概念也是如此。如果说，宋元学者眼中的“浙学”仅限于金华、温州地区的“婺学”与“永嘉、永康之学”的话，那么明清时代的黄宗羲、全祖望已经将“浙学”的领域延伸到宁波、绍兴地区，而且所包含的学术流派也不限于“婺学”与“永嘉、永康之学”，而且包括了“庆历五先生”“甬上四先生”（即所谓“明州学派”）以及姚江学派与蕺山学派了。及至清代乾嘉时期的章学诚，则在《浙东学术》这篇名著中对“浙西之学”与“浙东之学”作了明确区分，强调“浙东、浙西，道并行而不悖”的特色，这实际上已是大“浙学”的概念了。

自章学诚以后，近现代以至当代的许多学者，从章炳麟、梁启超、钱穆、何炳松、姚名达、陈训慈到陈荣捷、刘述先、金毓黻、杜维运、何冠彪、詹海云、郑吉雄，以及当代浙江籍的众多学者（如北京的方立天、张立文、陈来、张义德，上海的冯契、谭其骧、潘富恩、罗义俊、杨国荣，南京的洪焕椿，杭州的仓修良、王凤贤、吴光、董平、钱明、何俊，宁波的方祖猷、管敏义、钱茂伟，金华的方如金，温州的周梦江，等等），都发表过有影响的学术论著，从各个角度研讨、评论“浙学”“浙东学派”“浙东学术”的理论内涵、历史沿革、学派脉络、思想特色、精神特质等问题，从而把对“浙学”的研究推向了一个“百花齐放，推陈出新”的新阶段。

那么，在当代应该如何定位“浙学”的内涵？我在《简论“浙学”的内涵及其基本精神》一文中明确地提出了对“浙学”内涵应该作狭义、中义与广义区分的观点。我指出：

> 狭义的“浙学”（或称“小浙学”）概念是指发端于北宋、形成于南宋永嘉、永康地区的以陈傅良、叶适、陈亮为代表的浙东事功之学；中义的“浙学”概念是指渊源于东汉、酝酿形成于两宋、转型于明代、发扬光大于清代的浙东经史之学，包括东汉会稽王充的“实事疾妄”之学、两宋金华之学、永嘉之学、永康之学、四明之学以及明代王阳明心学、刘蕺山慎独之学和清代以黄宗羲、万斯同、全祖望为代表的浙东经史之学；广义的“浙学”概念即“大浙学”概念，指的是渊源于古越、兴盛于宋元明清而绵延于当代的浙江学术思想传统与人文精神传统。这个“大浙学”，是狭义“浙学”与中义“浙学”概念的外延，既包括浙东之学，也包括浙西之学；既包括浙江的儒学与经学传统，也包括浙江的佛学、道学、文学、史学、方志学等人文社会科学传统，甚至在一定意义上涵盖了有浙江特色的自然科学传统。当然，“大浙

学”的主流，仍然是南宋以来的浙东经史之学。

我认为，我们在总结浙江学术思想发展史时，必须对狭义、中义与广义的“浙学”分别加以系统的研究与整理，然而站在当今建设浙江文化大省的立场上，则应采取广义的“浙学”概念，不但要对两浙经史之学做系统的研究，也要对浙江文学、艺术、科学、宗教等领域作系统的全方位的研究，而不应仅仅局限于“浙东学派”或“浙东史学”的视野。

如果从广义的大“浙学”视野观察与反思浙江的学术文化传统，那么显而易见的是，所谓“浙学”是多个学派“和齐斟酌，多元共存，互相融通”而形成的一种地域性学术格局与学术传统，这个学术格局虽然异见纷呈，但也培养了共同的文化精神。

事实上，浙江这块土地，虽然有浙东、浙西之分，但仅仅一江之隔，是不可能从人文传统上将其截然分开或将两者对立起来的。在浙江学术史上，浙东、浙西往往是你中有我、我中有你、关系密切、互相影响的。因此在当代，我们应当坚持“广义浙学”的研究方向。

（本章由吴光执笔）

第二章 “浙学”的形成与发展

“浙学”以东汉王充为开端，大致可以分为五个发展阶段，即：汉唐时期、宋元时期、明代时期、清代时期和近现代时期。

第一节 “浙学”的缘起：王充的“实事疾妄”与汉唐经学

严格地说，浙江在先秦时代只是受到儒风流韵的影响，还没有独立的儒学体系和儒学家。研究“浙学”，不能不将王充(公元27—约97)作为一个开拓者和启迪者。我们从《后汉书·王充传》和《论衡·自纪篇》可知，王充出生于一个尊奉儒家价值观的家庭，少年时代就学于书馆，不仅获得“乡里称孝”的道德声誉，还打下了良好的儒学根基，得到荐入太学学习的机会。入太学后，拜当时名儒班彪(班固之父)为师，并受太学名师桓谭的指点，于是成长为一位博学多才的古文经学家。另外，王充显然也深受吴越文化熏陶。在《论衡》中多处记载着范蠡、子贡的故事，可见王充是深知范蠡的。范蠡亦儒亦道的思想观念在王充思想中多有体现。王充自称其论自然“虽违儒家之说，合黄老之义也”(《论衡·自然篇》)，是渊源有自的。或许可以说，王充正是在南北学术文化的碰撞与交融中，兼收并蓄，走出了一条兼融南北学风的独特学术道路。他超越了世儒的眼界和局限，以古之圣人事业的继承者为己任，以“通儒”的姿态吞吐百家，考论五经，确立了自己“实事疾妄”(《论衡·对作篇》)的治学宗旨，成就了名垂千古的《论衡》。

王充的学说是一个复杂而深邃的思想体系，其学术精神影响后来浙学发展者主要有三：一是“实事疾妄”精神；二是“经世致用”精神；三为兼取众长、多元包容的精神。

王充在《论衡·对作篇》中，阐述了自己“一以贯之”的学术宗旨。他写道：“是故《论衡》之造也，起众书并失实，虚妄之言胜真美也。故《论衡》者，所以铨轻重之言，立真伪之平，非苟调文饰辞为奇伟之观也。……冀悟迷惑之心，使知虚实之分。实虚之分定，而华伪之文灭。华伪之文灭，则纯诚之化日以孳矣。”可见王充著书立说，就是为了评定虚实，匡正是非，启蒙解惑，治国化民。篇末，王充画龙点睛地指出：“《论衡》实事疾妄……无诽谤之辞。”这句话点明了全书的宗旨，也恰当地概括了其学说的根本特点。这里所谓“实事”是探寻、确定事物的真相，坚持实事求是；所谓“疾妄”，就是批判虚妄迷信。这充分体现了王充的求实批判精神，也集中代表了东汉初期以“实事求是”（《汉书·河间献王传》）为导向的实学思潮。

王充“实事疾妄”的精神对后世“浙学”的思想传统产生了重要影响。我们从叶适对董仲舒“正其谊不谋其利，明其道不计其功”思想的批判似乎看到了王充“实事疾妄”的思路，从黄宗羲“经世应务”的学说宗旨也可看到从东汉王充、南宋“浙学”到清代实学的思想传承脉络，而近现代“浙学”代表章炳麟则对王充有不遗余力的表彰。章炳麟赞扬王充说：“王充……作为《论衡》，趣以正虚妄，审乡背，怀疑之论，分析百端，有所发擿，不避孔氏，汉得一人焉，足以振耻！”（《訄书·学变》）这一评价可谓高矣。

王充的“经世致用”思想，一则体现于他兼容儒法的政治观。他说：“治国之道，所养有二：一曰养德，二曰养力。养德者养名高之人，以示能敬贤；养力者养气力之士，以明能用兵。此所谓文武张设，德力具足者也。”（《论衡·非韩篇》）“养德敬贤”是儒家“德治”思想，“养力用兵”是法家奖励耕战之论。在王充看来，儒法兼用，德力具足，才是真正的文武之道。故学术旨在治国，儒法皆应实用。二则体现在他对待文章用世的态度。他说：“（文章）为世用者百篇无害，不为用者一章无补。如皆为用，则多者为上，少者为下。”（《论衡·自纪篇》）这是典型的学以致用思想。王充推崇的是“好学勤力、博闻强识”又能“著书表文、博通能用”的“文人鸿儒”，那些不能学以致用的人，就像虽知树木长短却不能伐木建屋、虽识花草大小却不能采草和药的人一样，正是“孔子所谓诵诗三百，授之以政，不达”者也（《论衡·超奇篇》）。这也揭示了王充学说的“经世致用”特色。

以往论者往往以王充为杂家[1]，其实所谓“杂”者，正反映了王充多元包容，“博通众流百家之言”(《后汉书·王充传》)的治学特色。王充的思想学说，是以儒学为基础，兼收博采法家、道家、墨家、阴阳家之说而自成一家之言。例如，其“德力具足”的政治论兼采儒家的德治与法家的“耕战”思想，其“天道自然”观兼采黄老道家的“自然无为”论，其“情性”论兼采道家和阴阳家的“阴阳调和”思想，其“薄葬”论吸取了墨家的“节葬”说，如此等等都反映了王充学说的多元包容特色。

上述王充的思想学说标志着“浙学”的成型，为后世“浙学”的发展贡献了丰富的思想资源和精神财富，奠定了“浙学”求实、批判、民本、创新、兼容的基本精神。对于王充思想在“浙学”史上的地位与影响，我在 1993 年的陈亮思想研讨会上首先提出了“王充是浙学开山祖”的观点，并在《“浙学”的基本精神》(《浙江学刊》1992 第 1 期)、《试论“浙学”的基本精神——兼论“浙学”与“浙东学派”研究现状》(《中国文哲研究通讯》1994 年第 1 期)、《简论“浙学”的内涵及其基本精神》(《浙江社会科学》2004 年第 6 期)、《“浙学”的时代价值》(《浙江日报》2017 年 2 月 13 日)等系列文章中作了具体论述，在此恕不详述。

东汉,时期是“浙学”的成型期，首先是王充的“实事疾妄”之学，其次是汉末三国时期余姚虞翻(164—232)的经学。还有撰写《越绝书》的袁康、吴平和《吴越春秋》的赵晔等史学家，都属于东汉时期的儒家代表人物。

据《三国志》及其注载，虞翻为《周易》《尚书》《老子》等书作过训注，有《上易注二奏》和《上书注奏》，并著《明扬释宋》以正郑玄、宋忠解易之谬。虞翻于《周易》造诣最深，其学源于家传《孟氏易》及当时诸家易学。孙权曾称赞他“不及伏羲，可与东方朔为比矣”。虞翻晚年在交州期间，讲学不倦，门生有数百人，形成了一个虞氏经学学派。虞氏有易学论著多种，惜皆亡佚。清人辑有虞翻《周易注》十卷等多种，民国徐昂撰《周易虞氏学》六卷，对虞氏易学皆有阐发，虞氏易学在清代、民国均有影响。

西晋永嘉之乱后，衣冠南渡，学术文化中心随之南移，浙江也成了中原学术文化精英避难的理想之地，北方望族王氏、谢氏等都有不少成员移居浙江，为浙江带来了文化的繁荣，促进了儒学的发展。如王羲之还曾经担任会稽内史，一

① 如《隋书·经籍志》和《四库全书·子部》都将王充的《论衡》归入“杂家”类，新儒家学者徐复观等也视王充为杂家，见徐复观著《两汉思想史》卷二《王充论考》，台湾学生书局 2019 年版。

生多在浙江活动。王氏思想虽然也受玄学影响，但总体上仍然以儒学为根基。

南朝时期，浙江经学占有重要地位。梁武帝天监四年(505)复设五经博士，浙江有其二，即吴兴沈峻、会稽贺玚。《南史・儒林传》共 25 人，其中浙籍儒者就有 14 人，“浙学”在南朝时期的重要地位由此可见一斑。

南朝齐时，重要的儒家人物有吴兴姚方兴、武康沈麟士、盐官顾欢、义乌楼幼瑜和余姚虞愿。

南朝梁时，山阴五经博士贺玚长于三礼，有《周易讲疏》《丧服义疏》《礼记新义疏》《礼论要抄》等；贺琛精于三礼，兼明《古文尚书》，著有《尚书义》等多种；武康有叔明、沈峻、沈重皆为五经博士，为一时名儒。

南朝陈时，浙江儒者人才辈出。《陈书・儒林传》中，浙籍儒者有九人。其中，吴兴沈文阿等四人为一时名儒，且有著作传世。

隋唐统一后，中国文化中心仍在北方。浙江的文化中心由会稽、吴兴向湖州转移，同时向南扩散至金华的义乌，比如有名的骆宾王。唐朝初年浙江出现了几个能影响全国的人物，如虞世南、褚亮、徐坚、许敬宗。值得一提的还有中唐时期的嘉兴名儒陆贽(754—805)，擅长奏议政论，时相权德舆比之于贾谊，称其“榷古扬今，雄文藻思”，有《陆宣公翰苑集》传世。除以上名儒，还有孟郊、顾况、钱起、贺知章、褚遂良、罗隐等以诗文名世的儒者，以及曾寓居浙江的名儒，如颜真卿、白居易等，都对浙学的发展有过一定贡献。

总体而言，三国至隋唐时期的“浙学”，虽然人才辈出，但缺乏真正有独立思想体系的名儒大家，略可称道者只有虞翻及其经学一脉而已。这与儒学在这个时期的整体性衰落也是密切相关的，何况当时的浙江并未处在中国学术文化的中心，而属于中华文化的边陲。

第二节　宋元时期的“浙学”：“浙学”的兴盛

如果说“浙学”在汉唐时期尚处在个体成长期而无群体学派的话，那么到两宋时期就出现学术蜂起、学派林立的繁荣局面了。

中国由唐入宋，进入了一个“黄金时代”。而浙江自五代以来，即逐渐成为经济文化的中心，从而带动学术的兴盛和繁荣。两宋王朝在政治上的相对开明、也为儒学的多元发展铺平了道路。而杭州作为南宋政治中心和文化中心，也为“浙学”的繁荣发展创造了优越条件。陈亮、叶适、吕祖谦、朱熹、陆九渊等南宋大儒敢于大胆向朝廷谏言，体现了南宋政治的开明和儒者地位的尊崇，这些都是浙江成为南宋文化重镇的有利条件。

一、北宋：安定湖学与永嘉、明州之学

两宋时期出现了儒学复兴运动，形成了儒学新形态。如宋初三先生之一的胡瑗即在湖州府学教授任上开创了以重六经义理为特色的“湖学”。欧阳修论曰：“（胡瑗）其湖州之学，弟子去来常数百人，各以其经转相传授，其教学之法最备，行之数年，东南之士莫不以仁义礼乐为学。……于是建太学于京师，而有司请下湖州取先生之法以为太学法。”显然，胡瑗的“湖学”和教学法，在宋初儒学发展中产生了深远影响。胡瑗后来被朝廷延请至太学讲学，弟子甚众，连理学奠基人程颐也到太学受教。可以说，“湖学”是宋代“浙学”的先导，也是宋代理学的先导。

继胡瑗之后，永嘉儒者王开祖（约1035—1068）在南方首倡“道学”。王开祖在永嘉（今温州）东山书院授徒讲学，“受业者常数百人”，堪称北宋永嘉学派的开山领袖。

王开祖之后，又有元丰时期（1079—1085）的永嘉九先生（周行己、许景衡、刘安节、刘安上、蒋元中、沈躬行、戴述、赵霄、张辉），他们都曾到北宋首都汴京的太学学习，学成后回到永嘉地区传播张载的“关学”、二程的“洛学”和王安石的“新学”，因而形成了北宋永嘉学派。九先生中，以许景衡最知名，其可谓儒学名臣。

与永嘉九先生相媲美的是北宋明州（今宁波）地区的庆历五先生（即慈溪的杨适、杜醇，鄞县的王致、王说，奉化的楼郁）。全祖望在《宋元学案・士刘诸儒学案》中说：“庆历之际，学统四起……浙东则有明州杨杜五子、永嘉之儒志、经行二子，浙西则有杭之吴存仁，皆与安定湖学相应。”“五先生”执教于郡学和县学，弟子众多，对于儒学在浙东地区的传播发挥了重要作用。

二、南宋“浙学”

南宋时期是“浙学”的鼎盛时期。南宋时期的浙江是全国政治、经济、文化中心，一方面，浙江活跃着南宋儒学各大流派，如程朱理学派，象山心学派；另一方面，在浙江本土出现了几位大儒以及若干重要的学术流派。如以薛季宣、陈

傅良、叶适为代表的南宋永嘉学派，以陈亮为代表的永康之学，以吕祖谦为代表的婺学，以北山四先生为代表的金华朱学，以浙东明州四先生为代表的四明心学。尤其是以叶适为代表的永嘉学派，被全祖望誉为与朱、陆二派“遂称鼎足”，吕祖谦则与当时大儒朱熹、张栻并称为“东南三先生”。他们在浙学史上均有显赫地位。

三、元代“浙学”

元代由于是少数民族统治，因此，他们对于汉族精神支柱的儒学有一个消化适应的过程，再加上其分国人为四等的民族歧视政策，客观上使儒学的发展趋于低落。但由于儒学在社会中长期形成的意识形态与制度惯性，使得元统治者对于儒学总体上也采取因循态度，使一些儒者得以继续弘道。元代的浙江仍然是儒学重镇，尤以金华、宁波著名。明儒王祎评论金华儒学说：“有元以来，仁山金文安公（金履祥）以其传于北山何文定公（何基）、鲁斋王文宪公（王柏）者，传之白云许文懿公（许谦），实以道学名其家……悉为世大儒，海内咸所宗师。”（黄宗羲编《明文海》卷二八六王祎《送胡先生序》）可见元代浙江的大儒“踵武相望”，接连不断，构成了元代儒学的基本演进脉络。在诸多大儒中，最有影响的有四位，即婺州的许谦、宋濂和四明的史蒙卿、程端礼。

许谦的儒学思想主要继承了朱子理学，同时又吸收了陆九渊的心学，体现出“和会”朱、陆的特色。

元代的四明儒者史蒙卿作为王应麟弟子，其一改家乡宗陆之风，潜心研究朱子理学，“务明体以达用”，但是他对朱学并不盲从，间有发挥，开创了“静清学派”。而史蒙卿的鄞州弟子程端礼，作为元末著名的四明儒者，与其弟程端学被时人称为“洛下之二程再现”，可见其弘扬程朱学的特色。程端礼曾从事四十年儒学教育，著有《读书日程》；此书在明清的家塾、书院教学中发挥了重要作用，成为儒学教育的工具书。

第三节　明代的“浙学”：“浙学”的巅峰

明代儒学思潮在中国儒学发展史上具有特殊位置，其最具时代意义和价值的即在于从程朱理学向阳明心学的转化，及阳明学在中国诸地域及周边区域的传播和展开。所谓阳明学，就是由王阳明奠基，由其弟子、后学充实发展的“良知心学”。它形成于明代中期、发展分化于明末清初、复兴于清末民初、转型于现当代而传播于东亚及欧美地区。阳明心学是在中国传统儒学及程朱理学的基础上发展而来，并且汲取了佛教和道教的丰富思想资源，因此在理论形态和思想内涵上又实现了浙学史的一次历史性飞跃，为浙学史翻开了崭新的一页，同时也是“浙学”向周边区域传播进而形成异国阳明学派的一个成功范例，也是“浙学”对中华文明乃至人类文明史的重要贡献。

明代的“浙学”，可以说是以宋濂、刘基开其端，以方孝孺继其绪，而由王阳明成其大，刘宗周殿其后。

一是明初浙学三大儒：一曰宋濂（1310—1381），字景濂，浙江浦江人，人称“潜溪先生”。他是元末明初的儒学家，为学既宗理学，也宗心学，具有调和朱、陆之学又融合事功之学的倾向。二曰刘基（1311—1375），字伯温，浙江青田南田村人，以字行。刘基兼容儒道，讲求事功，博学多才，是一位“通儒”。三曰方孝孺（1357—1402），字希直，号逊志，人称“正学先生”，浙江宁海县人。他是宋濂的学生，以刚直闻名天下；因不肯为明成祖朱棣篡位起草诏书，被“磔于市，坐死者八百七十三人”，酿成“灭十族”的大祸。

二是王阳明与浙中王门。阳明心学的兴盛与浙中王门的形成，标志着“浙学”走向了巅峰状态。

王阳明（1472—1529），名守仁，字伯安，浙江余姚人。他生于浙江余姚，卒于江西南安，归葬于浙江山阴洪溪乡（今绍兴市柯城区兰亭乡仙霞山）。生前获封新建伯，官至南京兵部尚书。后遭人诬陷，恤典不行。卒后三十八年，即明隆庆元年（1567），被追赠为新建侯，谥“文成”。曾自号阳明子、阳明山人，学者称为阳明先生。

王阳明虽然在少年时期立下“读书学圣贤”的大志，但在青年时期因感“圣贤难做”，故长期浸淫于辞章之学，“出入于佛老者久之”。直到弘治十八年（1505），阳明三十四岁时，才真正归本儒学。王阳明一生历经磨难，经历了龙场悟道、南赣剿匪、南昌平叛、广西定乱等人生阶段，成就了“立德立言立功”的“真三不朽”业绩，创立了以“良知即天理”“知行合一”“致良知”“明德亲民”为主要命题的良知心学，并通过各地讲学，创立了遍布南北的王门八派[①]。八派之中，由王阳明在浙江的讲学活动形成的王门学派称为“浙中王门”。

黄宗羲在《明儒学案·浙中王门学案》序文中说：“姚江之教，自近而远，其最初学者，不过郡邑之士耳。”说明浙中是王学的发源地和最早的传播地。他在《浙中王门学案》中罗列了徐爱、蔡宗兖、朱节、钱德洪、王畿、季本、黄绾、董沄、陆澄、顾应祥、黄宗明、张元冲、程文德、徐用检、万表、王宗沐、张元忭、胡翰等十八人为浙中王门弟子，又在《泰州学案》《甘泉学案》中为周汝登、陶望龄、刘塙、唐枢、蔡汝楠、许孚远等浙籍王门弟子立传。这些浙籍王门弟子中，尤以徐爱、钱德洪、王畿、黄绾最为著名。徐爱是王阳明《传习录》上卷的整理者。钱德洪，号绪山，余姚人；王畿，号龙溪，绍兴人。他们在王门中“所得最深”。然二人对阳明学的领悟深浅不同，诚如黄宗羲所论：“先生（钱德洪）之彻悟不如龙溪，龙溪之修持不如先生，乃龙溪竟入于禅而先生不失儒者之矩矱。”[②]黄绾字叔贤，号久庵，台州黄岩人，官至礼部尚书。黄绾初闻阳明致良知之教，叹“先生真吾师也”[③]，乃称门弟子。阳明死后，遭朝中大臣恶意中伤，致使朝廷恤典不行，并下诏禁“伪学”。黄绾上疏力辩，说：“臣所以深知守仁者，盖以其功与学耳。然功高而见忌，学古而人不识，此守仁之所以不容于世也。”[④]疏中列举王阳明四大功，三大学术旨要，可以说黄绾是阳明心学的捍卫者。

三是明朝中晚期的唐枢、许孚远和刘宗周。

唐枢（1497—1575），字惟中，号一庵，浙西归安（今属湖州）人。他标举“讨真心”三字为学术宗旨，其学兼综王阳明、湛甘泉。

许孚远（1535—1604），湖州德清人。他是唐枢的弟子，又是刘宗周的老师。他笃信良知之说，但反对援良知入佛；提倡“止至善”，以矫正王学流弊。其学术人格对刘宗周影响尤大。

---

① 黄宗羲《明儒学案》中按地域记载了王门七派，即浙中、江右、泰州、南中、北方、粤闽、楚中王门七大派，二十世纪八十年代，贵州学者张新民、王晓昕等搜集大量资料论证了黔中王门的存在，故学界一般称为王门八派。

② 黄宗羲：《明儒学案》卷十二《浙江王门学案二·钱德洪传》，载《黄宗羲全集》第七册，浙江古籍出版社2005年增订版，第254页。

③ 黄宗羲：《明儒学案》卷十三《浙江王门学案三·黄绾传》，载《黄宗羲全集》第七册，浙江古籍出版社2005年增订版，第318页。

④ 钱德洪：《阳明先生年谱三》引黄绾疏辞，载王守仁：《王阳明全集》下册，上海古籍出版社2012年版，第1092页。

刘宗周的“慎独”之学，是阳明后学一大亮点。刘宗周(1497—1575)，字起东，号念台，人称“念台先生”，又称“蕺山先生”，山阴县(今属绍兴市)人。他开创的蕺山学派，在浙学史和中国儒学史上都具有承先启后的作用。一方面，他对王阳明的“致良知”说给予高度评价，称“(阳明)先生承绝学于辞章训诂之后，一反求诸心，而得其所性之觉曰‘良知’，因示人以求端用力之要，曰‘致良知’。‘良知’为知，见知不囿于闻见；‘致良知’为行，见行不滞于方隅。即知即行，即心即物，即动即静，即体即用，即工夫即本体，即下即上，无之不一，以救学者支离眩骛、务华而绝根之病，可谓震霆启寐、烈耀破迷，自孔孟以来，未有若此深切著明者也！”[①]但另一方面他对王阳明的良知“四句教”提出了尖锐的批评与修正，批评阳明“致良知”说有“择焉而不精、语焉而不详”之病，其四句教“将意字认坏，故不得不进而求良于知；仍将知字认粗，故不得不进而求精于心。非《大学》之本旨明矣”[②]。蕺山对阳明的批评与修正表现在：第一，标举“慎独”宗旨，用“独体”和“意体”代替阳明的“心体”和“良知”，并用“慎独”“诚意”的修养论代替“致良知”的修养论；第二，将阳明“四句教”修正为蕺山新版：“有善有恶者心之动，好善恶恶者意之静，知善知恶者是良知，有善无恶者是物则。”[③]刘宗周对王阳明的批评不一定切合阳明学本意，但实质上是针对王学末流蹈空袭虚、佞佛近禅之病起而施治，从而为清初实学开辟了新思路。

第四节　清代“浙学”：“浙学”的转型(上)

明清易代之际，理学批判思潮、经世实学思潮同时在中国特别是浙江蓬勃兴起。由明末大儒刘宗周开创的蕺山学派在清初发生了学术分化：(1)以张履祥为代表的浙西学者“由王返朱”而形成清初浙西理学派；(2)以黄宗羲为代表的浙东学者沿着王阳明“五经皆史”、蕺山“开物成务”的路径发展而形成提倡以“明经通史”“经世应务”为特色的清代浙东经史学派；(3)浙西的另一位蕺山弟

① 黄宗羲：《明儒学案·师说》，载《黄宗羲全集》第七册，浙江古籍出版社2005年增订版，第14页。

② 黄宗羲：《明儒学案》卷六十二《蕺山学案·良知说》，载《黄宗羲全集》第八册，浙江古籍出版社2005年增订版，第975页。

③ 上引蕺山语录散见于《明儒学案·蕺山学案·语录》，载《黄宗羲全集》第八册，浙江古籍出版社2005年增订版，第896、901、904页。

子陈确则是特立独行的儒者。他们在反思宋明理学的过程中都批判了“空谈误国”的弊端，而推崇经世致用之实学，进而助力于“明清之际实学思潮”的形成。而与黄宗羲同时代的毛奇龄、胡渭、朱彝尊等人也有梳理经史的大著，陈确则是公开否定儒家经典《大学》《中庸》的儒者，他们共同助力于“清初疑古思潮”的兴起，进而汇流于清代中前期的乾嘉考据学，由此也有了浙派考据学的形成。而在明清之际批判心学、反思理学进而重建儒家世界的过程中，浙东学者张岱、朱舜水、潘平格等阐发出既不同于浙西理学派、也不同于浙东经史学派而有独特学术风格的儒学思想，故有清代浙江“诸儒之学”。

一、黄宗羲与清代浙东经史学派

黄宗羲继刘宗周之后，“以六经为根柢”来重建思想世界。他认为晚明思想世界处于没有统一根柢的碎片化状态，使得儒道丧失了支撑世道人心的功能，于是发生“天崩地解”之巨变。因此，黄宗羲以重建倒塌的思想世界为使命：“儒者之学，经纬天地。”他既认同“盈天地皆心也”“圣人之学，心学也”，但又力图弥补心学空疏之弊，鄙视逃避现实、沦为“道学乡愿”的理学与心学，而建立了以“明经通史”、经史并重为特色的清代浙东经史学派。

清代浙东经史学派的活动区域以浙东的宁波、绍兴为中心而扩展至浙西，影响至全国；其主要代表人物，除了其学术领袖黄宗羲，以经学为主兼治史学的有黄宗炎、万斯大，以史学为主兼治经学的有万斯同、邵廷采、全祖望、章学诚，经史兼治而偏重文学的有李邺嗣、郑梁、郑性，偏重于自然科学的有黄百家、陈订、黄炳垕，偏重考据的有邵晋涵、王梓材。

二、张履祥与清初浙西朱学

张履祥是刘宗周的弟子，也是清初浙西朱学的领袖人物。其在明清易代之际，能恪守遗民志节，以耕读著述名世。他曾师从刘宗周，然亡国之痛促使他深刻反思王学，最后摒弃王学，一意归本程朱理学，是典型的由王返朱的学者。他作为理学家，不尚空谈，践履笃实，为廓清明末王门后学清谈杂禅之风作出了重要贡献。他对程朱理学在清初浙西的复兴起到了重要作用。

吕留良是浙西桐乡人，也曾师从刘宗周，与黄宗羲过从甚密。但后来与黄氏分道扬镳，而成为张履祥的忠实信徒。其思想成就主要表现为主张“严夷夏之防”及“尊朱辟王”论。

陆陇其是浙江平湖人，也是清初浙西名儒。其根本宗旨是“尊朱黜王”。陆陇其将明朝的灭亡归咎于阳明学术的风行，认为阳明心学之致明覆灭，主要在于其空疏之弊。他批评阳明“致良知”教与佛教的“本来面目”如出一辙，流于空疏寂灭。因此他痛斥阳明心学是以禅之实而托儒之名。

三、清代浙江诸儒之学

除上述以黄宗羲为首的浙东经史学派和以张履祥为领袖的浙西朱学，清代浙江还有几位特立独行的儒者如陈确、谈迁、张岱、查继佐、潘平格、毛奇龄、朱彝尊、胡渭，另有几位以考据训诂著称的乾嘉考据学派如杭世骏、陈鳣、严可均等，值得一表。

陈确(1604—1677)，字乾初，浙江海宁人。他虽与黄宗羲同门，但特立独行。其名著《大学辨》第一次提出《大学》“非圣经”之说，并激烈批评理学禁欲主义，提出“人欲即是天理”的命题，为明清实学思潮的兴起作出了贡献。

谈迁(1593—1657)，字孺木，浙江海宁人。所著编年体明史《国榷》凡五百万字，是研究明史的必读书。

张岱(1597—1679)，字石公，号陶庵，浙江山阴(今浙江绍兴)人。其代表作《四书遇》发展了孟子的“民贵君轻”论，提出“予夺之权，自民主之”的民主启蒙思想，与黄宗羲的“天下为主，君为客”命题有异曲同工之妙。

查继佐(1601—1676)，海宁人，其《罪惟录》是明清之际浙江史学的力作，在史学史上占有重要地位。他从事明史编撰，编撰《鲁春秋》，流露出强烈的故国情怀，为后世所称颂。

潘平格(1610—1677)，字用微，浙江慈溪人。其学初宗程朱，继从陆王，并出入于佛老，而归本于“孔孟之道”，以“求仁”为学问主旨，代表作是《求仁录》十卷。

毛奇龄(1623—1716)，字大可，号秋晴，浙江萧山人，是清初著名古文经学家，人称“西河先生”。其著述极富，所著《西河合集》凡四百余卷，学宗阳明而黜朱子，学识渊博，然恃才傲物，往往有过激之论。

朱彝尊(1629—1709)，字锡鬯，号竹垞，浙江秀水(今浙江嘉兴)人。康熙十八年(1679)举博学鸿儒，授翰林院检讨，与修《明史》。所著《经义考》三百卷，实开清代考据学之先河。另有《日下旧闻》等，与顾炎武、阎若璩齐名。

胡渭(1633—1714)，字朏明，号东樵，浙江德清人，清初著名经学家。其代表作为《禹贡锥指》《易图明辨》。梁启超对之评价甚高。

杭世骏(1695—1773),著有《道古堂集》《榕桂堂集》等。其《石经考异》为一时名作。杭氏所参修之《三礼义疏》与独纂之《续礼记集说》,史料价值颇高。

陈鳣(1753—1817),博学好古,尤专心训诂之学。经十余年撰成《说文正义》《说文声系》。陈氏著述宏富,阮元称其为"浙西诸生经学中最深者"。

严可均(1762—1843),精于文献、考据。著有《说文长编》四十五册,编辑《全上古三代秦汉三国六朝文》,收录3000余家,均附作者小传,影响极大。

第五节　近现代"浙学":"浙学"的转型(下)

近代以来,儒学在东西文化交融的历史条件下发生了深刻的变化,其主要趋势表现为向经世致用、兼收并蓄、中西会通方向的转变。这一时期,浙江依然涌现出了很多杰出的学者与思想家,著名的有龚自珍、黄式三父子、俞樾、孙诒让、章太炎、马一浮等。他们继承了"浙学"的优良传统,一方面,注重阐发经学义理,另一方面注重会通中西、经世致用,值得大书特书。

一、龚自珍的"改革""更法"思想

龚自珍(1792—1841),字璱人,号定庵,浙江仁和(今浙江杭州)人。他是清末道光年间著名的启蒙思想家和文学家,曾被柳亚子誉为"三百年来第一流"。

龚自珍学术思想的最大特色是富有批判精神。它不仅深刻批判了封建君主专制制度,而且批判了日益僵化虚伪的科举取士制度;同时大力倡言社会的"改革"与"更法"。龚自珍的"更法"改革思想对戊戌变法维新运动起了积极的促进作用。诚如梁启超《论中国学术思想变迁之大势》所言,"光绪间所谓新学者,大率人人皆经过崇拜龚氏之一时期",称龚氏乃"近代自由思想之向导"。

二、黄式三与黄以周的经学成就

黄式三、黄以周父子是晚清公认的经学大师,成就卓然。黄式三(1789—1862),字薇香,号儆居,浙江定海(今舟山市定海区)人。他博览经史,30岁后研读《论语》,50岁后专治《尚书》,晚年好《礼》。著有《论语后案》与五经杂说等书凡一百一十卷。其子黄以周(1828—1899),字元同,号儆季。子承父业,著有

《礼书通故》一百卷。黄式三学术的重要特点是“崇礼”。在《论语后案》中，黄式三强调以“礼”为本，在清中叶以来推崇礼学的学术思潮中，黄式三有着独到的贡献。

黄以周的礼学思想近受其父影响，远承顾炎武“经学即理学”的思想，他循着顾炎武“经学即是理学”的思路，上追孔门之遗言，形成了“以礼学为理学”的思想命题，从而独树一帜，成为一代经学大师。

黄氏父子经学的特色有三：一是经史并治，二是汉宋兼采，三是强调经世致用。其经史研究发扬光大了浙东学术“实事求是”的优良传统。

三、俞樾的通经致用思想

俞樾(1821—1906)，字荫甫，号曲园，浙江德清人。道光三十年(1850)进士，授翰林院编修，后任河南学政。后被罢职归里，专意治经，旁及诸子，曾主讲苏州紫阳书院、上海求志书院，又主持杭州诂经精舍三十余年，为晚清一代经学大师。所著《群经平议》《诸子平议》各三十五卷，《古书疑义举例》七卷，均是其朴学代表作。因其在经学领域的成就与声望，时人誉其为“山中宰相”。

俞樾作为晚清有重要影响的东南大儒，在学术研究和教学过程中所表现出的求新求异倾向，兼容并包、崇尚实证的精神，直接影响了江浙一带的学风和一大批学人。章太炎、梁启超、顾颉刚、陈寅恪等都对俞樾有高度评价，公认其为晚清最有声望的经学家。胡适则称俞樾的治经方法“是科学方法的出产品”。

四、孙诒让与晚清朴学研究

孙诒让(1848—1908)，字仲容，号籀庼，浙江瑞安人。同治六年(1867)中举，官刑部主事，后辞归，专事著述，晚年主讲温州师范学校，为浙江教育总会会长。

孙诒让以《周礼正义》《墨子间诂》等名著而享誉学界，并推动了墨学的复兴。他还撰写了《兴儒会略例二十一条并叙》。该文标明兴儒会宗旨：“以尊孔振儒为名，以保华攘夷为实。”在晚清变法浪潮和近代西方政治思想的双重刺激下，孙诒让从纯粹“考礼”向大胆“议政”转变，形成了系统而别致的政治改革思想。

孙诒让治学范围甚广，涉及经学、史学、文字学、考古学、方志学以及考据、校勘、目录等众多学科，都取得了显著成绩。所以章太炎誉之为“三百年绝等双”的朴学大师。

五、章太炎对学术转型的贡献

章太炎(1869—1936),名炳麟,字枚叔,号太炎,浙江余杭人。他从小受家学熏陶,打下良好基础。读《东华录》,即生排满思想。他广泛涉猎了乾嘉学派著作,在杭州诂经精舍师从俞樾,历经八年,又向孙诒让、黄以周等大儒请教,深得乾嘉朴学精髓。所著《膏兰室札记》和《春秋左传读》堪称朴学代表作。

章太炎曾自述其思想演变云:“始则转俗成真,终乃回真向俗”[①]。这个转折的关键点在于1903年因苏报案入狱和1913年被袁世凯囚禁。1903年之前,章太炎独以荀卿、韩非之说为“不可易”。入狱三年,通过研读佛典,其改变了昔日观念,而以唯识学为核心融合庄子齐物论,这是“转俗成真”的过程。1913年后被袁世凯囚禁,章太炎开始演《易》,回归孔子和儒家,即所谓“回真向俗”。

章太炎的政治思想,以“种族革命”、反对代议制及“五无论”最为著名。种族革命就是号召被统治的汉族向清朝政府复仇,以恢复人权平等为目的,而以暴力为必要手段。章氏民族主义是以独立、平等及自由为核心。但章太炎反对孙中山等的代议制主张,认为代议制不能真正实现民权平等和民生幸福。章太炎认为最好的民主政府应该是行政权、立法权、司法权、教育权四权分立,从而保障个体的真正的独立、自由、平等。然而,章太炎的最高理想又是无政府、无聚落、无人类、无众生、无世界的“五无论”,这看上去类似乌托邦,但其实是其强烈的众生平等意识和绝对自由观念的产物。

六、马一浮的新经学

马一浮(1883—1967),幼名福田,字耕余,浙江上虞(今属绍兴市上虞区)人。20岁前后,连遭父、姐、发妻丧亡之痛,乃倾心佛老,取《庄子》所谓“其生若浮,其死若休”义,改名为浮,字一佛。后又改字一浮,号湛翁,遂以字行。

马一浮是近代杰出的国学大师、新儒家哲学家。他博通古今,学贯中西,于诸子百家、儒、佛、道乃至考据、医学、西学等皆有探究,兼擅诗词、书法。中年以后,归本儒学,专研六经,成为一代儒宗。同时大儒梁漱溟盛赞马一浮为“千年

---

① 章太炎:《菿汉微言结语》,载刘梦溪主编《中国现代学术经典·章太炎卷》,河北教育出版社1996年版,第641页。

国粹，一代儒宗”，当代儒学泰斗汤一介敬称马一浮与梁漱溟、熊十力为“现代新儒家三圣”，可见其学术地位之崇高。

马一浮的学术思想，可以归结为一句话，即“六艺该摄一切学术”。在马先生的著作中，最重要的是《泰和会语》《宜山会语》《复性书院讲录》和《尔雅台答问》四种，而以《泰和会语》居首。这部著作是其为浙江大学开设“国学”讲座的讲义，在卷端引语之后，首揭“横渠四句教”，即宋代大儒张载所谓“为天地立心，为生民立命，为往圣继绝学，为万世开太平”四句话，勉励学生立志济世。接着“楷定国学名义”，称“国学者六艺之学也”，而所谓“六艺”就是指儒家的《诗》《书》《礼》《乐》《易》《春秋》“六经”。进而揭示其学术宗旨，提出“六艺该摄一切学术”的命题，声称“六艺不惟统摄中土一切学术，亦可统摄现在西来一切学术”。所以可以说，马氏之学是以经学为主导的现代新经学。

马一浮对待西学的态度与王国维恰恰相反。他虽通西学而拒斥之，归本六艺而发明之。他精通多国语言，熟悉西学经典，但其旨趣并不在于融汇西学，他坚决反对用科学方法研究儒学。在马一浮看来，唯有“六艺之道”是至真、至善、至美之道，是真正的自由、平等之道，“西方哲人所说的真、美、善，皆包含于六艺之中”。他断言“世界人类一切文化最后之归宿必归于六艺，而有资格为此文化之领导者，则中国也”，又批评说：“今人舍弃自己无上之家珍，而拾人之土苴绪余以为宝，自居于下劣，而奉西洋人为神圣，岂非至愚而可哀！”（《泰和会语·论西来学术亦统于六艺》）凡此种种，都显示出马一浮拒斥西学而弘扬国学的根本旨趣。

马一浮新经学的方法论特色是以德解经。他认为六艺总为德教，并以知、仁、圣、义、中、和“六德”配“六经”，这抓住了“六经”思想的核心价值，揭示了中国传统文化就是德文化。汤一介先生在所撰《马一浮全集·序》指出：“六艺之道即是此性德中自然流出的，性外无道也。从来说性德者，举一全该则曰仁，开而为二则为仁知（智）、为仁义；开而为三则知（智）、仁、勇；开而为四则为仁、义、礼、知（智）；开而为五则加信而为五常；开而为六则并知（智）、仁、圣、义、中、和而为六德，就其真实无妄言之，则曰‘至诚’；就其理之至极言之，则为‘至善’。”[①]这一段话是马一浮对“六艺”思想之精辟阐述。

马一浮高扬“六经”的价值和意义，针对的是当时国家被日寇侵略之难和中

① 汤一介：《马一浮全集·序》，载吴光主编《马一浮全集》第一册上，浙江古籍出版社2013年版，第8页。

国传统文化被忽视之难，这使得其新经学思想具有了鲜明的时代价值和意义。他通过对经典核心价值的诠释来透视我们时代的精神和灵魂，为儒学的当代发展提供了一个新方向。这正是马一浮以德解经的价值和意义所在。

（本章由吴光、张宏敏撰稿）

第三章　浙学的本体论

哲学意义上的本体论是关于宇宙的本原、宇宙存在的根本依据的理论，在中国哲学话语体系中，本体论是关于阴阳五行、无极太极、“理”和“气”的一系列富有意义的讨论。在浙学历史上，王充、南宋浙东学派、王阳明和蕺山学派的刘宗周、黄宗羲等都提出过有独立思想价值的本体论观点。

第一节　王充的“元气”论

王充以“天地”指称宇宙，认为“元气”充塞于天地之中，元气的运动创造了天地万物，包括作为万物灵长的人。

> 天之动行也，施气也，体动气乃出，物乃生矣。由人动气也，体动气乃出，子亦生也。夫人之施气也，非欲以生子，气施而子自生矣。天动不欲以生物，而物自生，此则自然也。施气不欲为物，而物自为，此则无为也。谓天自然无为者何？气也。[①]

王充在这里描述了这样的自然顺序：“天动”—“施气”—“气动”—“生人”。“天”就是宇宙（大自然），大自然每时每刻都在运动之中，此即“天之动行”，“气”

---

① 王充撰，黄晖校释：《论衡校释》卷十八《自然篇》，中华书局 2017 年版，第 905 页。本章下文引此书简作“《论衡校释》”。

产生于大自然的运动之中，“气”产生之后又不断变化，创造出人和万物。王充反复强调，这个创生演化的过程是没有任何目的，没有任何价值预设的，完全出于自然。

夫天无为，故不言，灾变时至，气自为之。夫天地不能为，亦不能知也。腹中有寒，腹中疾痛，人不使也，气自为之。夫天地之间，犹人背腹之中也。谓天为灾变，凡诸怪异之类，无小大薄厚，皆天所为乎？牛生马，桃生李，如论者之言，天神入牛腹中为马，把李实提桃间乎？牢曰：“子云：‘吾不试，故艺。’”又曰：“吾少也贱，故多能鄙事。”人之贱不用于大者，类多伎能。天尊贵高大，安能撰为灾变以谴告人？且吉凶蜚色见于面，人不能为，色自发也。天地犹人身，气变犹蜚色。人不能为蜚色，天地安能为气变！然则气变之见，殆自然也。变自见，色自发，占候之家，因以言也。①

就像鱼只能生活在水里，虱子必须寄生于其他动物身上一样，人是由天地所孕育的。王充说：“人生于天地也，犹鱼之于渊，虮虱之于人也，因气而生，种类相产。万物生天地之间，皆一实也。”②王充又说：“天地合气，万物自生，犹夫妇合气，子自生矣。万物之生，含血之类，知饥知寒。见五谷可食，取而食之，见丝麻可衣，取而衣之。或说以为天生五谷以食人，生丝麻以衣人，此谓天为人作农夫桑女之徒也，不合自然，故其义疑，未可从也。”③王充把人与天地关系解释为父母与子女的关系，子女出生后，即与父母分为两个独立的个体，但在受精、怀孕、分娩的过程中，子女是母亲身体的一部分。人和其他万物都是天地之气通过“气”的和合、创生功能而产生的。

同很多秦汉学者一样，王充将“气”细分为“阴阳二气”，指出阴阳二气在创生人类的过程中各有分工：

夫人所以生者，阴、阳气也。阴气主为骨肉，阳气主为精神。人之生也，阴、阳气具，故骨肉坚，精气盛。精气为知，骨肉为强，故精神言谈，形体

---

① 王充撰，黄晖校释：《论衡校释》卷十八《自然篇》，中华书局2017年版，第915—916页。
② 王充撰，黄晖校释：《论衡校释》卷三《物势篇》，中华书局2017年版，第144页。
③ 王充撰，黄晖校释：《论衡校释》卷十八《自然篇》，中华书局2017年版，第914页。

固守。骨肉精神，合错相持，故能常见而不灭亡也。[①]

阴、阳二气缺一不可，“合错相持”，此消彼长，具有辩证的统一性，王充指出，世俗所谓“鬼”都是因为阳气过旺而无阴气造成的畸形现象：“太阳之气，盛而无阴，故徒能为象，不能为形。无骨肉有精气，故一见恍惚，辄复灭亡也。”[②]

虽然人与动物、植物的外形、本性千差万别，但从都是被“气”所孕育的这一点来说，人与万物具有内在的统一性：

人，物也；物，亦物也。物死不为鬼，人死何故独能为鬼？世能别人物不能为鬼，则为鬼不为鬼尚难分明。如不能别，则亦无以知其能为鬼也。人之所以生者，精气也，死而精气灭，能为精气者，血脉也。人死血脉竭，竭而精气灭，灭而形体朽，朽而成灰土，何用为鬼？[③]

王充把人与物的统一性表述为：“人，物也；物，亦物也。”就如同物有死亡，人也有死亡；由于人是精气所生，故人之死亡不过是精气消散，形体朽灭，与物同归消亡。

一方面，王充认为人是天所产生的；另一方面，为了抨击汉代天人感应说，他又要强调“天人相分”。对董仲舒的“人之所为，与天地流通而往来相应”之说，王充批驳说：“寒温之气，系于天地而统于阴阳，人事国政安能动之？”“（人）以七尺之细形，感皇天之大气，其无分铢之验，必也！”[④]王充认为，天道自然无为，不可能有目的地降灾异谴告人君，揭露了目的论在理论上的荒谬性和实践中的欺骗性。关于这一点，因为属于认识论的范畴，本章就不展开论述了。

总体来说，王充所说的“气”是自然的、客观的，没有道德性和目的性；在此前提下，“气”又是能动的，具有创生、和合万事万物的功能，是“既存有而又活动的”；另外，“气”可以分为阴阳二气，两气各有分工，相互依存，缺一不可。

---

① 王充撰，黄晖校释：《论衡校释》卷二十二《订鬼篇》，中华书局2017年版，第1101页。

② 王充撰，黄晖校释：《论衡校释》卷二十二《订鬼篇》，中华书局2017年版，第946页。

③ 王充撰，黄晖校释《论衡校释》卷二十《论死篇》，中华书局2017年版，第1015页。

④ 王充撰，黄晖校释《论衡校释》卷十五《变动篇》，中华书局2017年版，第763—764页。

第二节　宋代浙学的道器观

宋代浙学以吕祖谦、陈亮和永嘉学派（薛季宣、陈傅良、叶适）为主要代表，这些学者与理学（包括程朱和陆九渊）的思想分歧主要集中在功夫论领域（认识论）。在本体论方面，吕祖谦的主张与二程的理学保持高度一致，缺乏创新性，这里就不加赘述了。宋代浙学其他学者的本体论特色主要集中在“道器”关系问题上。

总体而言，宋代浙学强调“道”（“天理”）不能脱离形而下的“器”，或者说“道”不是超越于现象界的另一种超越存在。永嘉学派学者薛季宣说：“上形下形，曰道曰器，道无形埒，舍器将安适哉？且道非器可名，然不远物，则常存乎形器之内。”[①]陈亮说：“夫道非出于形气之表，而常行于事物之间者也。……天下固无道外之事也。不恃吾天资之高，而勉强于其所当行而已。”[②]薛季宣与陈亮的观点非常相似，“道”不可能“出于形气之表”，不可能超越历史时空、抽象于现象界之上，而是体用不二，有用即有体，体在用中，道在器中。

陈亮在《西铭说》中说：“一物而有阙，岂唯不比乎义，而理固不完矣。故理一所以为分殊也，非理一而分则殊也。”[③]任继愈指出：“陈亮的理，是不脱离具体事物的理，具体的物从它们的种属分类的关系来说，有部分的理，有总的理。”[④]冯友兰认为，陈亮虽然和程颢一样以人身的耳目口鼻、肢体脉络作为整体与部分的比喻，但他所注重的只是其“森然有成列而不乱”。程颢同样以人身比喻“仁”，但却注重血肉相连、痛痒相关的内在有机联系。因此陈亮的“理一分殊”实际上是“理一份殊”，部分是对整体而言的，没有整体也就没有部分了。[⑤] 陈亮也强调，现象界的事物存在内在统一性，可以用某种最高真理加以解释、统摄，所以“天下固无道外之事也”。永嘉学派学者、陈傅良弟子曹叔远，曾向朱熹问学，并向后者介绍了永嘉学派的观点，其中就提到陈傅良的教诲：“至论身己上

---

① 薛季宣：《薛季宣集》卷二十三《答陈同父书》，上海社会科学院出版社 2003 年版，第 298 页。

② 陈亮撰，邓广铭点校：《陈亮集》（增订本），河北教育出版社 2003 年版，第 79 页。

③ 陈亮撰，邓广铭点校：《陈亮集》（增订本），河北教育出版社 2003 年版，第 208 页。

④ 任继愈主编：《中国哲学史》第 3 册，人民出版社 1996 年版，第 283 页。

⑤ 冯友兰：《中国哲学史新编》（1983 年版）第五十六章，收入《三松堂全集》第十卷，河南人民出版社 2012 年版，第 220 页，

工夫，（陈傅良）说道：‘形而上者谓之道，形而下者谓之器。’器便有道，不是两样，须是识礼乐法度皆是道理。”[①]“道不离器”说的是“道”无非是对现象世界的反映和总结。但是理学的宇宙观和本体论中却有一些超越现象世界的、神秘主义的论述，而这些论述的经典资源正是《易传·系辞传》，永嘉学派的集大成者叶适对此进行了深入的批判。

叶适认为，《系辞传》所描绘的宇宙观是超然、形而上的、天人一体的，这与儒家经典的记载不符：“《书》有刚柔比偶，乐有声器，礼有威仪，物有规矩，事有度数，而性命道德，未有超然遗物而独立者也。”《系辞传》虽然解释《易经》，但违背了《周易》的原则。叶适指出，《易》的根本是八卦，而八卦是取象于形而下的世界的八种具体的事物，即天、地、水、火、雷、风、山、泽：“日与人接，最著而察者八物，因八物之交错而象之者，卦也。”这八种事物是六十四卦的根本，也是人类在文明进化过程中最先接触到的，因此“圣人”取之以为卦象：“此八物者，一气之所役，阴阳之所分，其始为造，其卒为化，而圣人不知其所由来者也，因其相摩相荡，鼓舞阖辟，设而两之，而义理生焉，故曰卦。”从“一气之所役”到“义理生焉”，可以说是“气在理先”“气生理”的立场。

叶适还否定了周敦颐发明的、朱熹所继承的“太极”本体：“易有太极，近世学者以为宗旨秘义。”叶适认为，《周易》经文中从来没有提到过“太极”：“独无所谓太极者，不知《传》何以称之也？”六十四卦之上没有所谓超然、形而上的、抽象的“太极”，这一宇宙论模型其实受到了老庄思想的影响：

> 自老聃为虚无之祖，然犹不敢放言，曰无名天地之始，有名万物之母而已。至庄、列始妄为名字，不胜其多，故有太始、太素，未始有夫未始有无，茫昧广远之说。传《易》者，将以本原圣人，扶立世教，而亦为太极以骇异后学，后学鼓而从之，失其会归，而道日以离矣。又言“太极生两仪，两仪生四象”，则文浅而义陋矣。[②]

在叶适看来，六十四卦是从八卦而来，而八卦之中，乾卦为根本，其余七卦都自《乾》卦推出：“按易之初一画对分而为十二，二卦对立而为六十四，画之始

---

① 黎靖德编，王星贤点校：《朱子语类》卷一百二十，中华书局 1986 年版，第 2896 页。

② 叶适：《习学记言序目》卷四，中华书局 1977 年版，第 47 页。

终具焉。圣人非罔民以自神者，而学者多异说，不知之过也。”[①]《系辞传》的谬误是将乾卦与坤卦并列，从乾卦中拆出阳爻，从坤卦中拆出阴爻，认为“一阴一阳”高于六十四卦，为《易》之根本，而“一阴一阳”更高的是“道”、是“太极无极”。这样一来，乾卦的根本地位就被否定了。《系辞上传》云：“天尊地卑，乾坤定矣。卑高以陈，贵贱位矣。动静有常，刚柔断矣。方以类聚，物以群分，吉凶生矣。在天成象，在地成形，变化见矣。是故刚柔相摩，八卦相荡，鼓之以雷霆，润之以风雨，日月运行，一寒一暑，乾道成男，坤道成女。乾知大始，坤作成物，乾以易知，坤以简能。”叶适批评道，这是乾坤对举，抑乾扬坤，为“一阴一阳之谓道”张本。“一阴一阳之谓道”则在取象于现实世界的八卦之上，标举了一形而上的、超越的本体，超越了语言价值标准、相对真理，超越了现实世界的常理。叶适讲：

> 按《彖》言：“大哉乾元，万物资始，乃统天。云行雨施，品物流形，大明终始，六位时成。时乘六龙以御天。乾道变化，各正性命，保合太和，乃利贞。首出庶物，万国咸宁。”则皆乾德也，而天从之；《传》之所称，则皆天德也，而乾从之尔。且易之始画也独乾，而非坤。故《彖》之赞乾也，有乾而无坤。及其赞坤也，“顺承乎天”而已。然则“乾道成男，坤道成女”“乾知大始，坤作成物”“乾以易知，坤以简能”，是非坤不足以配乾，非乾坤不足以成易，而独乾非坤，有乾无坤之义隐矣。“乾道变化，各正性命”，充满覆载无非乾也。“乾道成男，坤道成女”，则阴为无预乎阳，阳必有待于阴，而乾之功用褊矣。[②]

乾是“实德”，是“自强不息”“刚健有为”，是一种明确的价值取向：“道者，阳而不阴之谓也，一阴一阳，非所以为道也。”[③]只不过乾“一德独大”，坤德没有资格与之并称。但这种“独大”非如“一阴一阳之谓道”那样，是超越于相对的、形而下的现象界之上的绝对者。叶适还对《系辞上传》中某些神秘主义的表述进行了批判，譬如《系辞上传》有所谓“子曰：知变化之道者，其知神之所为乎？”“易无思也无为也，寂然不动，感而遂通天下之故，非天下之至神，其孰能与于此？”

---

① 叶适：《习学记言序目》卷三，中华书局 1977 年版，第 35 页。
② 叶适：《习学记言序目》卷四，中华书局 1977 年版，第 40 页。
③ 叶适：《习学记言序目》卷四，中华书局 1977 年版，第 42 页。

"夫《易》,圣人之所以极深而研几也,唯深也故能通天下之志,唯几也故能成天下之务,唯神也故不疾而速,不行而至。"这些表述都是鼓吹对现实世界的常识的超越,理学之所以喜欢此种神秘主义的论调,就是要与佛教的宇宙观相对抗,实际上却钻进了佛教的术语迷宫而无法自拔,背离了孔子所传道之本统:"余尝患浮屠氏之学至中国,而中国之人皆以其意立言,非其学能与中国相乱,而中国之人实自乱之也。今《传》之言《易》如此,则何以责夫异端者乎?"[①]体现了反对迷信的理性精神。

宋代浙学强调儒学的对象不应该离开现象世界和历史时空,强调"天理"只能在具体的事物中讲求探索,这比起理学主张人心先天地具备真理的"心包万理""心即理""心具万理"说,当然是一个显著的不同。但是,宋代浙学的本体论主要是为其功夫论(认识论)服务的,对并没有针对理学的"理生气""理在气先"的"理本体论"展开正面的批判,叶适所谓"而义理生焉"的"义理"还不是本体论意义上的"天理",而是指次级真理。

第三节　王阳明的良知本体论

以往对王阳明本体论的讨论,都聚焦在阳明是否诚然世界的客观性问题上。但王阳明很少离开他的功夫论(认识论)单独阐述其宇宙观和本体论,他既未正面肯定,但也没有否定客观世界是独立于人的思维存在的。譬如,《传习录》中著名的"南镇看花"个案中,王阳明只是说花一旦进入人的主观认知时,"则此花颜色一时明白起来"[②],花的特征和意义是由认识主体所赋予的;但花离开人的主观认知时,它即便是客观存在的,但却是无意义的。他的哲学思想的灵魂"良知",是本体与功夫合一的,他反复强调"良知"是世界的造物主,也是世界存在的根本依据,是万事万物的内在统一。王阳明说:"良知之虚,便是天之太虚;良知之无,便是太虚之无形。日月风雷山川民物,凡有貌象形色,皆在太虚无形中发用流行,未尝作得天的障碍。圣人只是顺其良知之发用,天地万物,俱在我良知的发用流行中,何尝又有一物超于良知之外,能作得障碍?"[③]"良知"

① 叶适:《习学记言序目》卷四,中华书局1977年版,第46页。

② 王守仁:《传习录》卷三,《王阳明全集(简体字版)》,上海古籍出版社2015年版,第94页。

③ 王守仁:《传习录》卷三,《王阳明全集(简体字版)》,上海古籍出版社2015年版,第93页。

就是“太虚”，而“太虚”在不同的思想家那里所具有的意义也各有不同，在北宋张载那里，“太虚”具有较强烈物质意义的“元气”，即作为万事万物起源的“气”。而一般来说，王阳明的“良知”是一种精神性的存在，这与“太虚”如何能够统一起来实际上是一个问题。

王阳明对“良知”与“气”的论述还有不少。在有些地方，王阳明强调“气”是构成世界的物质，“气”是人与万事万物乃至天地鬼神的内在统一。《传习录》有这样一段问答：

> 朱本思问：“人有虚灵，方有良知。若草木瓦石之类，亦有良知否？”先生曰：“人的良知，就是草木瓦石的良知。若草木瓦石无人的良知，不可以为草木瓦石矣。岂惟草木瓦石为然，天地无人的良知，亦不可为天地矣。盖天地万物与人原是一体，其发窍之最精处，是人心一点灵明。”[①]

这段话的前半部分肯定了“良知”是人与事物的内在统一，强调了“天地万物”的存在意义是由人的“良知”所赋予的，“是人心一点灵明”。接下去，王阳明又指出：“风、雨、露、雷、日、月、星、辰、禽、兽、草、木、山、川、土、石，与人原只一体。故五谷禽兽之类，皆可以养人；药石之类，皆可以疗疾：只为同此一气，故能相通耳。”[②]这就是说，人与万事万物一样，本质上都是“气”的产物，因此“气”是创造客观世界的质料因。王阳明还说：“可知充天塞地中间，只有这个灵明，人只为形体自间隔了。我的灵明，便是天地鬼神的主宰。大没有我的灵明，谁去仰他高？地没有我的灵明，谁去俯他深？鬼神没有我的灵明，谁去辨他吉凶灾祥？天地鬼神万物离去我的灵明，便没有天地鬼神万物了。我的灵明离却天地鬼神万物，亦没有我的灵明。如此，便是一气流通的，如何与他间隔得！”[③]这一段话中，王阳明先是形容“灵明”是天地鬼神的主宰，构成了事物的本质和意义，但又用“充塞”这个动词来形容这个“灵明”，最后又强调人与万事万物是“一气流通”的，不能间隔，这让人联想到他所谓的“灵明”（就是良知）与“气”是同一的。

王阳明对周敦颐《太极图说》中“太极动而生阳，静而生阴”颇有微词，他认

---

① 王守仁：《传习录》卷三，《王阳明全集（简体字版）》，上海古籍出版社2015年版，第94页。
② 王守仁：《传习录》卷三，《王阳明全集（简体字版）》，上海古籍出版社2015年版，第94页。
③ 王守仁：《传习录》卷三，《王阳明全集（简体字版）》，上海古籍出版社2015年版，第109页。

为这容易引起误解，“苟不善观，亦未免有病”。在王阳明看来，阴和阳并不是太极的派生物，阴阳是对“太极生生之理”的描述：

太极之生生，即阴阳之生生。就其生生之中，指其妙用无息者而谓之动，谓之阳之生，非谓动而后生阳也。就其生生之中，指其常体不易者而谓之静，谓之阴之生，非谓静而从生阴也。若果静而后生阴，动而后生阴，则是阴阳动静截然各自为一物矣。阴阳一气也，一气屈伸而为阴阳；动静一理也，一理隐显而为动静。……所谓动静无端，阴阳无始，在知道者默而识之，非可以言语穷也。若只牵文泥句，比拟仿像，则所谓心从法华转，非是转法华矣。①

这就是说，“阴阳”本身就是“气”，就是“理”，《系辞传》所谓“一阴一阳之谓道”，是指“一阴一阳”是“道”的本质属性，而不是“太极生两仪”中的“阴阳两仪”。王阳明这一观点与上节所讨论的叶适对《系辞传》的观点颇有相通之处，呈现出某种一元论意义上的同构性。

第四节　蕺山学派和黄宗羲的理气观

“理”与“气”是中国哲学史上的一对重要范畴，作为阳明后学的刘宗周蕺山学派对此也有深入讨论。刘宗周吸收了张载的气学思想及罗钦顺的理气观，这些思想对其本体论、工夫论及人性论都有着重要影响，但由于刘宗周最关心的还是道德心性，所以理气观在刘宗周这里只是起到辅助心性之学的作用。② 刘宗周殁后，蕺山学派的主要弟子中也只有黄宗羲仍然关注理气问题，而张履祥、陈确等人对这一问题已少有讨论，即便对气有所提及，也是心性论层面的“气”，而非宇宙论上的“气”。

---

①　王守仁：《传习录》卷二，《王阳明全集（简体字版）》，上海古籍出版社2015年版，第56页。

②　在这一点上我们同意东方朔的观点。他认为“蕺山理气论之学术归向乃是为了说明心性论，服务心性论，进而照察心体性体，为其阐发以心著性之论作客观本体之铺垫。显然蕺山是以心学心性论作为其立学系统。系统既立，则理气论中的一切分疏解说皆是一心造作。”（东方朔：《刘蕺山哲学研究》，上海人民出版社1997年版，第113页）李振纲也认为在刘宗周理气论是从属于心性论，“是为其心性论做注脚。”李振纲：《证人之境—刘宗周哲学的宗旨》，人民出版社2000年版，第154页。

一般说来，理气关系和心性关系是相互呼应的，从逻辑上看有什么样的理气关系就会有什么样的心性关系，理气关系是心性关系的基础。这在刘宗周的哲学体系中也不例外。但是在刘宗周的哲学体系中，是否先有理气关系后有心性关系则很难说。因为虽然在刘宗周的哲学体系里我们可以清楚地发现理气关系相对于心性关系是逻辑在先，但事实上在刘宗周那里心性关系的重要性是高于理气关系的，所以逻辑在先并不一定是历史在先。

关于“气”，刘宗周有如下的论述：

或曰：“虚生气。”夫虚即气也，何生之有？吾溯之未始有气之先，亦无往而非气也。当其屈也，自无而之有，有而未始有；及其伸也，自有而之无，无而未始无也。非有非无之间，而即有即无，是谓太虚，又表而尊之曰太极。①

盈天地间，一气也。气即理也，天得之以为天，地得之以为地，人物得之以为人物，一也。人未尝假贷于天，犹之物未尝假贷于人，此物未尝假贷于彼物，故曰：“万物统体一太极，物物各具一太极。”自太极之统体而言，苍苍之天亦物也。自太极之各具而言，林林之人，芸芸之物，各有一天也。②

从前面这两段议论中，我们可以看出，“太虚”“太极”“气”在刘宗周这里是同一层次的概念，是可以相互转化的。太虚即太极，太虚即气；万物一气所生，物物各具太极；气聚为物，气散为虚，无非一气往来屈伸。这些观点基本上承传张载的“太虚无形，气之本体，其聚其散，变化之客形尔”一说。其着眼点是反对“无中生有”，即所谓“虚生气”的观点。看来刘宗周对“无生有”的说法是很难理解的，他试图想象“未始有气之先”，但却如同钻入雾中一般，总也追溯不到“无”那里。所以他认为所谓的“无”只是气之散(伸)，如同水化为气，“无而未始无也”，是有而不见其形，“非有非无之间，而即有即无”。他对气的理解有些像今天所谓能量，聚则为物，散则为太虚。一方面刘宗周不认为虚能生气，因为这和无中生有一样不可解；另一方面，如果虚能生气，不论在理论上还是在实践上都

① 刘宗周：《学言》中，《刘宗周全集》第2册，台湾“中央研究院”中国文哲研究所筹备处，1997年版，第480页。

② 刘宗周：《学言》中，《刘宗周全集》第2册，台湾“中央研究院”中国文哲研究所筹备处，1997年版，第480—481页。

会有蹈空的可能性。所以，从哲学角度看，对“虚生气”的否定是避免哲学形而上化的必然手段。

这一点我们还可以从刘宗周的理气观、道器观看出，他说：

盈天地间，一气而已矣。有气斯有数，有数斯有象，有象斯有名，有名斯有物，有物斯有性，有性斯有道，故道其后起也。而求道者，辄求之未始有气之先，以为道生气。则道亦何物也，而遂能生气乎？①

或问：“理为气之理，乃先儒谓‘理生气’，何居？”曰：“有是气方有是理，无是气则理于何丽？但既有是理，则此理尊而无上，遂足以为气之主宰。气若其所从出者，非理能生气也。”②

盈天地间，凡道理皆从形器而立，绝不是理生气也，于人身何独不然？大《易》“形上”“形下”之说，截得理气最分明，而解者往往失之。后儒专喜言“形而上”者，作推高一层之见，而于其所谓“形而下”者，忽即忽离，两无依据，转为释氏所籍口，真所谓开门而揖盗也。至玄门则又徒得其“形而下”者，而竟遗其“形而上”者，所以弊于长生之说，此道之所以尝不明也。③

刘宗周在这里所批判的“理生气”的观点，是朱熹一系学者的观点。在他看来，谓理为气之主宰则可，谓理生气则不可。其理由有两个：第一，不论是理还是道，相对于气而言都是后起者。按照刘宗周的排列，是先有气，然后才有数、象、名、物、性、道。性和道都是依物而有，所以排在最后。但是刘宗周并没有讨论何以有这样的次序。“理在气先”的确是朱熹的观点，但正如陈来所说的那样，朱熹所说的“在先”是指逻辑上的在先，强调的是理的第一性。④ 其实所谓的先后是一个以时间为基础的概念，而朱熹所说的形而上的理世界并不同于物质世界，它是没有时间一说的，只可谓其有，而不可以先后论。并且，在朱熹那里，理和气虽并在一起，但二者毕竟仍是两物，由于理世界没有空间一说，所以也是

① 刘宗周：《学言》中，《刘宗周全集》第2册，台湾“中央研究院”中国文哲研究所筹备处，1997年版，第480页。

② 刘宗周：《学言》中，《刘宗周全集》第2册，台湾“中央研究院”中国文哲研究所筹备处，1997年版，第483页。

③ 刘宗周：《答刘乾所学宪》，《刘宗周全集》第3册，台湾“中央研究院”中国文哲研究所筹备处，1997年版，第431页。

④ 参见陈来：《宋明理学》，辽宁教育出版社1991年版，第166页。

只可谓其有，而不存在在哪里的问题。所以毕竟物质没有了，理世界却仍然不坏，是永恒的。而刘宗周则不同，在他看来，理在气后，不过这个后也可能是逻辑上的后，以突出气的本体地位。“理为气之理”就是点明理对气的依附性。对于刘宗周来说，一个悬空的理已经很难理解了，但最难以理解的还是理何以能生气。从思维难度上讲，它同“虚生气”“无生有”差不多。朱熹本人对此也没有令人信服的解说。按照今人的说法，这个“理生气”是“从本体论和逻辑上说，并不是讲生成论”。[①] 这个问题似也只好如此理解，但这给人一种朱熹在回避问题的感觉。刘宗周也正是从此生成论的角度理解“理生气”，才发生了困难。并且，刘宗周认为程、朱等人谈形而上谈得太多了，会犯佛家“蹈空”的毛病；但如果忽视了形上之理的主宰作用，只看到形下，那就会被肉身所左右，犯道家“恋生”的毛病。所以，刘宗周在处理理气关系时一定要照应它们与心性之间的关系，为心性关系及工夫论寻求理论支持。

他先要做的就是打破理气一路和心性一路的隔阂，走一元论的路子，由理气关系证心性关系。他说：

> 理即是气之理，断然不在气先，不在气外。知此，则知道心即人心之本，义理之性即气质之本性，千古支离之说可以尽扫。而学者从事于入道之路高之不堕于虚无，卑之不沦于象数，而道术始归于一乎？[②]

这里是以理气关系解说道心、人心关系，义理、气质关系，以呼应“不离人心而有道心”“性只有气质，义理者气质之所以为性”的观点。这也就是说理、道心、义理之性是属于一类的概念；气、人心、气质之性是属于另一类的概念。相对应的各组概念之间的关系是一样的，这是各组之间的关系的归一。接下去就是发展出一种横向的归一，将性与理、心与气合并为一，这样这些概念就裹在了一起。他说：

> 一性也，自理而言，则曰仁义礼智；自气而言，则曰喜怒哀乐。一理也，

---

① 参见蒙培元：《理学范畴系统》，人民出版社 1989 年版，第 27 页。

② 刘宗周：《学言》中，《刘宗周全集》第 2 册，台湾“中央研究院”中国文哲研究所筹备处，1997 年版，第 482—483 页。

自性而言，则曰仁义礼智；自心而言，则曰喜怒哀乐。[①]

他又说：

（四德）一心耳，而气机流行之际，自其盎然而起也谓之喜，于所性为仁，于心为恻隐之心，于天道则元者善之长也，而于时为春。自其油然而畅也谓之乐，于所性为礼，于心为辞让之心，于天道则亨者嘉之会也，而于时为夏。自其肃然而敛也谓之怒，于所性为义，于心为羞恶之心，于天道则利者义之和也，而于时为秋。自其寂然而止也谓之哀，于所性为智，于心为是非之心，于天道则贞者事之乾也，而于时为冬。乃四时之气所以循环而不穷者，独赖有中气存乎其间，而发之即谓之太和元气，是以谓之中，谓之和，于所性为信，于心为真实无妄之心，于天道为乾元亨利贞，而于时为四季。[②]

从上面的话中我们可以看出，在刘宗周的哲学体系中，理即性，气即心。心的流行化为喜怒哀乐，而其性理就是仁义礼智。通过这样的联系，一般属于个人层面的心性问题就被提升到了宇宙层面，而相对比较客观的属于宇宙层面的理和气就被赋予了道德意义，人和宇宙一气相通，人心也自然合于宇宙，由此实现天与人的合一。

黄宗羲作为蕺山学派衣钵传人，其理气观基本是接着刘宗周说的。他在刘宗周气本论的基础上进一步提炼出“理气合一”之说。蕺山之学的理论框架之要在于统合，故“理气合一”之说亦不失蕺山学风。在《孟子师说》中，黄宗羲替老师提出了这一说法：

先儒之言性情者，大略性是体，情是用；性是静，情是动；性是未发，情是已发。程子曰：“人生而静以上不容说。才说性时，他已不是性也。”则性是一件悬空之物。其实孟子之言，明白显易，因恻隐、羞恶、恭敬、是非之

① 刘宗周：《学言》上，《刘宗周全集》第2册，台湾“中央研究院”中国文哲研究所筹备处，1997年版，第460页。

② 刘宗周：《学言》中，《刘宗周全集》第2册，台湾“中央研究院”中国文哲研究所筹备处，1997年版，第488—489页。

发，而名之为仁、义、礼、智，离情无以见性，仁、义、礼、智是后起之名，故曰仁、义、礼、智根于心。若恻隐、羞恶、恭敬、是非之先，另有源头为仁、义、礼、智，则当云心根于仁、义、礼、智矣。是故性情二字分析不得，此理气合一之说也。[①]

黄宗羲在这里是用“理气合一”之说作为“性情合一”的理论依据。刘宗周虽然有“气即理”之说，但他似乎更强调“理为气之理”，强调气的第一性和决定性，其统合的重点也是理气和心性两组范畴的统合，而理气之间一尘之隔尚隐约可见。黄宗羲则统合的规模更大，将师说中理气之间的一尘之隔也给去除了。在《明儒学案》中，黄宗羲评论曹端“以理驭气”之说时表达了自己的观点：

以理驭气，仍为二之。气必待驭于理，则气为死物。抑知理气之名，由人而造，自其浮沉升降者而言，则谓之气，自其浮沉升降不失其则者而言，则谓之理。盖一物而两名，非两物而一体。[②]

在这里，理气关系已经不是谁第一性的问题，此二者根本就是“一物两名”，只不过是对一件事物不同角度的描述而已，而对所谓“非两物一体”的批判要点在于“理非一物”。由此，他甚至提出“无理”的观点，以理为一个虚拟的名相。在评价王廷相时，黄宗羲说：

先生受病之原，在理字不甚分明，但知无气外之理，以为气一则理一，气万则理万，气聚则理聚，气散则理散，毕竟视理若一物，与气相附为有无，不知天地之间，只有气，更无理。所谓理者，以气自有条理，故此立名耳……故气有气万，理只是一理。以理本无物也。宋儒言理能生气，亦只误认理为一物。[③]

因理无实体，故无“理能生气”一说。由此可见，黄宗羲非常反对将理视为

① 刘宗周：《刘宗周全集》第4册，台湾“中央研究院”中国文哲研究所筹备处，1997年版，第730页。

② 黄宗羲：《黄宗羲全集》第8册，浙江古籍出版社2005年增订版，第355—356页。

③ 黄宗羲：《黄宗羲全集》第8册，浙江古籍出版社2005年增订版，第487页。

可独立存在的一物。在他这里，理与气虽是“一物两名”，但并不是平等的概念，所以所谓“理气合一”毋宁说是“以气兼理”。

值得注意的是，虽然黄宗羲提出“无理”，但这个“无”是指不存在理这一实体，并不是说绝对没有。那么理是一种怎样的存在？黄宗羲认为，理是有而无物，“有无浑一”“费隐妙合”的。在其《太极图讲义》中，黄宗羲说：

> 通天地，亘古今，无非一气而已。气本一也，而有往来阖辟升降之殊，则分之为动静，有动静则不得不分之为阴阳。然此阴阳之动静也，千条万绪，纷纭胶轕，而卒不克乱，万古此寒暑也，万古此生长收藏也，莫知其所以然而然，是即所谓理也，所谓太极也。以其不紊而言，则谓之理；以其极至而言，则谓之太极。识得此理，则知“一阴一阳”即是“为物不二”也。其曰无极者，初非别有一物依于气而立，附于气而行。或曰：因“《易》有太极”一言，遂疑阴阳之变易，类有一物主宰乎其间者，是不然矣，故不得不加“无极”二字……世之人一往不返，不识有无浑一之常，费隐妙合之体，徇象执有，逐物而迁，而无极之真，竟不可见矣……慨自学者都向二五上立脚，既不知所谓太极，则事功一切俱假。而二氏又以无能生有，于是误认无极在太极之前，视太极为一物，形上形下，判为两截。蕺山先师曰：“千古大道陆沈，总缘误解太极。‘道之大原出于天’。此道不清楚，则无有能清楚者矣。”①

在这里，黄宗羲在坚持气本论的基础上，以太极说理之有，以无极说理之无，则“无极而太极”实谓理乃“有无浑一之常，费隐妙合之体”。以其有，则纷纭而不乱；以其无，则变易而无宰。黄宗羲的这一观点源于刘宗周“阴阳分，极隐于无形”之说，而此说在当时便颇受质疑，黄宗羲在给忍庵的信中对此辩之再三：

> 宗兄谓阴阳二气，皆一理之散见，即是太极之昭著，以先师所云二气分，极隐于无形为非是。弟以为二气虽有形，然不可竟指二气为太极。程、朱言性不离气，不可指气即是性 。岂非太极隐于无形乎？宗兄举横渠有无

① 黄宗羲：《太极图讲义》，载《黄宗羲全集》第三册，浙江古籍出版社2005年增订版，第609—610页。

不可以言易，故隐见亦不可言易。夫有无与隐见不同，尽天地间皆是理，以为无也，则鸢、鱼皆是，以为有也，则不睹不闻。故《中庸》言费而隐，费则不落于无，隐则不落于有。此张子之意也。①

宗兄以先师之阴阳分，极隐于无形为可议。云太极无形，本来如此，若以阴阳分，始谓之无形，岂阴阳未分前，已分后，隐见尚有不同乎？弟以为一阴一阳之为道，道即太极也，离阴阳无从见道。所谓《易》有太极，是生两仪，此作《易》者言之。因两仪而见太极，非有先后次第也。②

忍庵以太极为显，阴阳二气即是；黄宗羲以太极为费而隐，因二气见太极（费），太极非二气（隐）。黄宗羲《太极图讲义》中所说“学者都向二五上立脚，既不知所谓太极，则事功一切俱假”，“此道不清楚，则无有能清楚者矣”，可能指的就是忍庵一派的学者。

“有无混一”的观点也被黄宗羲用来回应潘平格对宋明儒学的质疑：

用微（潘平格）又言先儒云虚即是理，理生气，岂非老、庄虚无生气之说乎？故凡先儒之言气者，必曰本乎老，虚即是理。固未闻先儒有此言也。独不观张子曰：知虚空即气。则有无隐显，神化性命，通一无二。若谓虚能生气，则入老氏有生于无自然之论，不识所谓有无混一之常，则虚无生气之说，正先儒之所呵者，顾牵连而矫诬之乎？③

黄宗羲认为，先儒没有“虚即是理”的说法，潘平格在此基础上进一步由“理生气”导出的先儒“虚生气”的观点是不成立的。其实，不论是“虚生气”还是“理生气”，黄宗羲都是反对的，他肯定的是张载的“虚空即气”。如此，则“有无隐显，神化性命，通一无二”，是“所谓有无混一之常”。在黄宗羲看来，只有这种“有无混一”的本体，才能划清儒家与道家的分别，既避免了无中生有的困局，又避免了本体沦为一物的僵局。

总之，蕺山学派的理气论，其根基是“盈天地间，一气而已”“理即气之理”，

① 黄宗羲：《答忍庵宗兄书》，载《黄宗羲全集》第十册，浙江古籍出版社 2005 年增订版，第 226 页。

② 黄宗羲：《再答忍庵宗兄书》，载《黄宗羲全集》第十册，浙江古籍出版社 2005 年增订版，第 228 页。

③ 黄宗羲：《与友人论学书》，载《黄宗羲全集》第十册，浙江古籍出版社 2005 年增订版，第 153 页。

进而“理气合一”(实则以气兼理)、“有无混一”、“费隐妙合”。从逻辑上来说,这种理气观也是集宋明理学之大成了。

(本章由王宇、尹晓宁执笔)

第四章　浙学的知行观

知行关系问题是中国哲学史上争论不休的重要问题，也是历代儒者都很重视的问题。

儒家的知行观内涵主要包括了三大内容，一是知的对象和行的主体，二是知与行的关系，三是真知真行的标准是什么。所谓的“知”，既有德性之知，也有闻见之知，但主要是指德性之知。所谓“行”，既有个人德性的修养与践行，也有社会性的政治实践，但主要是指个人的道德修养与践行。而所谓知行关系，有知易行难说，也有知难行易说、知先行后说或“贵知重行”说，还有知行并进说或知行合一说。但儒家种种知行关系说，虽然不排除对知识之知的包容与把握，但重视的是德性之知与伦理、政治之行，因而在本质上是一种道德、伦理、政治三位一体的人文主义学说。

在儒学史上，许多名儒包括一些浙学名家也都深入讨论了知行关系，甚至建立了系统的知行观。本章试作些具体讨论。

第一节　先秦儒家的知行观

最早讨论知行关系问题的是《尚书・说命中篇》。该篇记载商朝中兴之主高宗武丁与其谋臣傅说关于“知行”关系的一番对话。其文云：

高宗既许傅说以行其言矣，于是(傅说)喜其谏之行言之听，遂拜而稽首，尽敬于君，勉以行之之难，而冀高宗不倦以终之也。曾子曰：“尊其所闻则高明，行其所知则光大，则所贵乎知之者惟欲其行之而已。知之不能行，则与我为二。虽嘉谋日接于耳，是他人物，非己所有也。知而行之，则与我为一。凡嘉谋接于耳者，皆能躬行之；能躬行则善皆其所有也。唯知之非艰，而行之惟艰如此，故傅说所以告高宗曰：'知之非艰，行之惟艰也。'然行之惟艰矣，苟能一日用其力，则（行之成功）亦何难之有！"①

这段话包含了丰富的先秦儒家知行观的思想信息：一是文章所谓"曾子曰"，指的是这个"知行观"的思想信息是属于孔子弟子曾子一派的儒家思想，是曾子对《尚书·说命中篇》所引殷高宗武丁谋臣傅说所说"知之非艰，行之惟艰"命题的解读；二是这个"知行观"所谓"贵乎知之者惟欲其行之""知之不能行，则与我为二""知而行之，则与我为一"，透露了曾子一派儒家思想中已包含了"知行合一重在行"的思想，阐明了"知之须行之""知而不行，与我为二""知而行之，则与我为一"的辩证知行观；三是借用傅说进言高宗关于"知之非艰，行之惟艰"的话，说明"知易行难"的道理，并说明只要时时坚持，则成功之行也就不是难事。由此，我们可以看到，《尚书·说命中篇》关于知行关系的理论，正是王阳明所谓"真知即所以为行，不行不足谓之知"的"知行合一"思想之滥觞，从而表明阳明的"知行合一"论正是继承了孔、曾一派儒家的知行观思想。

《论语》中所载孔子的知行观，实际上也是主张知行合一的。其《论语·里仁篇》载孔子曰"君子欲讷于言，而敏于行"，主张"慎言贵行"，《论语·公冶长篇》因弟子宰予昼寝而引发孔子感慨，将评判人的标准定为"听其言而观其行"，也是主张以行为重，或曰轻言（知）重行的。

战国末年的大儒荀况可以说是百家思想的批判总结者。其《非十二子篇》对它嚣、魏牟以下至子思、孟轲之间的六派十二子作了严肃的批评总结，而唯独对"总方略，齐言行，一统类而群天下之英杰，而告之以太古，教之以至顺"的仲尼、子弓加以全面肯定，称其为"圣人之不得势者也"。

在知行关系问题上，荀子也有论述。《荀子·儒效篇》说："闻之不若见之，见之不若知之，知之不若行之，学至于行之而止矣。……故闻之而不见，虽博必谬。见之而不知，虽识必妄。知之而不行，虽敦必困。"在这里，荀子递进式地论

① 《尚书·说命中》引曾子言，载上海人民出版社与迪志文化出版公司合版之《四库全书》电子版经部，书类宋代夏僎撰《尚书详解》卷十四。

述了闻、见、知、行在获得正确认识过程中的作用，而以实践之“行”为最高境界。荀子更是明确主张：“君子博学而日参省乎已，则知明而行无过矣。”这里的“博学”是“知”，“日参省乎已”是道德修养之“行”，做到了二者就达到了“知明而行无过”的境界，可见荀子的知行关系论，可以说就是先秦儒家的知行合一论。

第二节　王充《论衡》的知行观

王充在《对作篇》中，阐明其写作《论衡》的动机和宗旨时说：“是故《论衡》之造也，起众书并失实，虚妄之言胜真美也。故虚妄之语不黜，则华文不见息，华文放流，则实事不见用。”因此，他在篇末总结说：“《论衡》实事疾妄……无诽谤之辞。”在《语增篇》中，王充指出：“凡天下之事，不可增损。考察前后，效验自列。自列则是非之实有所定矣。”王充在《论衡》中，在分析各种自然现象之因果、辨别各种传说之真伪、评论各家学说之是非、批判各种迷信之虚妄的时候，就是本着这种实事求是的态度，他所采取的根本方法就是“方比物类，明于有效，定于有证”的“实事疾妄”方法。

严格地说，王充很少有直接讨论知行关系的论述。其所谓知行观，重在讨论“知”的来源及检验“知”的真伪，虚实的标准问题。他认为，真正的知并非先天性的“生而知之”，而是后天性的“学之问之而后知”的，检验“知”是否正确的标准是实践的“效验”，也即“行”。他断言：“天地之间，含血之类，无性（生）知者。”“夫可知之事者，思虑所能见也。不可知之事，不学不问不能知也。不学自知，不问自晓，古今行事未之有也。……故智能之士不学不成，不问不知。”他在《知实篇》列举十六个实例，证明“圣人不能先知”、必以“学之问之”而后知的观点。例如第三例：“颜渊炊饭，尘落甑中。欲置之则不清，投地则弃饭，掇而食之。孔子望见，以为窃食。圣人不能先知三也。”他说：“儒者论圣人，以为前知千岁、后知万世，有独见之明、独听之聪、事来则名、不学自知、不问自晓、故称圣则神”，王充批驳了这些谬论，断定“此皆虚也”。他的结论是：“以今论之，故夫可知之事者思虑所能见也，不可知之事，不学不问不能知也。不学自知、不问自晓，古今行事未之有也。”

关于检验认识之“知”的标准，王充也提出了他自己的见解。既然“知”的获得须从“耳闻、目见、口问”开始，再经过“心意”的“议”“推”“揆”“原”等加工制作功夫上升为理性认识，那么，这种“知”是否正确、是否真正的“实知”呢？用什么去检验“知”的“虚实”呢？王充认为，客观事实的“效验”就是检验认识（“知”）虚实、真伪的标准。他在《实知篇》中开宗明义就说：“凡论事者，违实不引效验，则虽甘义繁说，众不见信。”又说：“事有证验，以效实然。”王充所讲的“效验”，基本意思就是用客观事物或者现象本身的效果和证据（即所谓行），来判断和证明人们的认识（即所谓知）是否正确，是否符合实际，这就是以行证知的方法。在他看来，如果不依据“行”去验证“知”，即便是圣贤也不能确定事物的真妄虚实。因此，王充坚决反对那些俗儒们“论事不引效验”、喜欢“增益其事”的主观主义态度，而提倡“实事疾妄”的唯物主义态度，这也可以说是一种知行统一的认识论。

在《论衡》中，还有一段体现王充尊行思想的陈述：“陈子禽问子贡曰：‘夫子至于是邦也，必闻其政。求之与？抑与之与？’子贡曰：‘夫子温良恭俭让以得之。’温、良、恭、俭、让，尊行也。有尊行于人，人亲附之。人亲附之，则人告语之矣。然则孔子闻政以人言，不神而自知之也。”这里所谓“闻其政”，就是获得对该邦政治得失知识的了解；“温良恭俭让以得之”者，是通过展现温、良、恭、俭、让五种道德行为加以体现；所谓“尊行”就是对道德实践行为的尊崇。这也体现了王充的知行统一观。

总之，王充的效验论，在认识起源问题上是以客观存在为第一性，主张认识来源于实际、依赖于存在，并且包含着从感性认识到理性认识两个阶段，在检验认识的标准上，主张用客观实事的效果和证验检验认识的真伪，而反衬主观臆想。王充效验论的根本特点就是主张实事求是、反对虚妄迷信。这种注重效验的认识论，是唯物主义的认识论，是和他的唯物主义宇宙观一致的，是王充哲学思想的重要组成部分。

但就总体而言，汉唐诸儒对于知行关系问题的讨论不多，对浙学的影响也不大。至于宋明儒家，对知行关系的讨论与之前相比明显增多了。

第三节　朱熹、陆九渊、吕祖谦、叶适：南宋四大儒的知行观

宋明时期，中国儒学进入新的发展阶段——理学时期，其中北宋是理学的奠基和成型期，南宋是理学兴盛期，明代则是理学分化与转型期。尤其是在南

宋时期，中央政府与太学在浙江，所以在一定意义上，浙学的水平也就代表了南宋儒学的水平。正因如此，曾在明末担任两浙学政的福建人刘鳞长在其主编的《浙学宗传》中将福建人杨时、徽州人朱熹、江西人陆九渊列为浙学之首[①]，并将张九成、吕祖谦以下 40 名自宋讫明两浙诸儒之言行编纂成帙，命名为《浙学宗传》，其书以阳明学为主而将朱熹、陆九渊、陈亮、吕祖谦之学统称"浙学"，可谓独具一格的浙学史研究专著。

朱熹、陆九渊是南宋理学与心学的代表，且在浙江有学术传人，例如金华地区以传承朱子理学为职志的何基、王柏、金履祥、许谦四先生（合称"北山四先生"或"金华四先生"）以及活跃在浙东明州（今浙江宁波）地区的陆氏心学传人杨简、袁燮、舒璘、沈焕（合称"甬上四先生"，亦称"明州四先生"）就分别是朱学、陆学在浙江的代表。所以，《浙学宗传》将朱、陆列为浙学源头也无可厚非。

朱熹、陆九渊及其浙江传人的"知行"观有两个共同点，一是分知行为二，二是持"知先行后"论。如《朱子语类》卷九专立"知行"条目，曰：

> 知行常相须，如目无足不行，足无目不见。论先后，知为先；论轻重，行为重。
>
> 论知之与行曰：方其知之而行未及之，则知尚浅；既亲历其域，则知之益明，非前日之意味。
>
> 圣贤说知，便说行。《大学》说"如切如磋"，道学也；便说"如琢如磨"，自修也。《中庸》说学、问、思、辨，便说笃行。颜子说"博我以文"，谓致知格物；"约我以礼"，谓克己复礼。
>
> 致知力行，用功不可偏。偏过一边，则一边受病。如程子云："涵养须用敬，进学则在致知"，分明自作两脚说。但只要分先后、轻重。论先后，当以致知为先；论轻重，当以力行为重。[②]

---

① 据《福建通志》卷四十五《人物传·刘鳞长》载：刘鳞长，晋江人，万历己未进士，授工部主事。崇祯时任两浙学政，所接皆知名士。官至西蜀参议。著有《浙学宗传》。罗列北宋杨时（萧山县令，张九成师）、南宋朱熹（浙东提举，北山四先生私淑师）、陆九渊（杨简师，过富阳论道半月）以及张九成、吕祖谦、杨简、何基、王柏、金履祥、许谦、陈亮、宋濂、刘基、方孝孺、王守仁、王畿、钱德洪、徐爱、胡瀚、张元汴、周汝登、许孚远、陶望龄、刘宗周、陈龙正等浙学名儒 43 人。然其书也有重要遗漏，如宋儒叶适、陈傅良、唐仲友，明儒张履祥等均未列入。

② 上海人民出版社与迪志文化公司合作出版《四库全书》子部儒家类《御纂朱子全书》卷三。

“知行常相须”就是说“知、行”二者是相互依存的。但如果分先后，则知为先，行为后；如果论轻重，则知为轻，行为重。但在朱子那里，知行虽有先后、轻重之分，但二者是相辅相成、不可截然分开的。二者关系如“目见、足行”须相互配合，又如双脚行路须一前一后配合才能前进。故曰“圣贤说知，便说行”“致知力行，用功不可偏”。

《四库全书》子部儒家类《御纂朱子全书》卷三亦记朱熹论“知行”曰：

> 知与行工夫须着并到。知之愈明，则行之愈笃；行之愈笃，则知之益明，二者皆不可偏废。如人两足相先后行，便渐渐行得到。若一边软了，便一步也进不得。然又须先知得，方行得。所以《大学》先说“致知”。《中庸》说“知”，先于“仁、勇”。而孔子先说“知及之”，然学、问、谨思、明辨、力行，皆不可阙一。

这同样重申了知行虽分为二，但不可或缺，亦不可偏废，“须先知得，方行得”。这就是朱熹的“知先行后”说，同时也是“知行相须”的“知行统一”说，但并不是“知行合一”说。

与朱熹一样，象山先生陆九渊也有“知先行后”之说。《象山集·象山语录》记录了一段师生对话，曰：“先生与学者说及智圣始终条理一章。忽问松云：‘智圣是如何？’松曰：知此之谓智，尽此之谓圣。先生曰：‘智圣有优劣否？’松曰：‘无优劣。’先生曰：好‘无优劣。’然孟子云‘其至尔力也，其中非力’，如此说似归重于智。’松曰：‘其至尔力也，其中非尔力也，巧也。行文自当如此。孟子不成道‘其至尔力也，其中尔巧也’。先生曰：‘是。’松又曰：‘智圣虽无优劣，却有先后。毕竟致知在先，力行在后，故曰始终。’先生曰：‘是。’”由此可知，象山先生是赞成弟子所谓“致知在先，力行在后”的“知先行后”说的。象山又曰：“博学、审问、慎思、明辨、笃行，博学在先，力行在后。吾友学未博，焉知所行者是当为是不当为？”[①]可见在象山先生看来，博学、审问、慎思、明辨都属于“知”，是“笃行”的基础和前提，知未博则行不当。

南宋时期的浙学名家吕祖谦、叶适关于知行关系也有很精辟的论述。

① 陆九渊著：《象山集·象山语录》卷三，上海人民出版社与迪志文化公司合作出版电子版《四库全书》子部儒家类。

吕祖谦说："君子之学，必先明诸心知所往，然后力行以求至，所谓自明而诚也。"[①]先明心知所往，后力行以求至，这也是"知先行后"的观点。又说："好学近乎知，力行近乎仁。知及之，仁能守之。近知者莫如好学……苟本心存焉，则能力行矣。"[②]"致知、力行，不是两截。力行亦所以致其知，磨镜所以镜明。"[③]"致知力行，本交相发工夫，初不可偏。"[④]这些论述，说明吕祖谦的知行观与朱熹陆九渊一样，是主知先行后的，但又认为二者相辅相成、不可偏废。

叶适的知行观主要见载于《习学记言》一书。叶适说："学而不知其统，则随语为说，而不足以明道，尚何望其能行！此学之大患也。"[⑤]叶适所谓"学"，即知道也，所谓"行"，即行道也。但光有学，而不能行，也不能算明道，所以，必须知而能行，才算知道、明道。那么，"道"又是什么呢？叶适说："道者所当行之路也，虽乡人，苟知路，未有须臾离者。不然，虽君子，左右顾而迷矣。"所谓"道"就是所有人都必须顺从的路（轨道），任何时候都不能背离的。叶适又有"言易行难"之说，称"言之易者行之难，不可不审也"[⑥]。《习学记言》卷十九《史记》这个说法，同《尚书·说命中篇》的"知易行难"是一致的。

总之，南宋四大儒（包括浙学名儒吕祖谦、叶适）的知行观，就其先后顺序而言，皆主"知先行后"说，是分知、行为二的；就其相互关系而言，又皆主相辅相成、不可分离，是主知行统一的。这为后儒王阳明的知行观提供了思想借鉴。

第四节　王阳明的"知行合一"论及其当代意义

所谓阳明学，实质上是以"良知"为德性本体，以"致良知"为修养方法，以"知行合一"为实践工夫，以"明德亲民"为政治应用的良知心学。在此，我们不拟全面论述王阳明的心学思想，而着重论述其"知行合一"的知行观。

---

① 吕祖谦编：《宋文鉴》卷九十八引程颐《颜子所好何学论》，上海人民出版社与迪志文化公司合作电子版《四库全书》子部儒家类。

② 吕乔年编：《丽泽论说集录》卷五，上海人民出版社与迪志文化公司合作电子版《四库全书》子部儒家类。

③ 吕乔年编：《丽泽论说集录》卷十《门人所记杂说二》上海人民出版社与迪志文化公司合作。

④ 吕祖谦：《东莱集》别集卷八，上海人民出版社与迪志文化公司合作。

⑤ 叶适著：《习学记言》卷十三《论语》，上海人民出版社与迪志文化公司合作。

⑥ 叶适著：《习学记言》卷十九《史记》，上海人民出版社与迪志文化公司合作。

一、王阳明“知行合一”论的内涵

王阳明首先是在龙场与时任贵州提学副使席书讨论朱、陆异同时针对朱陆的“知先行后”说提出其“知行合一”说的。

王阳明论其“知行合一”说曰：

若鄙人所谓致知格物者，致吾心之良知于事事物物也。吾心之良知即所谓天理也，致吾心之天理于事事物物，则事事物物皆得其理矣。故曰致吾心之良知者致知也，事事物物皆得其理者格物也。是合心与理而为一者也。[①]

知者行之始，行者知之成。圣学只一个工夫，知行不可分作两事。[②]

某尝说知是行的主意，行是知的功夫。知是行之始，行是知之成，若会得时，只说一个知，已自有行在；只说一个行，已自有知在。[③]

知之真切笃实处即是行，行之明觉精察处即是知，知行工夫本不可离。只为后世学者分作两截用功，失却知行本体，故有合一、并进之说。真知即所以为行，不行不足谓之知。[④]

今人学问，只因知行分作两件，故有一念发动，虽是不善，然却未尝行，便不去禁止。我今说个知行合一，正要人晓得一念发动处便即是行了。发动处有不善，就将这不善的念克倒了。须要彻根彻底，不使那一念不善潜伏胸中。[⑤]

概括地说，王阳明“知行合一”论的内涵有五个要点：第一，“知行”说的本体

① 王守仁：《传习录中》，《王阳明全集(简体字版)》上册卷二，又见钱德洪编《阳明先生年谱三》，《王阳明全集》上册卷二，上海古籍出版社 2015 年 6 月版，第 40—41 页；下册卷三十五，上海古籍出版社 2015 年 6 月版，第 1064 页。

② 王守仁：《传习录》，《王阳明全集(简体字版)》上册卷一，上海古籍出版社 2015 年 6 月版，第 12 页。

③ 王守仁：《传习录》，《王阳明全集(简体字版)》上册卷一，上海古籍出版社 2015 年 6 月版，第 4 页。

④ 王守仁：《传习录中》，《王阳明全集(简体字版)》上册卷二，上海古籍出版社 2015 年 6 月版，第 37 页。

⑤ 王守仁：《传习录下》，《王阳明全集(简体字版)》上册卷三，上海古籍出版社 2015 年 6 月版，第 84—85 页。

是“吾心之良知”，这个“良知”即所谓“天理”也，“致吾心之天理于事事物物，则事事物物皆得其理”，这就是“致良知”。“事事物物皆得其理”就是“格物”了。这个“致知”“格物”的过程，也就是“合心与理而为一”的过程。在这里，王阳明做了两个重要的概念转换。即将他从百死千难中得来的良知转换为天理，又将“良知即天理”的命题合并到陆九渊“心即理”的命题，实际上消解了陆九渊的“心即理”命题，而突出了王阳明的“致知在格物”的命题。[①] 第三，“知行”只是一个工夫，不能割裂，不可看作两件事。第四，知行关系是相互依存的：“知”是“行”的出发点，是指导“行”的，而真正的“知”不但能“行”，而且是已在“行”了；“行”是“知”的归宿，是实现“知”的，而真切笃实的“行”已自有明觉精察的“知”在起作用了。第五，知行工夫中“行”的根本目的，是要彻底克服那“不善的念”而达于至善，这实质上是个道德修养与实践的过程。显然，王阳明所谓的“知”，即“吾心良知之天理”，其所谓“行”即“致吾心良知之天理于事事物物”的道德实践。因此可以说，王阳明的“知行合一”论在本质上是集道德、伦理、政治于一体的道德人文哲学。

那么，王阳明知行观的理论重点是什么？有必要作深入探讨。

我认为，王阳明“知行合一”说的重点是在“行”字上。理由有三：

首先，“知行合一”说的提出，是王阳明贬谪龙场期间，继龙场悟道悟得“圣人之道，吾性自足”之后，针对贵州提学副使席书请问“朱陆异同”时而提出的观念。王阳明从本体意义论知行关系，认为求之吾性，本体自明。而朱陆的“知先行后”说，是分知行为二事，割裂了知行关系。这说明王阳明强调的是知行一体，不能割裂为二，也不能分别先后。

其次，当门人徐爱以“孝弟”为例质疑“知行合一”之说，认为“如今人尽有知得父当孝、兄当弟者，却不能孝不能弟，便是知与行分明是两件”时，王阳明答复说：“未有知而不行者，知而不行，只是未知……如称某人知孝，某人知弟，必是其人已曾行孝行弟，方可称他知孝知弟。”这说明王阳明认定真正的“知”是必定要落实在“行”的。

---

① 王阳明在《大学问》中真正打通了其“良知”说与《大学》“致知”说的一体相通关系。他说：“故致知必在于格物，物者事也，凡意之所发必有其事，意所在之事谓之物，格者正也，正其不正以归于正之谓也，正其不正者，去恶之谓也；归于正者，为善之谓也，夫是之谓格。”又说：“致知云者，非若后儒所谓充广其知识之谓也，致吾心之良知焉耳。良知者，孟子所谓是非之心、人皆有之者也，是非之心不待虑而知，不待学而能，是故谓之良知。是乃天命之性，吾心之本体自然灵昭明觉者也。”这就明确论述了“致知在格物”“心之本体是良知，良知即天理”的思想。

再次，王阳明在平定南赣匪患时，在致弟子的书函中提出了“破山中贼易，破心中贼难”的命题，强调“除窃何足为异？若诸贤扫荡心腹之寇以收廓清平定之功，此诚大丈夫不世之伟绩”，所谓“心中贼”，指的是朝中官员普遍存在的道德堕落与作风腐败，“知行合一”这个命题针对的正是朝中官员说一套做一套、知行脱节的腐败风气，而发出了希望为官者扫荡“心腹之寇”以收“治平”之效的呼吁。

从以上分析可以看到，王阳明“知行合一”论的重点是放在“行”上。对此，作为阳明后学的黄宗羲心领神会。黄氏在其《明儒学案·姚江学案序》中指出，阳明先生“以圣人教人只是一个行。如博学、审问、慎思、明辨皆是行也，笃行也者，行此数者不已是也。先生致之于事物，致字即是行字，以救空空穷理只在知上讨个分晓之非”。这是深得阳明良知心学精髓的精辟之论，也是对王阳明“知行合一重在行”思想的最好注脚。

二、王阳明“知行合一”论的当代意义

王阳明“知行合一”论的现实意义，主要可从以下三点去看：

第一，有助于建立理论与实践相统一的社会治理模式，树立正确的发展观、义利观与政绩观。现在，政界与企业界有一种唯利是图的功利主义倾向。一些地方政府和企业一味追求高速发展，以 GDP 作为衡量发展的唯一标准，而不顾环境的保护与生态的平衡，结果造成严重环境污染与生态失衡，危害人民群众的生活品质和生存条件。我认为，在生产力很落后的情况下强调“发展是硬道理”是绝对正确的，然而在今天当中国进入了和平崛起、全面小康新阶段，就应该强调“适度的可持续性发展才是硬道理”了。政府要更重视人文素质的提高和人民生活质量的改善；多提倡一点“含文量”，而不是含金量；提倡有节制的适度发展，提倡“多元和谐”发展观。所谓生态文明，不要仅仅理解为自然生态的平衡，更重要的是人文生态（道德境界、文明素质、政府治理模式）的改善。我们要大声疾呼当政者：“致吾心良知之天理于事事物物”，树立正确的发展观、义利观与核心价值观；要大声疾呼以民为本，顺应民心，真正做到以“人民为中心”，以人民的好恶为好恶，不但要纾解民困，而且要疏导民愤。现在某些地方政府强行推动城市化，搞什么“三改一拆”，把一些关系到农民生计的乡镇企业不分青红皂白地作为“违章建筑”拆掉了，与此同时也就夺走了许多农民赖以维持生计的生产资料与生活依靠，这种拔苗助长式的“城市化”，与 1958 年“大跃进”时

期的共产风、一平二调风颇有相似之处，应该引起警惕。我们的官员要对历史、对人民高度负责，学一点王阳明的明德、亲民、致良知精神。

第二，有助于反腐倡廉，诚信施政。在当下这种情况下，有必要提倡“致良知”“知行合一”，以提升干部队伍的道德人文素质。只有遏制了贪腐之风，真正做到执政为民，才能取信于民，实现长治久安。

第三，提倡“知行合一”，促进“人文化成”。王阳明的“致良知”“知行合一”学说，将重点放在“行”上。黄宗羲解释说“致字即是行字”。按这样解说，“致良知”就成了“行良知”，即良知的实践了。它强调的是理论与实践的结合，强调全心全意为人民服务，反对知行脱节、言行不一。习近平总书记说：“王阳明真正做到了知行合一”，号召我们学习、敬重王阳明。这为我们坚持实事求是的思想路线和改革开放的国策，不断开创社会主义现代化建设的新局面提供了精神动力，也有力说明了王阳明的思想学说在新时代不仅没有过时，而且能够焕发出巨大的精神力量，造福于人类的未来。这就是王阳明“知行合一”“知行”观的当代价值之所在，也正代表了浙学“知行观”精华之所在。

（本章由吴光执笔）

第五章　浙学的价值观

价值观是一个内涵丰富的概念，从某种意义上说，整个儒学思想体系就是价值哲学体系。就浙学而言，对义利关系的讨论是价值观的核心问题。在中国哲学范畴史中，义利关系主要指主观动机与客观效果的关系，也指道德原则与实际利益的关系。在义利观问题上，南宋浙东学派的吕祖谦、薛季宣、陈亮及永嘉学派等，提出了一系列与程朱理学完全不同的观点，受到了后者的激烈批评。

程朱理学秉持西汉董仲舒“明道不计功，正谊不谋利”的立场，认为动机的道德性是决定性的、首要的，而动机的客观效果是派生的、次要的；只要动机合乎道德伦理，则效果是否理想可以不必考虑。浙学则认为，儒学必须经世致用，儒学的道德伦理应该能够改造现实社会，造福人民，因此决不能将效果置于从属、派生的地位，而应该注意到动机的道德性与动机的客观效果是同等重要的，二者缺一不可。对于动机的正当性，必须结合效果来加以评判，而不能片面地根据是否符合道德正当性来定性；同理，客观效果是否理想不能根据物质利益来判断，而应该结合其动机是否符合道德加以全面的评判，因此，动机与效果应该是统一的。

但是在具体论战中，朱熹这一派的学者自觉或不自觉地将浙东学派歪曲为单纯的功利主义者，批评浙东学派纯粹从效果来判断动机的正当性，这是值得注意的。

第一节 吕祖谦、薛季宣对程学不能经世致用的忧虑

北宋的猝然灭亡，在知识分子中引起了一系列检讨和反思。其中，二程理学这一派学者内部出现了分化，有些学者认为北宋的灭亡是“正心诚意”的“内圣”功夫欠缺的结果，因此南宋儒学应该进一步走向“内圣”，改造人的主观世界。但另一部分程学学者则认识到了儒学缺乏经世致用本领，面对巨大的政治、军事危机束手无策的尴尬境地，企图在“外王”的方向上有所突破。后者的代表就是吕祖谦、薛季宣。

早在乾道六年(1170)五月轮对时，吕祖谦就强烈意识到儒学处于无益于当世的尴尬境地。他承认大量的儒臣缺乏处理现实问题的能力：“章句陋生，乃徒诵诂训，迂缓拘挛，自取厌薄，不知内省，反归咎陛下之不用儒。”[①]可是“俗儒”“俗学”触目皆是，“真儒”“实学”又到哪里寻找呢？吕祖谦没有正面回答这个问题，却转而批评“抵排儒学”之人：

> 夫不为俗学所汩者，必能求实学；不为腐儒之所眩者，必能用真儒。圣道之兴指日可俟。臣所私忧过计者，独恐希进之人，不足测知圣意之蕴，妄意揣摩，抵排儒学。谓智力足以控制海宇，不必道德；权利足以奔走群众，不必诚信；材能足以兴起事功，不必经术。[②]

“抵排儒学”之人指当时朝廷中仇视程学的人，他们片面地崇拜“智力”“权利”“材能”，否认了“道德”“诚信”“经术”的作用。如果说前述的“章句陋生”们缺乏的是“智力”“权利”“材能”的话，那么“抵排儒学”的“希进之人”则缺乏“道德”“诚信”“经术”。下面，吕祖谦列举了孝宗即位以来由于信用才智之士而导致的军事失败：“边隅小警，公卿错愕而顾私，将士迁延而却步，涣散解弛不相系属，果智力所能控制耶？高爵重禄，一得所欲，畏缩求全，惟欲脱去，无复始来之

---

① 吕祖谦：《东莱吕太史文集》卷三《乾道六年轮对札子第一札》，北京图书馆出版社2004年版，第54页。

② 吕祖谦：《东莱吕太史文集》卷三《乾道六年轮对札子第一札》，北京图书馆出版社2004年版，第54页。

慷慨，果权利之所能奔走耶？异时奸回诋欺，败事堕功之徒，追数其过，果皆不材不能者耶？”[①]既然实践已经证明“智力”“权利”“材能”如此不足成事，那么是不是就应该彻底否定，改弦易辙，纯粹以“道德”“诚信”“经术”为治国之术呢？出人意料的是，紧接着吕祖谦给予“智力”“权利”“材能”的批评是非常克制的：“智力有时而不能运，权利有时而不可驱，材能有时而不足恃。臣所以拳拳，愿陛下深求于三者之外，而留意于圣学也。”[②]“智力”“权利”“材能”有时也会失灵，原因就是它们没有与“道德”“诚信”“经术”兼施并用。因此，否定“智力”“权利”“材能”的想法本身就是迂腐之见。

吕祖谦的一篇《策问》指出了南宋社会中一系列怪现象：“儒”与“吏”相互贬低；儒生从政，表现出“迂阔迟顿”，视刑名钱谷事务为污浊不可近；胥吏精熟例案，但玩法舞弊；“文”与“武”相互歧视，“材”与“德”不能合一，有材者无德，有德者无能。这些现象反映儒学的现实功效受到普遍的怀疑。那么，是自古以来就是如此吗？吕祖谦写道：

> 是四者果判然不相通耶？则夹谷之会，文事武备似不可分为两，学优则仕，仕优则学，亦互为终始而无间也。传载十六相之才，若宣慈惠和之类，乃世之所谓德。“利物和义”，列于《十翼》，未闻其不可并立也，果相通耶？则降秦汉以来千余祀睽绝而不合者，其必有间隔之地矣。此固学者之所当讲也。主上绍休圣绪，缉熙光明，人苟可用，无间文武，事有可诿，无间吏儒，混才德、贯义利，以起振古无前之盛治，千载之所未合者，将合于今日矣。[③]

吕祖谦考察历史，认为秦汉以上，文与武、儒与吏并未截然分开，孔子夹谷之会，表现出了文武全才。儒吏分途、文武异辙，是秦汉以下的常态，而由儒吏分途、文武异辙引发的更深层次的问题就是“义利之分”，即儒生掌握了“义”，却不懂得如何将“义”落实为“利”，胥吏或者有吏才的官僚懂得如何实现现实的功

① 吕祖谦：《东莱吕太史文集》卷三《乾道六年轮对札子第一札》，北京图书馆出版社 2004 年版，第 54—55 页。

② 吕祖谦：《东莱吕太史文集》卷三《乾道六年轮对札子第一札》，北京图书馆出版社 2004 年版，第 54—55 页。

③ 吕祖谦：《东莱吕太史外集》卷二《策》，北京图书馆出版社 2004 年版，第 632 页。

利，却不懂得如何以“义”来引导规范，乃至鄙视“义”：“所谓‘义’之一字，适足以资其嘲诮而已。”[①]儒家士大夫“迂阔”的整体状况使得这一群体无法承担治理国家重任，吕祖谦说：“人苟可用，无间文武，事有可诿，无间吏儒，混才德、贯义利。”[②]

薛季宣认为，自绍兴末至乾道年间的程学大合唱中，出现了两种不和谐的音调：一种是“南方功利之学”[③]，另一种则是“空无之学”。在大多数场合下，薛季宣小心地将“异端”定义为“空无”，但有时也说：“古人以为洒扫应对进退之于圣人，道无本末之辨，《中庸》‘曲能有诚’之论，岂外是邪？学者眩于‘诚明’‘明诚’之文，遂有殊途之见。且诚之者人之道，安有不由此而能至于天之道哉？今之异端，言道而不及物，躬行君子，又多昧于一贯，不行之叹，圣人既知之矣。”[④]他不但批评了佛教、老庄等异端，也批评了“躬行君子”“学者”这些真诚的程学研究者，认为他们“言道不及物”，缺乏改造客观世界的本领和意愿，又“多昧于一贯”，只对形而上的“一贯之道”感兴趣，而不重视具体的事物之理。薛季宣甚至还批评一些程学人士：“儒者喜言《中庸》《大学》，未为过当，然而陈言长语，谁不云然，朝夕纷纭，亦可厌也。”[⑤]从中可以看出薛季宣对程学发展趋势的忧虑。在薛季宣看来，克治“空无”这种倾向的办法，就是回到孟子的“道揆在上，法守在下”的模式，不仅是要穷尽“心性之学”，还要精通“法守”“法度”。薛季宣说：

> 自大学之不明，其道散在天下，得其小者往往自名一家，高者沦入虚无，下者凝滞于物。狂狷异俗，要非中庸。先王大经，遂皆指为无用，滔滔皆是，未易夺也。故须拔萃豪杰，超然远见，道揆、法守，浑为一途，蒙养本根，源泉时出，使人心悦诚服，得之观感而化，乃可为耳。[⑥]

北宋时期，新儒学是以回应佛教的挑战而崛起的，因此在北宋五子那里，儒

---

① 吕祖谦：《东莱吕太史外集》卷二《策》，北京图书馆出版社2004年版，第632页。

② 李心传：《建炎以来朝野杂记乙集》卷三《孝宗论士大夫微有西晋风》，中华书局2000年版，第543页。

③ 薛季宣：《薛季宣集》卷二十四《答君举书二》：“气禀言性自是，南方之学近于功利，其又何言？”上海社会科学院出版社2003年版。

④ 薛季宣：《薛季宣集》卷二十五《抵沈叔晦》，上海社会科学院出版社2003年版，第332页。

⑤ 薛季宣：《薛季宣集》卷十七《与王枢密札子》，上海社会科学院出版社2003年版，第205页。在这封信中，薛季宣对孝宗初期政局的评价也用了这对概念，他批评史浩是“堕于空无之累”，张浚却是“夺于喜功之心”。

⑥ 薛季宣：《薛季宣集》卷二十三《与沈应先书》，上海社会科学院出版社2003年版，第304页。

学与佛学的细微差别得到了反复推演、阐释，唯恐稍有模糊，便致撤去藩篱。迟至乾道初年朱熹撰写《杂学辨》时，仍然以儒佛之别作为主攻点之一。在薛季宣以前的程学传统中，对佛教的批评主要集中在顿悟说以及宇宙论上，前者否定了后天认知在追求真理中的作用，后者则否定了宇宙的客观性。薛季宣认为，程学对这两个问题的批评虽然都是对的，但尚囿于个人修养的范畴，因而还没有濒佛教的要害。在儒学看来，真正应该引起警惕的是佛教对于人类家庭、社会、国家的解构。而儒学的真谛恰在于通过重建家庭伦理，从而改造社会、改造国家。因此，孟子的"道揆"与"法守"这一对概念，对于批判佛教理论具有很强的针对性："法守之事，此吾圣人所以异于二本者。空无之家不可谓无所见，迄无所用，不知所谓不二者尔。未明道揆，通于法守之务，要终为无用。"[①]"道揆"与"法守"相资为用，缺一不可，"法守"是"道揆"的发用，如果没有"法守"，"道揆"就是一句空话。而针对"流于空无之学"的现状，薛季宣更强调"道揆"必须依赖"法守"才能落实在历史时空之中，才能取得"治国平天下"的效果。因此，薛季宣经常以"一定之谋"作为"法守"的同义词。他说："某闻国之安危，存乎相，相之失得，存乎谋。有一定之谋，故天下无可为之事。谋不素定，而事能克济，道能有行，功业著于一时，声名流于百世者，唐虞而下，未之前闻。"[②]这里，"谋"是动机转化为效果的中介，譬如南宋朝廷口头上以恢复中原为号召，但在落实到操作层面却缺乏长远规划，就是缺乏"一定之谋"的表现："主圣臣直，真同德有为之时也。有为而规摹不立，万事付之临时，一却一前，动不在我，或左或右，而民始疑。"[③]他以绍兴三十一年(1161)完颜亮南伐时南宋江淮战线一触即溃的情况为例，认为南宋朝廷对金的战略缺乏长期性，缺乏一个通盘的考量："窃以国家比岁用兵之初，实未闻尝有战守之略、宏远之计，谋不素定，将帅乏才，欲以久惰之兵幸其一胜，泛泛然如投无钩之钓，求鱼于三江五湖之间，兵不交而丧庐、濉，非虏之计善也，吾谋不至尔。"[④]这种谋略是建筑在对敌我力量对比的理性认识之上的，薛季宣的结论是和、战、守三策，必取守策："某闻待敌之计，和与战，攻与守而已也。四者交修，可以无敌于天下；又其次者，择一而固守之，然后事功可立，未有四者并弃，苟安朝夕，以待敌人之自毙，而事能克济以终

① 薛季宣：《薛季宣集》卷二十三的《与沈应先书》，上海社会科学院出版社 2003 年版，第 304 页。

② 薛季宣：《薛季宣集》卷二十《再上张魏公书》，上海社会科学院出版社 2003 年版，第 259 页。

③ 薛季宣：《薛季宣集》卷二十《拟上宰执书》，上海社会科学院出版社 2003 年版，第 255 页。

④ 薛季宣：《薛季宣集》卷十九《上宣谕论北事》，上海社会科学院出版社 2003 年版，第 243 页。

得志于中原者。……为今国家之计，和、攻之事盖难言也矣，唯战与守，皆不得已而后动。”[①]现实情况迫使南宋被动的守战，改变这种被动局面的途径不是主动进攻，而是加强自身建设，“中原机会，未有间罅可乘”“为邦之道，自治为急，敌之强弱，非所当问……如以前此数事，以为南北之势已成，中原不可复得，是乃不知义命之论，侥功轻举，又为非计”。[②] 故只能采取固守自治为先、然后图金的长期战略。

值得注意的是，薛季宣提到的“义命之论”，实际上是程颐的观点，“人皆知趋利而避害，圣人则更不论利害，唯看义当为与不当为，便是命在其中也”[③]。杨国荣指出，程颐所谓“义命”：“义（道德原则）被规定为一种无条件的绝对命令；主体唯有别无选择地服从义的规范，而不能作任何的功利计较。”“这样，合乎义的利虽然得到某种容忍，但功利意识（谋计之心）却完全处于摒弃之列，换言之，功利的追求不容许进入动机的层面。”[④]薛季宣的固守自治之策，恢复中原是“义所当为”的事情，最终的成败只能归结于命，然命不在我而在天；在我者，唯有为义所当为。反对和是因为“义”不容许放弃恢复中原，但是贸然轻进则“又为非计”。薛季宣所言的“计”，实际上是功利的考虑，那么这种功利的考虑有没有进入动机层面，成为“谋计之心”呢？

应该看到，南宋其他学者的政论也非常重视“谋”“规模”等，譬如陈亮的《中兴论》和朱熹的一些奏章。[⑤] 与他们相比，薛季宣对“谋”的高度重视已经超越了一般意义的政论，而是提高到了对儒学传统进行再思考的层面。他说：“《大学》之书曰：欲治其国者，必先齐其家，欲齐其家者，先修其身，此言为天下者，必由内以及外也。故君子正心诚意，而加于天下国家者，必自一定之谋始。”[⑥]在薛季宣看来，“谋”是正心诚意与治国平天下的桥梁。从“内圣”开出“外王”，“谋”是关键的中介。既然薛季宣已经肯定了正心、诚意、治国平天下的一贯性，那么已经“正心诚意”的君子，其动机自然已经纯正，而介于内圣与外王之间的“谋”实际上已不是动机层面的问题，而属于杨国荣指出的“合乎义的利”。

---

① 薛季宣：《薛季宣集》卷二十二《与汪参政明远书》，上海社会科学院出版社 2003 年版，第 279 页。

② 薛季宣：《薛季宣集》卷二十一《再上汤相》，上海社会科学院出版社 2003 年版，第 264—265 页。

③ 程颢、程颐：《二程集》，中华书局 1981 年版，第 176 页。

④ 杨国荣：《善的历程》，华东师范大学出版社 2009 年版，第 289、291 页。

⑤ 南宋士大夫的“规模”说，实即“国本”说，参见余英时《朱熹的历史世界》（生活·读书·新知三联书店 2004 年版，第 268—289 页）、黄山松《南宋的和战之论与“规模”说》，《浙江学刊》1996 年第 4 期。

⑥ 薛季宣：《薛季宣集》卷二十《再上张魏公书》，上海社会科学院出版社 2003 年版，第 259 页。

因此,“一定之谋”(“法守”)不是单纯功利主义的,它是将“道揆”落实到现实社会中的中介(“而加于天下国家者”)。“一定之谋”的提出是永嘉学派贯通内圣外王的首次努力。当然,这个提法是相当模糊的。它只是大概勾勒一个轮廓,指出内圣是不能直接开出外王的,在内圣与外王之间必须有一创造性转化的中介,由此推论“制度新学”是有其独立意义的。

乾道九年(1173),薛季宣逝世。吕祖谦为其撰写了墓志铭,其中有这样一段话:

> 自周季绝学,古先制作之原,晦而不章。若董仲舒名田,诸葛亮治军,王通河汾之讲论,千有余年,端倪盖时一见也。国朝周敦颐氏、程颢氏、程颐氏、张载氏,相与发挥之,于是本原精粗,统纪大备。门人高弟既尽,晚出者或骛于空无,不足以涉事耦变,识者忧之。[①]

所谓“晚出者”是指承接二程“门人高弟”的下一代学者,也就是南渡以后的程学再传群体中出现了“骛于空无,不足以涉事耦变”的倾向。“识者忧之”的“识者”则不仅是指薛季宣,还包括了吕祖谦、陈亮、陈傅良、叶适等浙东学派学者。吕祖谦把薛季宣置于北宋五先生以来的理学发展大背景下,从而提出了一个尖锐的问题:“制度新学何以必要?”吕祖谦、薛季宣并不认为佛教是理学面临的大敌,理学在南宋社会面临的真正的危机是如何从“道揆”走向“法守”,从“成己”走向“成物”。因而在薛季宣作品中出现的“高者沦于虚无”的现象,不仅指佛教为代表的“异端之学”,也指程学南传后发生的流于内倾、转向内在,从而忽视学术思想的客观效果的危险趋势。在揭示了这样一个大背景之后,薛季宣的价值便呼之欲出了。吕祖谦继续写道:

> 公之学既有所授,博览精思,几二十年。百氏群籍,山经地志,断章缺简,研索不遗。过故墟废陇,环步移日以验其迹。参绎融液,左右逢源。凡疆里卒乘,封国行河,久远难分明者,经公讲画,枝叶扶疏,缕贯脉连。于经无不合,于事无不可行。莅官随广狭,默寓之于簿领期会之间,其所部吏曹经时而不知公为儒者也。平生所际,文武之职不同,未尝为町畦崖岸,而去

① 吕祖谦:《东莱吕太史文集》卷十《薛常州墓志铭》,北京图书馆出版社2004年版,第165页。

就从违之际,守义不可夺。言兵变化若神,而在朝每以不可轻试为主。骤见疏快轩豁,潜察之,自律度严饬,虽倥偬,札翰正楷,无一惰笔。少年豪举,既知学,销落不留,省其私,泊如也。其为人平实质确,本于简易,行于敬恕,而坚志强立,又足以充践之,善类方共倚属公,而公则死矣!①

"公之学既有所授",显然指薛季宣的师承袁溉和家学薛徽言,故其所学虽博洽,而其宗旨一归于程颐。在胪述薛季宣的学术成就时,吕祖谦认为薛季宣早年武昌为官的实践经验对其学术的形成至关重要,他所擅长的地理之学,并不单纯为了解经训说,而主要是为南宋军事斗争服务,是一种兵要地志之学。吕祖谦还强调了薛氏对本朝制度律法的娴熟,以致同僚不知其为"儒者"——换言之,南宋儒者普遍不关心制度之学。吕氏对薛季宣学术实践的总体评价,就是"于经无不合,于事无不可行"。这样既有别于王安石一类的功利刑名之学,又避免了单纯内倾化所导致的"高者沦于空无"的弊端。

第二节 陈亮与朱熹的王霸义利之辩

由于浙学始终忧心二程理学不能经世致用的问题,这引起了朱熹的警惕和对吕祖谦的怀疑。吕祖谦去世后,深受吕祖谦影响的陈亮成了朱熹思想上的重要对手,二人展开了著名的王霸义利之辩。

在王霸义利之辩正式发生前,陈亮已经提出了"仁智二元"说。陈亮认为,三代圣王以仁义定天下;春秋五霸诸侯则以智谋成霸业,战国七雄则以国家实力对战;历史的经验证明,国家实力是派生性的,是第二位的,仁义与智谋才是第一位的:"然德化之与仁义,皆人主之躬行者也。至于排难解纷,则岂可不以谋,而力乌用哉?"这其中,"智谋"的作用是排难解纷,即解决现实的问题,因此,智谋之士是极其可贵的。陈亮进一步把"智"从五常中独立出来,与"仁义礼信"相互并列,并说,"仁义礼智信"五常之中,"智"的把握和运用是最难的:"盖五常之用,智为难,仁义礼信过则近厚。过于智,贼矣。"②"仁义礼信"作为道德准

---

① 吕祖谦:《东莱吕太史文集》卷十《薛常州墓志铭》,北京图书馆出版社2004年版,第166页。

② 陈亮撰,邓广铭点校:《陈亮集》(增订本)卷二十二《谋臣传序》,河北教育出版社2003年版,第190页。

则，但“近于厚”，即被人欺骗而不能建立功业。三代以下要想建立功业，就必须用“智”。在陈亮看来，“智”是一种没有确定方向的冲动，具有开物成务、“排难解纷”的功能，“智”可以不在“仁义礼信”的引领规范下自发地在历史进程中展开，其在历史中的实现形式就是“功利”。但是这种自发的“智”是危险的，其创造的历史效果（“功利”）可能合于“仁义礼信”，也可能违背“仁义礼信”，甚至流于“贼”。

淳熙九年（1182），王霸义利之辩，是中国思想史上最重要、最出色的学术辩论。孝宗淳熙九年正月，时任浙东提举的朱熹开始了第一次巡历，正月十七日，其在武义明招山祭扫吕祖谦之墓，会见了吕祖谦诸弟子，陈亮从永康专程赶来相见，在明招山论道，随后陈亮陪同朱熹巡历至永康龙窟，聚谈数日。别后，陈亮向朱熹寄去《问答》十篇、策论两道。陈亮与朱熹相会于明招山时，其赠予朱熹一组论文，其中第一篇（《三代以仁义取天下》）中就声称，秦虽然二世而亡，是历史上著名的短命王朝，但秦始皇的动机和汤武这样的圣王没有不同，因为秦始皇和汤武都是为了“救民”，毕竟秦统一六国，结束了群雄争霸的乱世，建立了第一个大一统帝国，实现了书同文、车同轨，人民确实得到了实实在在的好处。由此可见，秦始皇的成功不单依赖智谋、强力，而是有其合法性和正当性。朱熹把陈亮的这一观点概括为：“秦汉把持天下，有不由智力者。”既然“有不由智力者”，便是还有“仁义礼信”在其中。很显然，陈亮认为“仁义礼信”是动机，“智”是实现动机的手段，二者互为条件，不可分割，但绝不能混为一谈，特别是不能把好的动机绝对化、以动机决定价值评判，而要动机与效果相结合。“智”作为将动机转化为效果的中介，是儒学不可或缺的重要组成部分，忽视“智”，儒学就是僵死的、无用的。朱熹对此十分震惊。

王霸义利之辩的导火索是陈亮的一道策论《问皇帝王霸之道》，于是朱熹和陈亮这次具有历史意义的辩论也因此得名。这场辩论以通信的方式展开，第一封论战书信由朱熹发自淳熙十一年（1184）四月，最后一封书信也是朱熹于淳熙十二年（1185）秋发出。淳熙十年（1183）冬，陈亮被人诬陷入狱，朱熹则于淳熙十一年四月主动致信陈亮表示问候，此时陈亮的官司还没有结束。朱熹也在信中挑明了二人的分歧。

在第一封信中，朱熹明确把陈亮的思想归结为“义利双行，王霸并用”。朱熹是通过陈亮《问皇帝王霸之道》得出这一结论的。陈亮在此“策问”中指出，儒者鄙视春秋五霸，但是汉代、唐代的崛起经验表明，他们都是“以霸王之道杂之”，而不是纯用仁义道德的“王道”；反之，三代以下，还没有出现纯用王道而能富国强兵的例子，宋朝立国号称“专用儒以治天下”，却落得个南渡偏安的下场，这是什么原因呢？陈亮最后用提问的方式点明了他的立场：“王霸之杂，事功之会，有可以裨王道之阙，而出乎富强之外者，愿与诸君通古今而论之，以待上之采择。”[①]很明显，尽管陈亮是向“诸君”提问，但他已经给这个问题设置了理论预设：霸道是可以补充王道之不足的，王霸杂用，才能建立事功、富国强兵。

朱熹看到此文后，大为震动，因此提出“绌去义利双行、王霸并用之说，而从事于惩忿窒欲、迁善改过之事”。朱熹指出，仁义道德所代表的王道高于霸道是毫无疑问的，作为一个儒者，不应该羡慕历史上的功业而动摇对王道的信仰。陈亮之所以会出现这种动摇，唯一的原因就是他自身缺乏修身养性的功夫，因此朱熹劝陈亮学会控制自己的情绪，加强自我反省，并指出陈亮之所以卷入官司是因为他不注意自身的道德修养，言行举止也有失当之处。

陈亮见信后，于淳熙十一年秋以滔滔长札回应朱熹，进一步阐明“王霸”“义利”的关系，还把“王霸并用、义利双行”的帽子还给了朱熹，陈亮坚持自己的义利观和王霸观是统一的；三代以下儒者和君主各执一偏，儒者鼓吹三代王道，君主醉心杂霸之道，前者娓娓动听，归于无用，后者卓然有所建树。儒者对三代王道越崇拜，就离现实的功业越遥远；君主在杂霸之道沉溺越深，其功业中途崩溃的危险就越大。两者各有偏颇之处。如果像“近世儒者”（朱熹）所主张的那样，三代纯洁无瑕，汉唐毫无可取，三代以下“道”一日不曾行于世间，那么这千五百年的历史就失去了意义；汉高祖、唐太宗所建立伟业鸿勋，在朱熹看来就是如此虚无缥缈，不值一哂吗？而且，陈亮完全同意在历史上出现过朱熹所批评的“纯以人欲行”的君主，譬如曹操。但是像唐太宗这样的明君，恐怕不能说他就一丝一毫都没有合于天理，而“纯以人欲行”：“而其间或能有成者，有分毫天理行乎其间也。”[②]盖朱熹亦不敢全盘否定汉唐明君的成就和功业，而功业之所以为功业，乃是因为其动机部分是合乎天理的。

朱熹于淳熙十一年九月十五日发出了回信。首先，针对陈亮以汉唐功业逆推汉唐君主“本领弘大开廓”，朱熹说这种“由迹求心”的路线是不可取的：“老兄视汉高帝、唐太宗之所为而察其心，果出于义耶？出于利耶？”朱熹认为，这种由

---

① 陈亮撰，邓广铭点校《陈亮集》（增订版），河北教育出版社 2003 年版，第 136 页。

② 陈亮撰，邓广铭点校《陈亮集》（增订版）卷二十八《又甲辰秋书》，河北教育出版社 2003 年版，第 269 页。

"所为而察其心"的逆推并不成立，因为还有其他史实旁证（譬如玄武门之变、晚年伐高丽之类）证明唐太宗是满腔私欲之人。既然唐太宗的动机是充满私欲的，那么他所创造的功业并不能代表天理曾经行于人世间，即便陈亮以天道恒常论证人道不灭，也是如此："千五百年之间，正坐如此，所以只是架漏牵补过了时日，其间虽或不无小康，而尧、舜、三王、周公、孔子所传之道，未尝一日得行于天地之间。若论道之常存，却又非人所能预，只是此个自是亘古亘今常在不灭之物，虽千五百年被人作坏，终殄灭他不得耳。汉唐所谓贤君，何尝有一分气力扶补得他耶？"朱熹仍然强调"道"是"不为尧存，不为桀亡"，是超越于历史时空存在、传承的。因此，人不但不能扶补"道"，反而"作坏"道，而"道"本身始终不泯。朱熹还认为，"天理"就是百分之百的"天理"，只有完美的状态，如同汉祖唐宗的动机必须百分之百合乎"天理"一样，只要有一点"人欲"存在于历史时空中，"天理"就不可能同时并存。而且，绝不可能存在不成熟的、阶段性的状态，陈亮所认同的这种不成熟的、阶段性的状态，表明他根本没有认识到"天理"的本质，更没有认识到正是汉唐盛世中那些不纯的、不成熟的局部反映了"人欲"对"天理"的损害。

在王霸义利之辩中，朱熹的立场是汉高祖、唐太宗的动机没有一分一秒钟（"秒忽"）合乎天理，而且只要他们有一分一秒钟的动机偏离了天理，那么他们的全部功业就都是虚假的，因此开疆拓土、物阜民丰的汉唐盛世都是虚伪的，甚至邪恶的。陈亮却可以坦然接受唐太宗心术不正的史实，并且指出，朱熹既不能证明汉祖唐宗的所有行为的动机都充满了贪婪的人欲，更不能否定这样一个基本事实：汉祖唐宗创立的盛世，或结束了诸侯割据的分裂局面，或建立一个广大的帝国，使人民过上了安定的生活，这难道不是儒学追求的理想吗？尽管汉唐盛世的时间并不太长，这是由于"工夫"欠缺，不能做到"纯乎天理"，彻头彻尾地合于"天理"，这恰恰说明儒学在现实政治中大有用武之地。

第三节　陈傅良、叶适的义利观

永嘉学派的代表人物陈傅良在得悉王霸义利之辩始末后，与陈亮有两封通信。可能没有完全理解这次辩论双方的主要观点，在第一封信中，陈傅良采取了"各打五十大板"的立场，认为朱熹是"以三代圣贤枉作工夫"，陈亮则是"功到成处便是有德，事到济处便是有理”，且主张“则汉祖唐宗贤于盗贼不远”。[①] 陈亮并不是根据结果来逆推动机的正当性，陈傅良此说与陈亮的原意完全背离，把因果关系颠倒了，陈亮对此无法接受。[②] 陈亮向陈傅良表示，他从来就不是一个功利主义者：“天理人欲，岂是同出而异用？只是情之流乃为人欲耳，人欲如何主持得世界？亮之论乃与天地日月雪冤……”[③]“人欲”不是世界的最高真理，陈亮反对“人欲”横行，他之所以认为“天地日月”需要“雪冤”，是因为朱熹认为天理“无一日行于天地之间”。陈傅良收到此信后，经过反复斟酌，发出了第二封信：

> 且汉唐事业，若说并无分毫扶助正道，教谁肯伏？孔孟劳忍与管仲、百里奚分疏，亦太浅矣。暗合两字，如何断人？识得三两分，便有三两分功用；识得六七分，便有六七分功用。却有全然识了，为作不行，放低一着的道理；绝无全然不识，横作竖作，偶然撞着之理。此亦分晓，不须多论。[④]

陈傅良旗帜鲜明地支持陈亮对汉唐盛世的评价，汉唐盛世之所以成立，证明汉唐明君的动机中存在合乎“天理”的部分，就像管仲、百里奚这样有道德瑕疵的人，因为他们做出了一番功业，符合儒家伦理道德，孔子也给予充分的肯定。因此，朱熹要全盘否定汉唐君主的“心术”，而将汉唐君主所创造的汉唐盛世归结为误打误撞的“暗合”，完全是站不住脚的。

陈傅良把具体的事物之理定义为“天理”的“分数”。也就是说，“天理”相当于分母，具体的事物之理是分子，对具体的事物之理的钻研不断取得成就，则分子越来越大，无限逼近分母，最终达到分母的数值，则是“天理”得到了全体大用彰显；在分子达到分母以前的各个阶段，尽管不能把事物之理就称作是“天理”，却可以看作“天理”的部分。因之，“天理”的彰显不是朱熹所描述的那样是“豁然贯通”飞跃式的质变，而是一个日积月累的量变，在整个漫长的量变积累过程

---

① 陈傅良著，周梦江点校：《陈傅良先生文集》卷三十六《答陈同父》（第一书），浙江大学出版社1999年版，第460页。

② 邓广铭：《朱陈论辩中陈亮王霸义利观的确解》，收入《邓广铭学术论著自选集》，首都师范大学出版社1994年版，第530—543页。

③ 陈亮撰，邓广铭点校：《陈亮集》（增订本），河北教育出版社2003年版，第309页。

④ 陈傅良著，周梦江点校：《陈傅良先生文集》卷三十六《答陈同父》（第二书），浙江大学出版社1999年版，第461页。

中，每一个环节、每一个局部、次级的真理都是不可逾越的，具有独立的存在价值。

如果承认了对次级真理的探索是通向最终真理的必由之路，那么就要承认林林总总的次级真理之间是具有差等的。正是在这个意义上，朱熹与吕祖俭围绕“枉尺直寻”发生分歧。陈亮、吕祖俭、陈傅良都认为在对众多真理的追求中，“仁民爱物”尽管不是终极真理，但也是儒家极高的境界和伟大的抱负，高于绝大多数次级真理，最接近终极真理。那么，为了实现“仁民爱物”的目的，而暂时牺牲次一级的真理也是可以接受的。吕祖俭就设计了这样一种极端情景：如果因为小事劝谏汉高祖、唐太宗，导致被君主赶出朝廷；如果选择放弃对小事的劝谏，而能留在朝廷，实现盛世之治，那么，后一种选择也可以列入选项。

作为陈亮的好友，叶适对朱熹与陈亮之间发生的王霸义利之辩当然给予了高度关注，但到了嘉定七年(1214)，后学吕皓向叶适“请问晦庵、龙川二先生论辩条目”，叶适却回答他：“讨论精详如此，某岂不能赞一语而决，要是前人各持论未定，不欲更注脚，徒自取烦聒。”[①]叶适不愿像陈傅良那样正面点评这场辩论，可能是在他心目中这场轰轰烈烈的辩论所讨论的主题是第二义的，并没有回答南宋儒学最迫切、最核心的问题。但在《习学记言序目》中，叶适对义利问题、王霸问题、汉唐地位问题都有明确的论述，实际上是侧面回应了王霸义利之辩。叶适对义利问题的正面看法主要有两条，一是对董仲舒“仁人正谊不谋利，明道不计功”的批评，一是关于“以义和利，不以义抑利”的论述。这两条论述都出自《习学记言序目》评论历代兴亡部分。

首先看叶适对《汉书·董仲舒传》的评价：

> “仁人正谊不谋利，明道不计功。”此语初看极好，细看全疏阔。古人以利与人，而不自居其功，故道义光明。后世儒者行仲舒之论，既无功利，则道义者乃无用之虚语尔。然举者不能胜，行者不能至，而反以为诟于天下矣。[②]

叶适认为儒学就是要造福于人民，创造实实在在的好处，因此“谋利”“计

① 吕皓《与水心先生叶侍郎书》《叶水心先生哀辞》，转引自周梦江《叶适年谱》，浙江古籍出版社1996年版，第157—158页。

② 叶适：《习学记言序目》卷二十一，中华书局1977年版，第324页

功”是“正谊”“明道”的题中应有之义，而动机与效果应该是一致的。假如合乎道义的动机不能带来现实的功利，则道义亦成为虚伪的道义。叶适还批评了汉武帝的《策贤良诏》，认为汉武帝完全没有把握住儒家治道的核心：

> 武帝《策贤良诏》称唐、虞、成、康，上参尧舜，下配三王，全指说在虚浮处。《诗》《书》所谓“稽古先民”者，皆恭俭敬畏，力行不息，去民之疾，成其利，致其义，而不以身参之。孔子言：“仁者己欲立而立人，己欲达而达人。能近取譬。”盖不特人主见道不实，当时言道者自不实也。[①]

汉武帝《策贤良诏》保存于班固《汉书》卷五十六《董仲舒传》，其中对“三代”的赞美是这样的：“盖闻五帝三王之道，改制作乐而天下洽和，百王同之。当虞氏之乐莫盛于《韶》，于周莫盛于《勺》。圣王已没，钟鼓管弦之声未衰而大道微缺，陵夷至虖桀纣之行，王道大坏矣。”[②]叶适认为，此诏把“三代大道”狭隘地理解为礼乐，是颠倒本末的。他认为“三代”之所以不可及，并无其他炫目之术，就是三代圣王能够全心全意地为百姓兴利除弊，这才是“治道”的本质。

“以利和义”出自《易·乾卦·文言传》：“义，利之和也。”叶适在点评《三国志·魏书·和洽传》时提出了这一重要观点。据《三国志·魏书·洽传》载，和洽在荆州任幕僚时，当时崇尚节俭，官吏乘坐新车、穿着新衣，就被批评是“不清”，导致有些人藏起好衣、好车，以旧衣、破车示人。和洽对此提出了不同意见：“天下大器，在位与人，不可以一节俭也。俭素过中，自以处身则可，以此节格物，所失或多。……夫立教观俗，贵处中庸，为可继也。今崇一概难堪之行以检殊涂，勉而为之，必有疲瘁。古之大教，务在通人情而已。凡激诡之行，则容隐伪矣。”[③]和洽本人生活贫困，却反对过分崇尚俭朴，对此叶适评价道：

> 和洽贫至卖田宅，而言“古之大教在通人情”，所谓不以格物者也。又言“勉而行之，必有疲悴”。“疲悴”二字，深得其要。故古人以利和义，不以义抑

① 叶适：《习学记言序目》卷二十一，中华书局1977年版，第322页。

② 班固著：《汉书》卷五十六，中华书局1962年版，第2496页。

③ 陈寿撰，裴松之注：《三国志·魏书》卷二十三《和常杨杜赵裴传第二十三》，中华书局1959年版，第655—656页。

利。世道虽降,其行未尝不过中,孰谓曹操建国能使大吏自挈壶餐乎?[①]

由于正当的动机必然收获相应的效果,因此"义"与"利"不是相互抑制、充满矛盾的对立,故云"以利和义,不以义抑利"。"利"代表正当的物质需求和生理欲望所需要的物质享受,而满足人的正当欲望和需求本身就是"义"的一部分。所谓"通人情"与"不通人情"的界线在于能够照顾到合理的现实功利需求和正常的生理需求;若超出了合理的界线,不但不能提升道德水平,反而制造更多的伪君子。

当然,尽管都是讨论义利关系,叶适认为董仲舒与和洽是两种不同的情形:前者是对政治实践成败的评价("治国平天下"),后者则特指个人生活领域("修身")。就前者而言,"义"与"利"是一体的,有义必有利,无利就不成其为义,这与陈傅良对朱熹、陈亮王霸义利之辩的评价如出一辙:"识得三两分,便有三两分功用;识得六七分,便有六七分功用。却有全然识了,为作不行,放低一着的道理;决无全然不识,横作竖作,偶然撞着之理。此亦分晓,不须多论。"[②]但就个人修身而言,"义"与"利"又是二元的,存在着此消彼长的张力。这种二元性可以用朱熹《中庸章句序》中对"人心道心"的剖析来概括:"(人心)或生于形气之私"、"(道心)或原于性命之正",[③]即使朱熹也不得不承认"虽上智不能无人心",人的欲望只能由道义来引领,而不能完全灭绝,叶适的"不以义抑利"就是"不能以道义来取消欲望"的意思。

(本章由王宇执笔)

① 叶适:《习学记言序目》卷二十七,中华书局1977年版,第386页。

② 陈傅良著,周梦江点校:《陈傅良先生文集》卷三十六《答陈同父》(第二书),浙江大学出版社1999年版,第461页。

③ 朱熹:《四书章句集注》,中华书局1983年版,第14页。

第六章　浙学的政治观

浙江历史上的政治思想源远流长，最早或许可溯源至夏禹时代对治国法度的探索。春秋末期越国的治国之道，则是浙学政治观的萌发与实践，比如，越国谋臣文种提出的“爱民治国”之道和为越王勾践提出的“伐吴九术”，及范蠡主张的“左道右术”的治国之策。

有唐一代，浙江多出名相，尤以中唐时期的陆贽为代表。南宋时期，临安为国都，政治思想丰富，有政治家黄度、赵师渊等提出的治国安民之道。殆至明清，一大批浙籍学者提出了大量政治主张，尤以黄宗羲的《明夷待访录》、陈虬的《治平通议》、宋恕的《六字课斋卑议》等为代表。民国时期，两浙是资产阶级民主革命的重要策源地，涌现了章太炎、汤寿潜等一批具有强烈批判精神和民主思想的革命家、政治家和思想家。

本章关于“浙学”中政治思想的解读，主要关注：1. 历史上浙江籍思想家、政治家提倡的民本仁政思想；2. 历史上浙江学者提出的法律思想、法制理论；3. 历史上浙江学者的廉政理论与实践；4. 浙江学者的人才、教育、经济思想。

第一节　浙学中的民本仁政思想

毋庸置疑，民本仁政思想在中国源远流长，“中国文化的政治智慧，核心内容是民本观"[①];也就是说,"民本思想是儒家一以贯之的价值观和政治理念"[②],源自西方的"'民主'固然不同于'民本',但民本思想毕竟是中国民主的珍贵的文化传统","民本思想实是中国政治思想中之主流"。[③]

我们知道,传统政治思想中的"民本"观念是相对于"君本""官本"而言,其原意是指中国古代的明君贤臣为维护和巩固其统治地位,而提出的一种"以民为国家之本、以民为政权之基"的统治观,其基本思想内涵有重民、贵民、爱民、仁民、安民、保民、利民、养民、育民、富民、便民等,并要求统治者顺民之意、从民之欲、恤民之苦、惜民之力,从而博民之心、取民之信,以谋求王位之稳固、社会之安宁。简言之,中国古代的民本思想是与国君的开明专制结合在一起的,从某种意义上来说,儒家传统的民本思想就是一种"以人为本""以德治国"的仁德政治[④]。

一、先秦两汉:越国的"安民"之策与王充的"知政"理念

历史上浙江籍的思想家、政治家多是孔孟儒学的推崇者,这里我们主要对历史上浙江学者所提倡与主张的儒家式的民本仁政思想进行梳理。

如上文所言,越地自古就有治世安民、安邦定国的思想传统。大禹治水,"闻乐不听,过门不入,冠挂不顾,履遗不蹑";治水成功后,于会稽即位,因传国政,休养万民,创"纳言听谏,安民治室;居靡山,伐木为邑,画作印,横木为门;调权衡,平斗斛,造井示民,以为法度"的立国方略与治国之法[⑤]。这里,大禹纳言听谏、集思广益,接受监督、民主决策,这就是原始儒家民本仁政理念的滥觞。

春秋末期,楚人文种、范蠡定居越国,出谋划策,辅佐越王勾践打败吴王夫差。勾践夫妇偕大夫范蠡质于吴,文种在越国管理越国政务,其治国之道为"爱

① 周桂钿:《中华传统文化与为政智慧·序》,中国方正出版社 2015 年版。

② 李存山:《从民本走向民主的开端》,《浙江学刊》2005 年第 4 期。

③ 金耀基:《中国民本思想史》(万有文库本),法律出版社 2008 年版,第 5、196—199 页。

④ 有别于从事中国哲学史、传统儒学研究的专家学者,中国政治思想史领域的研究专家则认为在中国传统社会中,"民本思想"与君主专制的"王权主义"始终联系在一起,其根本目的在于维护和肯定君主专制主义,是为统治者服务的(详见刘泽华著《中国的王权主义》,上海人民出版社 2000 年版;刘泽华、葛荃主编《中国政治思想史》,南开大学出版社 2001 年版)。我们认为,尽管传统"民本"与近现代"民主"不同,但是传统"民本"可以向现代"民主"创造性地转化,而传统的"君主制度"也有创新性发展为现代"民主制度"的可能性。换言之,传统"民本"思想中统治者对民心(民意)的敬畏、对民生的关注,其中有"以人为本"的积极意义,不应一概否定。

⑤ 赵晔:《吴越春秋·越王无余外传》,中华书局 2019 年版,第 161—162 页。

民”:“利之无害,成之无败,生之无杀,与之无夺,乐之无苦,喜之无怒。”这就是爱民、仁民、安民、保民、利民、养民、育民、富民的民本理念的具体实践。越王勾践向范蠡询问曰“古之贤主、圣王之治”,范蠡告以“左道右术,去末取实”的治国之道,其中有言:“圣人缘天心,助天喜,乐万物之长。故舜弹五弦之琴,歌《南风》之诗,而天下治。言其乐与天下同也。”[①]这里,范蠡提出了统治者要“与民同乐”的民本思想。范蠡的老师、越王谋臣计然,曾向越王建言如何“得士心”,有云:“夫君人尊其仁义者,治之门也。士民者,君之根也。”[②]君主尊崇仁义的,是治理天下的方法;大臣和百姓,则是君主治理天下的根本所在。

浙江思想学术史上第一位真正意义上的思想家是东汉会稽郡的王充。在批判西汉盛行的今文经学及谶纬学说的同时,王充对儒家提倡的民本思想也有传承,其有言:“知屋漏者在宇下,知政失者在草野。”[③]这句话的含义是,知道房屋漏雨的人在房屋下,知道政治有过失的人在民间。王充的话启示着为政者要走出庙堂,敬畏民意、关注民生,到草野和江湖中去观察、听取老百姓的意见。

二、唐、五代十国:陆贽的民本思想与钱镠的施政理念

1.陆贽的民本思想

中唐贤相陆贽(754—805)作为传统中国“讲治道最出名的人,以今日之语言之,则是一个伟大的政论家也”[④]。陆贽本人秉性贞刚,严于律己,以“上不负天子,下不负所学”自许,在辅佐唐德宗期间,“上以格君心之非,下以通天下之志”,认为“立国之本,在乎得众;得众之要,在乎见情”,力劝德宗要爱人节用,轻徭薄赋,以维护社会的稳定。

陆贽政治建言的出发点是“民为邦本,本固邦宁”的儒家民本主义:“夫欲治天下而不务得人心,则天下固不治”,“得众则得国,失众则失国”。对于统治者如何获得民心,陆贽在《奉天论奏当今所切务状》中向唐德宗进言:“臣谓当今急务,在于审查群情。若群情之所甚欲者,陛下先行之;群情之所甚恶者,陛下先去之。欲恶与天下同而天下不归者,自古及今,未之有也。……陛下安可不审

① 李步嘉校释:《越绝书校释》,中华书局2013年版,第337页。
② 赵晔:《吴越春秋·句践阴谋外传》,中华书局2019年版,第223页。
③ 王充撰,陈蒲清点校:《论衡》,岳麓书社2015年版,第348页。
④ 金耀基:《中国民本思想史》,法律出版社2008年版,第129页。

查群情，同其欲恶，使亿兆同趣以靖邦家乎？”[①]又说：“舟即君道，水即人情，舟顺水之道乃浮，违则没，君得人情乃固，失则危。”作为一个贤明君主，必须懂得“民之所好好之，民之所恶恶之”这个道理：“夫君天下者，必以天下之心为心，而不私其心；以天下之耳目为耳目，而不私其耳目。故能通天下之志，尽天下之情。夫以天下之心为心，则我之好恶，乃天下之好恶也。……以天下之耳目为耳目，则天下之聪明，皆我之聪明也。……”[②]在陆贽看来，君王治国之道的关键在于“与天下（百姓）同欲”，这也是传统儒家民本仁政思想的要义之所在。

陆贽作为一位“爱民的宰相”，用现代的术语，他是个民本主义思想家，他的学养才能、品德风范也为后世所推崇。比如，苏轼在北宋元祐八年（1093）五月初七日，同吕希哲等共进《乞校正陆贽奏议进御札子》，称颂陆贽“才本王佐，学为帝师。论深切于事情，言不离于道德。智如子房而文则过，辩如贾谊而术不疏，上以格君心之非，下以通天下之志”[③]，同时建议宋哲宗读陆贽的奏议，从中学习治国之术；当然苏轼等也受命校正刊刻了《陆宣公奏议》。[④]

2. 钱镠“保境安民”的施政理念

唐末五代十国时期，藩镇割据，战乱频仍。十国之一的吴越国定都杭州，由钱镠于 907 年所建；历三代五王，至 978 年钱俶“纳土归宋”，立国 72 年。钱镠采取“保境安民”和“休兵息民”的国策，他修建杭城、筑捍海塘、疏浚西湖、兴修水利、发展农桑、收抚流民、奖励开荒等，保存和发展了两浙地区的经济和文化，为太湖流域成为“鱼米之乡、丝绸之府”及杭州、苏州成为“人间天堂”奠定了坚实的基础。所以，他称得上是一位贤明且很有才能的君主。

钱镠在治理吴越国期间，实践“以民为本，民以食为天”的施政理念，其“遗训”（“武肃十训”）有云：“吴越境内绸绵，皆余教人广种桑麻。斗米十人，亦余教人开辟荒田。凡此一丝一粒，皆民人汗积辛勤，才得岁岁丰盈。汝等莫爱财无厌征收，毋图安乐逸豫，毋恃势力而作威。毋得罪于群臣百姓”，“余理政钱唐，五十余年如一日，孜孜兀兀，视万姓三军并是一家之体”，“要尔等心存忠孝，爱兵恤民”，“圣人云‘顺天者存’，又云‘民为贵、社稷次之’。免动干戈，即所以爱

① 陆贽著，刘泽民点校：《陆贽集》，浙江古籍出版社 2003 年版，第 110 页。

② 陆贽著，刘泽民点校：《陆贽集》，浙江古籍出版社 2003 年版，第 240 页。

③ 苏轼著，孔凡礼点校：《苏轼文集》，中华书局 1986 年版，第 1012 页。

④ 卿三祥、李景焉：《苏轼著述考》，四川大学出版社 2016 年版，第 113—122 页。

民”。[①]

与此同时,他谆谆地告诫钱氏子孙要恪守臣节,“凡中国之君,虽易异姓、宜善事之”,“要度德量力而识时务,如遇真主,宜速归附”。这种维护大一统的中华版图的思想是难能可贵的。最后一任吴越王钱俶,审时度势,遵循祖宗遗训,念天下苍生安危,为保一方生民,采取“重民轻土”之善举,于978年纳土归宋,成就了一段顾全大局、中华一统的历史佳话。至今,杭州碑林中仍保存着苏轼撰书的《表忠观碑》,以歌颂吴越王“重民轻土”“纳土归宋”的历史功绩:“天下大乱,豪杰蜂起。方是时,以数州之地,盗名字者,不可胜数。既覆其族,延及于无辜之民,罔有孑遗。而吴越地方千里,带甲十万,铸山煮海,象犀珠玉之富,甲于天下。然终不失臣节,贡献相望于道。是以其民至于老死不识兵革,四时嬉游歌鼓之声相闻,至于今不废,其有德于斯民甚厚。”[②]

吴越国时期的罗隐(833—909)也是一位特立独行的思想家,其试图调和儒道两家而著《两同书》,但其实质上仍是一位地地道道的儒家思想的捍卫者,[③]并创作有不少反映民众疾苦、关注民生、关切现实政治的诗歌。限于篇幅,兹不赘述。

三、北宋:苏轼任职杭州期间的民本仁政理念

北宋文豪苏轼(1037—1101)任杭州通判期间,“本着一名正直的封建官员的良心和他所独具的广博深厚的仁爱之情,尽心尽力,为民造福”[④]。受江南转运司差遣,熙宁五年(1072)冬,苏轼至湖州勘察堤堰、治理水患;[⑤]熙宁六年(1073)冬,又往常、润、苏、秀州赈济饥民[⑥],翌年(1074)春在吴中遇蜀僧法通,赠诗《成都进士杜暹伯升出家名法通往来吴中》并作跋文《书赠法通师诗》[⑦]。

元祐四年(1089)三月,苏轼以龙图阁学士除知杭州,七月三日到任。[⑧] 这是

---

① 关于以“武肃十训”为主体的“钱氏家训”的解读,读者可以参阅肖菁、陶福贤、钱永刚合撰:《钱氏家训的力量》,载《钱江晚报》2019年1月26日。

② 转引自“西湖天下”丛书编辑部:《西湖名人·苏轼》,浙江摄影出版社2017年版,第123页。

③ 薛亚军:《江东才俊:罗隐传》,浙江人民出版社2007年版,第210页。

④ 王水照、崔铭:《苏轼传》(最新修订版),天津人民出版社2013年版,第80—84页。

⑤ 孔凡礼:《苏轼年谱》,中华书局2005年版,第232—235页。

⑥ 孔凡礼:《苏轼年谱》,中华书局2005年版,第265页。

⑦ 孔凡礼:《苏轼年谱》,中华书局2005年版,第272页。

⑧ 孔凡礼:《苏轼年谱》,中华书局2005年版,第863、884页。

他第二次到杭州任职。此次任上，杭州遇大旱，饥疫并发，苏轼急百姓之所急，申奏朝廷减免赋税，同时组织赈灾，创设医坊，供应粥药，“全活者甚众”[①]。任杭州知州期间，苏轼的最大功绩是兴修水利。其先是疏通了杭州大运河[②]，其次是全面治理西湖，上奏《杭州乞度牒开西湖状》，有言：“杭州之有西湖，如人之有眉目，盖不可废也。”[③]在朝廷准许后，苏轼亲自指挥杭州父老疏浚西湖，把湖里的葑草、淤泥打捞上岸，直线堆在西湖中间，筑起一条贯通西湖南北的长堤，堤上修六桥曰映波、锁澜、望山、压堤、东浦、跨虹，长堤两旁则种植杨柳花草。后任杭州太守林希名之曰“苏公堤”。[④] 元祐六年(1091)正月，苏轼由杭州知州升迁吏部尚书、翰林学士，三月初九日离去。苏轼的善良、亲民，尤其是他“为官一任、造福一方”的理念，给杭州人民留下了深刻的印象，杭城人约苏轼复来，“家有画像，饮食必祝，又作生祠以报”[⑤]。后人为纪念苏轼，就把西湖“横绝天汉”的通道命名为“苏堤”，“苏堤春晓”也以“十里长虹，焕成云锦”的韵致排名“西湖十景”之首。此外，杭州至今还保留着以“东坡”命名的传统名菜“东坡肉”，城区还有“东坡路”“学士路”“学士桥”，有歌颂苏轼“为官一处、惠民一方”的“惠民巷”，有纪念苏轼创设医坊、治病救人的“安乐坊”等。

由于金兵入侵，南宋时期浙东学派的学者多主张北伐以恢复中原、收复失地，故而主张南宋统治者实施“富民强国”的治国之策。尽管浙东学派认为一味空谈心性的“道德性命之学”无补于实际，实际上无论永康学派的陈亮、永嘉学派的叶适，还是金华学派的吕祖谦、唐仲友，也多是儒家民本主义的信奉者。

1. 陈亮的“官民一家”思想

陈亮作为一位伟大的爱国主义者、事功主义思想家，终其一生都致力于恢复中原、收复失地，无论是学术创造，还是政治建言，皆以“期于开物成务”的“经济之学”为出发点[⑥]，以“除天下之患，安天下之民”为志业[⑦]，对此，他的道友陈

---

① 孔凡礼：《苏轼年谱》，中华书局2005年版，第911、923页。

② 孔凡礼：《苏轼年谱》，中华书局2005年版，第893页。

③ 苏轼著，孔凡礼点校：《苏轼文集》，中华书局1986年版，第864—865页。有学者考证，苏轼的《杭州乞度牒开西湖状》系官方文件中第一次使用“西湖”这个名称。见周晓音《苏轼两浙西路仕游研究》，浙江工商大学出版社2017年版，第71页。

④ 孔凡礼：《苏轼年谱》，中华书局2005年版，第931页。

⑤ 孔凡礼：《苏轼年谱》，中华书局2005年版，第965页。

⑥ 乔行简：《奏请谥陈龙川札子》，载陈亮撰，邓广铭点校：《陈亮集》(增订本)，河北教育出版社2003年版，第428页。

⑦ 陈亮撰，邓广铭点校：《陈亮集》(增订本)，河北教育出版社2003年版，第50页。

傅良有“功到成处，便是有德；事到济处，便是有理”的话语来评论陈亮之学[①]。

基于“官民一家”的理念，陈亮重视发展农商经济，提出了“农商一事”的农商并举的思想：“国以农为本，民以农为重，教以农为先，墮农有罚，游手末作有禁。天下无浮食之民。故民力常裕。”[②]“商藉农而立，农赖商而行，求以相补，而非求以相病，则良法美意何尝一日不行于天下哉……官民农商，各安其所而乐其生，夫是以为至治之极。”[③]这里，陈亮意识到传统的重农抑商政策不利于社会经济的发展与物质财富的积累。因为只有发展农业生产、活跃商品贸易，使百姓生活富足，才可以最终达成富国强兵、收复中原的大业。

基于“民富”才能“国强”的前提，陈亮摒弃了传统的“为富不仁”的看法，在《喻夏卿墓志铭》文中得出“为仁不富之论，盖至（喻）夏卿而废矣”的结论[④]；进而肯定了财富积累的重要性，认为“仁者天下之公理，而财者天下之大命”[⑤]。为此，陈亮建言南宋朝廷应该鼓励民众通过正当的经营手段去创造财富、追求富裕的生活。此外，基于历史的考察，陈亮建言南宋统治者应该摒弃私心私利，以天下为公，关心民生、重视民意，比如汉武帝虽然虐待百姓，但是汉初的诸位皇帝则能施加恩惠于民，故而汉王室不会亡于武帝之手；陈亮借此规劝南宋王朝不可竭泽而渔，而应让利于民。[⑥] 缘此之故，朝廷的基本职能之一就是爱民、富民，藏富于民，而不得与民争利；只有民富，国家的经济、军事实力才会增强，进而“中兴”大业方可实现。简言之，基于“官民一家”的前提，陈亮已经认识到“富民”与“富国”之间的辩证关系，从而形成了以追求事功为特色的民本主义经济思想。

2. 叶适的“四民交用”论

永嘉学派集大成者叶适与陈亮一样，为改变南宋偏安一隅的现状，注重“事功”“功利”之学，认为统治者（“善为国者”）当“务实而不务虚”；[⑦]进而以实际功

---

① 陈傅良著，周梦江点校：《陈傅良先生文集》，浙江大学出版社1999年版，第460页。

② 陈亮撰，邓广铭点校：《陈亮集》（增订本），河北教育出版社2003年版，第171页。

③ 陈亮撰，邓广铭点校：《陈亮集》（增订本），河北教育出版社2003年版，第111页。

④ 陈亮撰，邓广铭点校：《陈亮集》（增订本），河北教育出版社2003年版，第381页。

⑤ 陈亮撰，邓广铭点校：《陈亮集》（增订本），河北教育出版社2003年版，第127页。此外，陈亮在《赠楼应元序》文中引述了友人戴氏“财者，人之命”语，见陈亮撰，邓广铭点校：《陈亮集》（增订本），河北教育出版社2003年版，第217页。

⑥ 卢敦基：《人龙文虎：陈亮传》，浙江人民出版社2006年版，第251—252页。

⑦ 叶适著，刘公纯等点校：《叶适集》，中华书局1961年版，第617页。

效作为衡量一切社会活动的标准："读书不知接统绪，虽多无益也；为文不能关教事，虽工无益也；笃行而不合于大义，虽高无益也；立志不存于忧世，虽仁无益也。"①

基于"事功""功利"之论，叶适建言南宋朝廷以"德治、仁政"作为治理国家的最高准则，实行养民、宽民之政："先王之政，以养人为大"②，"为国之要，在于得民，民多则田垦而税增，役众而兵强"③。治理国家最重要的是得到民众的支持与拥戴，因为民众是君主建功立业的前提与保障，所以君主应该博施济众，爱民如子，推行仁政，以招徕百姓。基于"民与君为一"即"君民上下皆出于一本"的原则，叶适认为"君既养民，又教民，然后治民"④，这才是帝王的本分。

与陈亮一样，为实现民富国强，叶适也主张在支持农业经济发展的同时也要发展工商业。通过追溯周代及春秋史，叶适指出"周讥而不征，春秋通商惠工，皆以国家之力扶持商贾，流通货币"，而到汉高祖、汉武帝时期，始行抑商政策，则"四民（士农工商）交致其用而后治化兴，抑末厚本，非正论也"⑤。叶适倡导经商致富，主张"商贾往来，道路无禁"⑥，并要求南宋执政者适度改变经济政策，这无疑是对传统经济政策的颠覆与革新。

3. 邓牧《伯牙琴》中的"君民平等"思想

宋末元初思想家邓牧（1247—1306）著传世名作《伯牙琴》，尤其在《君道》《吏道》这两篇政论文中，其大胆抨击君主专制主义，以为"天生民而立之君，非为君也"⑦，而自秦始皇以来的君主就是造成社会不平等的根源，后世辅佐君主的官吏也是"盗贼"，故而专制君主是社会财富最大的剥削者和掠夺者。百姓造反，就是要推翻以君主、官吏为首的害民之"贼"。

在批判君主专制的基础之上，《伯牙琴·见尧赋》文中以上古尧舜之治为蓝本，描绘了一个以"君民平等"为愿景的理想社会："古有圣人，作君作师。忧民之溺，由己之溺；忧民之饥，由己之饥。故能治九年之昏垫，播艰食于烝黎。其德泽所浸，如时雨之化；其功用所及，如春阳之熙。盖圣人在位，问之朝野，而朝

---

① 叶适著，刘公纯等点校：《叶适集》，中华书局 1961 年版，第 607—608 页。
② 叶适著，刘公纯等点校：《叶适集》，中华书局 1961 年版，第 182 页。
③ 叶适著，刘公纯等点校：《叶适集》，中华书局 1961 年版，第 653 页。
④ 叶适著，刘公纯等点校：《叶适集》，中华书局 1961 年版，第 651 页。
⑤ 叶适：《习学记言序目》，中华书局 1977 年版，第 273 页。
⑥ 叶适著，刘公纯等点校：《叶适集》，中华书局 1961 年版，第 642 页。
⑦ 邓牧著，江山宜人译注：《伯牙琴》，安徽文艺出版社 2011 年版，第 19 页。

野已不知。今也寥寥，数千载之下，悠悠我思。”[①]在这个理想的社会中，没有君民等级制度，没有掠夺争斗，君主的生活方式与百姓一样，官吏与普通民众也没有区分，他们都是同苦同乐者。从某种意义上说，这就是一种“无政府主义”的乌托邦式的理想社会。

尽管邓牧提出的以“君民平等”为愿景的理想社会在当时无法实现，但是他对君主专制的批判在中国政治思想上却是深刻的，尤其对明末清初启蒙思想家黄宗羲著《明夷待访录》有较大影响，成为黄宗羲“从民本走向民主”启蒙思想的重要理论来源之一。

五、明代：刘基的民本论与王阳明的“亲民”说

1. 刘基的民本思想

元明之际的思想家刘基任江西高安县丞，上任伊始，便作《官箴》，以昭示自己关注民生、为民请命的从政理念：“治民奚先，字之以慈。有顽弗迪，警之以威。振惰奖勤，拯艰息疲。疾病颠连，我扶我持。”[②]这就是传统儒家施仁心、行仁政的德治理念。

关注民生乃是儒家王道、仁政学说的基本出发点。对此，刘基在《感时述事》中指出：“惟民食为命，王政之所先。海鹾实天物，厥利何可专？”[③]《郁离子·天地之盗》文称：“先王之使民也，义而公，时而度，同其欲，不隐其情，故民之从之也，如手足之从心，而奚恃于术乎？”[④]所以，刘基在阐发养民、育民、爱民之道时，格外要求在位的施政者加强自身的道德修养水平，“聚其所欲而勿施其所恶”，时时刻刻以老百姓的根本利益为为政之道的出发点。

刘基《拟连珠》一文对民本思想有多处论述，“国不自富，民足则富；君不自强，士多则强”[⑤]，儒家的财富观已经打上了“藏富于民”的烙印，钟惺对刘基此语的评价是“千古富强之术，无以逾此”[⑥]；“国以民为本”，国家的物质财富不应聚敛于国君一人之手，唯有举国百姓富庶，“让利于民”，这才是儒家民本仁政思想的应有之义。与此同时，刘基反对一人一家之“私”利，主张“大公”：“大器非一

---

① 邓牧著，江山宜人译诧：《伯牙琴》，安徽文艺出版社 2011 年版，第 1 页。
② 刘基著，林家骊点校：《刘基集》，浙江古籍出版社 1999 年版，第 167 页。
③ 刘基著，林家骊点校：《刘基集》，浙江古籍出版社 1999 年版，第 366 页。
④ 刘基著，林家骊点校：《刘基集》，浙江古籍出版社 1999 年版，第 32 页。
⑤ 刘基著，林家骊点校：《刘基集》，浙江古籍出版社 1999 年版，第 196 页。
⑥ 钟惺辑评：《刘文成公全集》卷十一，明天启年间刻本。

人之私”，“利不及众，所以起天下之争”，[①]利益分配不均是天下纷争不休的一大根源。

《春秋明经》也反映了刘基的儒学民本思想，“夫国以民为本。君子之爱民也，如保赤民”[②]。刘基的《春秋明经》虽为“举业”而作，但是反映出刘基的一些儒学思想，比如儒家“修齐治平”的治国理念就得到了充分的诠释，“修德以仁”[③]“为国以礼”[④]“修明德政”[⑤]“明德修政”[⑥]“正心修身而行王道”[⑦]等。也就是说，“修身治德”不仅是“君道”“臣道”的基本要义，也是维系国家政权长治久安的根本“义理”，“德不修而惧外患者为可鄙，身不正而外结交者为可危”[⑧]。

《郁离子·省敌》一文也突出强调了仁义、道德的力量与功效：“唯天下至仁，为能以我之敌敌敌，是故敌不敌而天下服。”[⑨]这就是仁义教化、道德感化以“省敌”的理论阐释。“德者，众之所归也”，“尧舜以仁义为的而天下之善聚焉”，尧舜就是以仁义治理天下的典范，“九州来同，四夷乡风，穆穆雍雍”[⑩]，一派祥和、的治道图景。这就是对“仁者无敌”命题的最好诠释。申而言之，“君人者，惟德与量俱，而后天下莫不归焉。德以收之，量以容之”，反之，在位执政者不具备宽广心胸与崇高的理想道德，必然会招致祸患：“德不广不能使人来，量不宏不能使人安。故量小而思纳大者，祸也。”[⑪]

2.王阳明的“亲民”论

王阳明不仅是一位哲学家、思想家、教育家，也是一位政治家、军事家。王阳明政治思想的核心理念是源于《古本大学》的“明德亲民”论：“明明德必在于亲民，而亲民乃所以明其明德也。”[⑫]在王阳明这里，“‘亲民’犹孟子‘亲亲仁民’之谓。亲之即仁之也”[⑬]。王阳明晚年在越地居家讲学期间，时任绍兴郡守南大

---

① 刘基著，林家骊点校：《刘基集》，浙江古籍出版社1999年版，第198页。
② 刘基著，林家骊点校：《刘基集》，浙江古籍出版社1999年版，第620页。
③ 刘基著，林家骊点校：《刘基集》，浙江古籍出版社1999年版，第590页。
④ 刘基著，林家骊点校：《刘基集》，浙江古籍出版社1999年版，第590页。
⑤ 刘基著，林家骊点校：《刘基集》，浙江古籍出版社1999年版，第591页。
⑥ 刘基著，林家骊点校：《刘基集》，浙江古籍出版社1999年版，第593页。
⑦ 刘基著，林家骊点校：《刘基集》，浙江古籍出版社1999年版，第623页。
⑧ 刘基著，林家骊点校：《刘基集》，浙江古籍出版社1999年版，第593页。
⑨ 刘基著，吕立汉等注释：《郁离子》，中州古籍出版社2008年版，第138页。
⑩ 刘基著，吕立汉等注释：《郁离子》，中州古籍出版社2008年版，第139页。
⑪ 刘基著，吕立汉等注释：《郁离子》，中州古籍出版社2008年版，第116页。
⑫ 王守仁：《王阳明全集(简体字版)》，上海古籍出版社2012年版，第799页。
⑬ 王守仁：《王阳明全集(简体字版)》，上海古籍出版社2012年版，第2页。

吉受王阳明政治哲学的影响，以“亲民堂”命名其政事堂，誓言“吾以亲民为职者也。吾务亲吾之民以求明吾之明德也夫”。王阳明因赞赏其“亲民”的志向，特为之撰《亲民堂记》。[①]

《阳明先生年谱》中明确记载，阳明晚年居越讲学，“只发《大学》‘万物同体’之旨，使人各求本性，致极良知以至于至善，功夫有得，则因方设教”[②]。在《大学或问》中，王阳明用“万物同体”“天地万物一体之仁”的核心理念来诠释《古本大学》中“亲民”的纲领，由此可见王阳明“天地万物一体之仁”的道德实践并不仅仅在于自己成为“圣人”，其重点是在“博施济众”“仁民爱物”的“明德亲民”上。

在《大学或问》中，王阳明对“明德亲民”理念有具体的阐发：“亲吾之父，以及人之父，以及天下人之父，而后吾之仁实与吾之父、人之父与天下人之父而为一体矣；实与之为一体，而后孝之明德始明矣！亲吾之兄，以及人之兄，以及天下人之兄，而后吾之仁实与吾之兄、人之兄与天下人之兄而为一体矣；实与之为一体，而后弟之明德始明矣！君臣也，夫妇也，朋友也，以至于山川鬼神鸟兽草木也，莫不实有以亲之，以达吾一体之仁，然后吾之明德始无不明，而真能以天地万物为一体矣。”[③]一言以蔽之，“明明德”的道德实践必须落实在“亲民”的政治实践上，才是真正实现了“天地万物一体之仁”的境界，这也是儒家“内圣外王”之道奥秘之所在。

这里，我们附带介绍一下王阳明的友人——四川丰都人杨孟瑛，在明弘治十五年(1501)至正德五年(1510)出任杭州知州时疏浚西湖的政绩。杨孟瑛到任杭州时，西湖多被富豪蚕食侵占；其遂上书朝廷提出疏浚西湖的建言[④]，然后又公告民众拆去私人河荡。正德元年(1506)二月，朝廷批准疏浚西湖；如同当年苏轼疏浚西湖时的亲力亲为，杨孟瑛亲自督工，共动用杭城民工八千人，历时一百五十二天，耗银两万三千多两，大功告成。疏浚工程进行时，杨孟瑛让民众把湖中挖出来的淤泥一部分填在苏堤上，再沿堤种植桃柳复原宋朝时苏堤“六桥烟柳”的景象，其余大部分淤泥则堆在湖西的山麓边，筑成一条新的长堤，又在堤上修筑环碧、流金、卧龙、隐秀、景行、浚源等六桥，俗称“里六桥”[⑤]。正德年

---

① 王守仁：《王阳明全集(简体字版)》，上海古籍出版社2012年版，第211—212页。

② 王守仁：《王阳明全集(简体字版)》，上海古籍出版社2012年版，第1060页。

③ 王守仁：《王阳明全集(简体字版)》，上海古籍出版社2012年版，第799页。

④ 田汝成辑，尹晓宁点校：《西湖游览志》，上海古籍出版社2017年版，第4—5页。

⑤ 田汝成辑，尹晓宁点校：《西湖游览志》，上海古籍出版社2017年版，第18页。

间的这次疏浚西湖工程，杨孟瑛撰《浚复西湖录》[1]以纪之。西湖被疏浚，恢复了往日的湖光山色，但也触动了不少官吏富豪的利益，于是他们以“开浚无功，靡费官帑”的罪名把杨孟瑛告到朝廷，杨孟瑛被罢官。[2] 但是，杭州的百姓没有忘记杨太守的功劳，为了感谢他的功德，就把这次疏浚西湖时修筑的长堤称作“杨公堤”。

记上一笔，弘治十六年（1503），王阳明移疾钱塘西湖之时，应时任杭州太守杨孟瑛之请，为杨孟瑛在家乡创办的平山书院作“记”，其中有对杨孟瑛“既已成己，则不能忘于成物”“行义以达其道”的志业追求予以嘉许[3]。

六、清初黄宗羲的“天下为主君为客”论

明清之际的学者、浙江余姚人黄宗羲作为启蒙思想家，其在传统中国政治学经典名著《明夷待访录》中，主张把对社会治乱评价的立足点，从一姓王朝的兴亡转变为天下万民的忧乐：“盖天下之治乱，不在一姓之兴亡，而在万民之忧乐。”并且针对封建君主专制制度的弊端，以托古的形式来设计未来社会的蓝图，提出了“为天下之大害者，君而已矣”的“君为民害”论，提出了“天下为主，君为客”的“民主君客”论，以及“君与臣，共曳木之人”的君臣平等原则和“人各得自私，各得自利”的人权平等原则，主张用“天下之（公）法”取代君主“一家之（私）法”，主张由宰相和“政事堂”掌管行政权、由“学校”掌握舆论导向，[4]这些政治主张，比较系统地揭示了黄宗羲政治思想的朴素民主主义倾向。

所以我们认为，黄宗羲已经超越孟子以来“尊君重民”式民本思想的旧范式，创立了“民主君客”式的新民本理论，其思想已具有朴素的民主启蒙性质，因而不是传统民本思想的“极限”，而是中国近代民主思想的“开端”。[5] 2006 年 3 月 28 日，习近平同志在“致黄宗羲民本思想国际学术研讨会的贺信”中也指出：

---

① 林树建标点：《浚复西湖录》，载王国平主编《西湖文献丛书》第 3 册，杭州出版社 2004 年版。

② 罗以民：《杨孟瑛浚复杭州西湖的时间及罢官原因考》，《浙江社会科学》2007 年第 6 期。

③ 王守仁：《王阳明全集（简体字版）》，上海古籍出版社 2012 年版，第 733—734 页。

④ 黄宗羲：《黄宗羲全集》第一册，浙江古籍出版社 2005 年增订版，第 2—13 页。

⑤ 吴光：《论黄宗羲新民本思想的性质、内容、渊源及其现代意义》，《孔子研究》2009 年第 2 期。萧公权《中国政治思想史》以为“梨洲贵民之政治哲学……诚首尾贯通，本末具备，为前此之所罕觏。……梨洲贵民之古义，不啻向专制天下之制度作正面之攻击。使黄氏生当清季，其为一热烈之民权主义者，殆属可能。然而吾人细绎《待访录》之立言，觉梨洲虽反对专制而未能冲破君主政体之范围。故其思想实仍蹈袭孟子之故辙，未足以语于真正之转变”。见萧公权：《中国政治思想史》，辽宁教育出版社 1998 年版，第 560 页。

“黄宗羲是我国明清之际杰出的思想家、史学家、文学家和教育家，是浙江历史上的文化伟人。他所具有的民主启蒙性质的民本思想，在中国思想文化史上产生了很大影响。”①

与黄宗羲同时代的张岱，在《四书遇》中提出了“天下者，天下人之天下也”“予夺之权，自民主之”②的论见，这也是对专制君权的否定。黄宗羲的高足万斯大继承了乃师的“新民本”思想，在《周官辨非·天官》中云：“圣人之治天下，利民之事，丝发必兴；厉民之事，毫末必去”③，是说儒家圣人治理天下所用之道，但凡是于民有利之事，一丝一发也要推行；而于民有害之事，一毫一末也要革除。黄宗羲、张岱的政治哲学是对传统儒家民本思想的超越与发展，这种“新民本”思想更加强调了以人为本、主权在民的近代意义的民主精神。

勤政爱民，自古以来便是为君、为官的基本准则，它要求各级官员在处理政务时要以民为本、保民爱民，恪尽职守、勤于政事。浙江历史上的思想家、政治家大都是儒学家，故而孔孟儒家所提倡的“民本”“仁政”或“德政”的施政理念，深深扎根于他们的内心世界，内化于心，外化于行。当下，我们践行“以人民为中心”的发展思想和“为人民服务”的工作理念，无疑需要深入挖掘王阳明“明德亲民”，黄宗羲、张岱“新民本”思想中所蕴含的以人为本、关注民生的思想观念、人文精神，进行创造性转化、创新性发展。

第二节　浙学中的法制思想

《孟子·离娄上》有云：“徒善不足以为政，徒法不能以自行。”意思是说，只有仁政善德，不足以治理好国家；仅有好的法令，并不能让法令自行施行。可见，治国理政必须把行善政与行法令两者有机结合起来。“本之于德政，辅之以威刑”，“以法为教，以吏为师”，传统儒家提倡的民本德政并不否认刑罚、法制的辅助功能。

浙江古代法制思想和实践活动可以追溯至夏禹杀戮防风氏于“刑塘”的记

① 《中共浙江省委习近平书记的贺信》，载吴光主编：《从民本走向民主：黄宗羲民本思想国际学术研讨会论文集》，浙江古籍出版社 2006 年版，第 1 页。

② 张岱著，朱宏达点校：《四书遇》，浙江古籍出版社 1985 年版，第 424、652 页。

③ 万斯大著，曾攀点校：《万斯大集》，浙江古籍出版社 2015 年版，第 190 页。

载。越国时期文种“修宽刑”，东汉王充的“德力具足”“礼法兼用”，南宋浙东学派陈亮的“刑而有善”“畏而不恶”，叶适的“纪纲”“法度”，明代刘基的“本之于德政，辅之以威刑”，王阳明的“为政不事威刑，惟以开导人心为本”，明末清初黄宗羲的“有治法而后有治人”，晚清沈家本的“为政之道，首在立法以典民”的法制思想，如此等等，都是历史上浙江籍思想家对传统法律、法制思想的学术贡献。

一、王充的“德力具足”论

浙江在春秋越国时期，已有比较成型的法理学观念。越王勾践尊事周室，承袭周公“明德慎罚”的法理思想，听从谋臣文种、范蠡等人的建议：“修宽刑，施民所欲，去民所恶，称其善，掩其恶”，推行“缓刑薄罚，省其赋敛”的治国之术。[①]“修宽刑”“缓刑薄罚”等，可以看作是浙江历史上法制、法律思想乃至传统法治理念的萌芽。

东汉时期，王充继承了原始儒家包括董仲舒的“文武并用”“德主刑辅”的观点，反对西汉盛行的谶纬神权法思想。在《论衡》中批判“天刑”论和“天造谴告”的天罚思想，斥之为“虚妄无稽之谈”；其还对“用刑非时则寒、施赏违节则温”[②]的时令说予以谴告。

王充《非韩篇》中批评了韩非独用法术之弊，指出“韩子之术，明法尚功。贤，无益于国不加赏；不肖，无害于治不施罚。责功重赏，任刑用诛”[③]。王充对韩非“非儒”、把儒生比作蛀虫的看法十分不满，其进而指出，法度固然重要，礼义更为重要，儒生是维护礼义的堤防，而礼义是治国的纲纪，“国之所以存者，礼义也。民无礼义，倾国危主”[④]。因此，他认为韩非的政治主张不足以“养德”，进而提出了“治国之道，所养有二：一曰养德，二曰养力”的“德力具足”论：“养德者，养名高之人，以示能敬贤；养力者，养气力之士，以明能用兵。此所谓‘文武张设、德力具足’者也。……徐偃王修行仁义，陆地朝者三十二国，强楚闻之，举兵而灭之，此有德守无力备者也。夫德不可独任以治国，力不可直任以御敌也。韩子之术不养德，偃王之操不任力，二者偏驳，各有不足：偃王有无力之祸，知韩

---

① 赵晔：《吴越春秋·勾践伐吴外传》，中华书局 2019 年版，第 258 页。

② 王充撰，陈蒲清点校：《论衡》，岳麓书社 2015 年版，第 180—181 页。

③ 王充撰，陈蒲清点校：《论衡》，岳麓书社 2015 年版，第 121 页。

④ 王充撰，陈蒲清点校：《论衡》，岳麓书社 2015 年版，第 122 页。

子必有无德之患。"[①]这里，王充主张兼用儒法，这说明王充并非法家专制主义者，而是儒、法兼用的多元和谐主义者。儒家的"德"与法家的"力"，相辅相成，方为"治国之道"，显然这是一种"德法并举"的社会治理模式。简言之，王充的法理思想虽仍是儒家"德主刑辅"的传统主张，但在东汉时期还是有一定的积极意义的。

二、南宋浙东学派的法制思想

南宋永嘉、永康学派基于事功、功利之学，也提出了独具特色的法律、法制思想，要求法律制度服务于国计民生，以社会效益作为衡量法律价值的准则，因此要求"道"与"功"、"义"与"利"的有机统一。

在叶适看来，"法治"比"人治"更公平、更长久："天下以法为治，久矣"，"夫以法为治……盖人不平而法至平，人有私而法无私，人有存亡而法常在，故今世以'人乱法不乱'为常语，此所以难于任人而易于任法也"[②]。叶适也十分关注"纪纲"与"法度"的关系问题，认为"纪纲"是国家的根本大法，"法度"不仅指法律、法令，同时也包括制度："国家以法为本，以例为要。其官虽贵也，其人虽贤也，然而非法无决也，非例无行也。"[③]与此同时，叶适也看到了"纪纲"与"法度"的弊端，认为国家管理的过度集权必然导致"法度"的细密严苛，宋代政治体制的弊端在于"法度以密为累而治道不举"，"纪纲以专为患而国威不立"[④]，主张"纪纲"专而不可分、"法度"密而不能疏，即要分权、疏法。叶适所议论的法律、法度、法制[⑤]、法治话题，如法治与人治、道德与刑法、集权与分权、法密与法疏的关系，实际上触及了法制的一般问题，不仅具有法理学上的意义，而且具有深刻的历史意义。[⑥]

陈亮的法制思想也是以"事功"学说为基础，在法律价值观上力陈除弊兴利，适度改革南宋朝的现行制度。陈亮肯定了"法"在治国理政中的重要作用，阐述了"道"与"法"的关系："自有天地，而人立于其中矣。人道立而天下不可以

---

① 王充撰，陈蒲清点校：《论衡》，岳麓书社 2015 年版，第 123 页。

② 叶适著，刘公纯等点校：《叶适集》，中华书局 1961 年版，第 806—807 页。

③ 叶适著，刘公纯等点校：《叶适集》，中华书局 1961 年版，第 834—835 页。

④ 叶适著，刘公纯等点校：《叶适集》，中华书局 1961 年版，第 768 页。

⑤ 关于叶适所论"法度""法制"的关联，可以参阅萧公权：《中国政治思想史》，辽宁教育出版社 1998 年版，第 439 页。

⑥ 张玉霞：《叶适法律思想诠释》，《温州职业技术学院学报》2009 年第 2 期。

无法矣。人之心多私，而以法为公，此天下之大势所以日趋于法而不可御也。”[①]法乃天下之“公理”，是对“人心之多私”的制衡。与此同时，陈亮又提出“立法以公而以人行法，未尝敢曰无其人而法亦可行也”的理念。在肯定“人法”于治国重要性的前提下，陈亮力主法令宽简，唯有这样，政治才能清明，百姓才能安逸，国家才能稳定。总之，陈亮法制思想的特点是反对性理空论，提倡事功，注重实践。

三、刘基的“本之于德政，辅之以威刑”

刘基作为明朝开国元勋之一，对明初法律制度的建设有较大的贡献。他以宋元“宽纵失国”为由，奏请设立“军卫制”，对明朝立国初年军权的巩固起到一定作用；他还与李善长等“裁定律令，颁示中外”，此为《大明律》修定的范本与基础。对于治国之道，刘基在《郁离子·喻治》中开列了国家治乱的四大要素：纪纲、道德、政刑、人才：“治乱，政也；纪纲，脉也；道德、政刑，方与法也；人才，药也。”[②]分而言之，“纪纲”即儒家的三纲五常之道，“道德”即儒家的仁义礼智信等条目，“政刑”即治理国家的法制、制度等，“人才”即维系国家政权长治久安的儒家知识分子，抑或封建士大夫。

可以肯定，刘基主张以上古三代之治为治道之范本，推行汉代以降形成的“德主刑辅”理念，从而反对秦王朝“以吏为师、以法为教”的极端法制独裁论，“秦用酷刑苛法以箝天下，天下苦之；而汉承之以宽大，守之以宁一”[③]。这也是秦仅历二世而亡天下、汉兴数百载而治天下的原因所在。这也是刘基等儒臣在明朝创建伊始进谏“以儒治国”的同时，草创《大明律》的法理依据。要之，在刘基看来，治理国家的“行法之道”就在于“本之于德政，辅之以威刑”[④]。

四、王阳明的“为政不事威刑，惟以开导人心为本”

作为哲学家、思想家的王阳明，尽管没有系统的关于法律思想的论述，但是其本人在早年有刑部任职的经历与实践。我们以为，王阳明的法律思想主要体现在知县庐陵期间的“为政不事威刑，惟以开导人心为本”以及在南赣地区试点

---

① 陈亮撰，邓广铭点校：《陈亮集》(增订本)，河北教育出版社 2003 年版，第 98 页。

② 刘基著，吕立汉等注释：《郁离子》，中州古籍出版社 2008 年版，第 40 页。

③ 刘基著，吕立汉等注释：《郁离子》，中州古籍出版社 2008 年版，第 40 页。

④ 刘基著，吕立汉等注释：《郁离子》，中州古籍出版社 2008 年版，第 221 页。

推广以“彰善纠过”“为善去恶”为基本要义的《南赣乡约》。《南赣乡约》类似于现代所说的一种“不成文法”，但其实质上具有一定程度的法律约束意义。

据《阳明先生年谱》记载，正德四年（1509）闰九月王阳明升任江西庐陵知县，翌年三月十八日上任。《阳明先生年谱》对王阳明执政庐陵的总结是：“为政不事威刑，惟以开导人心为本。”[①]庐陵本系“文献之邦”，但是当地的老百姓却“以健讼称”，特别喜欢到官府告状。面对“狱牒盈庭”的局面，王阳明在上任伊始，并不急于审理案件、宣判定罪，而是依据明初制定的制度，慎选里正三老，在全县广建“申明亭”“旌善亭”，并明确规定：谁有善言善行，就在“旌善亭”大力表扬，谁干坏事则要在“申明亭”公之于众，并且由里正三老来具体执行。与此同时，还对诉讼双方进行委婉劝谕，乃至有涕泣而归者。如此一来，庐陵县的民风习俗逐渐好转，向善向上，进而“囹圄日清”。在执政庐陵的七个月里，王阳明还向父老子弟发布了十六道告谕[②]，大抵谆谆告慰父老，要孝敬父母，教训子弟，以养成敦厚淳朴的民风民俗。为治理县境盗贼，其就与父老豪杰商议，在城郭、乡村中推行保甲制以弭盗。王阳明在庐陵一县的基层执政经验，比如推行保甲制、建立旌善亭，为他日后在南赣平乱后实施《南赣乡约》，推行儒家德政式的社会治理，都积累了宝贵的施政经验。

“乡约”亦作“乡规民约”，是传统中国宗法社会所制定的介于国法与家规二者之间的宗族生活规则。从“乡约”的制定者来看，“乡约”有民立与官立之分。陕西蓝田《吕氏乡约》是中国最早的成文乡约，它也是民立乡约的典范文本，经朱熹介绍后对后世影响甚大；[③]萧公权指出：“《吕氏乡约》于君政官治之外别立乡人自治之团体，尤为空前之创制。”[④]学界一般认为官立乡约的典型是正德十三年（1518）十月王阳明颁布推行的《南赣乡约》。

《南赣乡约》作为一部乡民自治手册，凡十六条，详细规定了南赣下辖各地的乡民理应共同遵守的道德公约，其中涉及家庭教育、家族治理、道德养成等内容。《南赣乡约》要求乡村民众，不论是否自愿，都必须入约：“自今凡尔同约之民，皆宜孝尔父母，敬尔兄长，教训尔子孙，和顺尔乡里，死丧相助，患难相恤，善

---

① 王守仁：《王阳明全集（简体字版）》，上海古籍出版社 2012 年版，第 1008 页。

② 王守仁：《王阳明全集（简体字版）》，上海古籍出版社 2012 年版，第 847—850 页。

③ 刘学智：《关学思想史》，西北大学出版社 2015 年版，第 148 页。

④ 萧公权：《中国政治思想史》，辽宁教育出版社 1998 年版，第 496 页。

相劝勉，恶相告戒，息讼罢争，讲信修睦，务为良善之民，共成仁厚之俗。”①

从《吕氏乡约》起，乡约都倡导用乡民推选的方式，组成乡约领导层即具体执行者，《南赣乡约》也不例外。按照王阳明的设想：同约之人，应推年高有德为众人尊敬信服者一人作为约长，二人为约副，推公正耿直、果断沉毅者四人为约正，推通情达理、善于观察者四人为约史，推身体健康、品行清廉者四人为知约，推熟悉礼仪者两人为约赞。

约众定期聚会，是乡约的惯例。《南赣乡约》规定：约众每月农历十五在约所聚会。聚会当天，约众在告谕牌前，听约正宣读告谕；约正读毕，对约众说：“自今以后，凡我同约之人，祗奉戒谕，齐心合德，同归于善；若有二三其心、阳善阴恶者，神明诛殛。”约众亦附和其言。约正再宣读乡约，读毕，大声曰：“凡我同盟，务遵守乡约。”约众皆曰：“是。”然后就是“彰善”“纠过”的具体环节。②

王阳明设计的约众聚会，在“彰善”“纠过”的环节过后，还有聆听申诫的内容，约正向众人高声说：“人孰无善，亦孰无恶；为善虽人不知，积之既久，自然善积而不可掩；为恶若不知改，积之既久，必至恶积而不可赦。今有善而为人所彰，固可喜；苟遂以为善而自恃，将日入于恶矣！有恶而为人所纠，固可愧；苟能悔其恶而自改，将日进于善矣！然则今日之善者，未可自恃以为善；而今日之恶者，亦岂遂终于恶哉？凡我同约之人，盍共勉之！”③

由此可见，《南赣乡约》之于社会教化的规定是：在家庭守孝悌之义，在乡里则相助相恤，劝善戒恶，息讼罢争，讲信修睦，这显然就是自治、德治、法治“三治合一”的产物。毋庸置疑，“彰善纠过”“为善去恶”是贯穿《南赣乡约》的主线。嗣后，王阳明提出“致良知”学说，试图对《孟子》的“良知”与《大学》的“致知”观念进行无缝黏合，并提出了“良知只是个是非之心”“知善知恶是良知”“为善去恶是格物”等心学命题。借此可以推断，旨在推行乡民自治的《南赣乡约》，也是王阳明日后提出“致良知之教”（包括“四句教”）的源头之一。

五、黄宗羲的“有治法而后有治人”

“法治”与“德治”的关系，也是传统政治思想关注的重要话题。与“法治”与“德治”相对应的就是“治法”与“治人”：“治法”即完善的法律制度、法治体系，是

---

① 王守仁：《王阳明全集（简体字版）》，上海古籍出版社 2012 年版，第 507 页。
② 王守仁：《王阳明全集（简体字版）》，上海古籍出版社 2012 年版，第 509—510 页。
③ 王守仁：《王阳明全集（简体字版）》，上海古籍出版社 2012 年版，第 511 页。

国家机器得以良性运转的程序与准则;“治人”就是传统儒家所期望的善于治国理政的贤人君子,拥有“修己治人”“修己以安百姓”的能力与本领。

传统儒家在探讨“治法”与“治人”二者何为先、何为主这一问题时,其给出的答案是:“有治人,无治法。”[①]而浙江历史上的思想家给出的答案,则与此有别。黄宗羲在《明夷待访录·原法》中,对“有治人,无治法”的传统命题予以质疑,提出了“有治法而后有治人”的新论:“自非法之法桎梏天下人之手足,即有能治之人,终不胜其牵挽嫌疑之顾盼;有所设施,亦就其分之所得,安于苟简,而不能有度外之功名。使先王之法而在,莫不有法外之意存乎其间。其人是也,则可以无不行之意;其人非也,亦不至深刻罗网,反害天下。故曰有治法而后有治人。”[②]在此,黄宗羲已经意识到传统儒家治国方略中“人治”(“德治”)的弊端与缺陷,因为明君贤臣终究不是维护天下社会长治久安的决定性因素。而“有治法而后有治人”的观点,强调的就是要从政治、法律制度上来解决社会治乱问题,这是“法治”高于“人治”的思想。应该承认,“有治法而后有治人”的法治主张已触及专制政治的根本问题,契合近代的法治精神。

此外,黄宗羲在《明夷待访录·原法》中对“三代以上之法”以及三代以后的君主专权体制下的法律制度进行了比较,认为二者性质截然不同:前者是为天下人而设的,旨在为天下人谋福利;后者乃是为统治者而设的,故而得出结论:“三代以上有法,三代以下无法。”[③]详而言之,三代以下统治者所确立的“法”是“后之人主,既得天下,唯恐其祚命之不长也,子孙之不能保有也,思患于未然以为之法”[④],所以制定了一大堆用以维护其政权、推行其统治的法律。这种“法”乃是“一家之法”,因为它出于君主个人之私心私利,未曾“有一毫为天下之心”,所以它又是“非法之法”:“后世之法,藏天下于筐箧者也。利不欲其遗于下,福必欲其敛于上;用一人焉则疑其自私,而又用一人以制其私;行一事焉则虑其可欺,而又设一事以防其欺。天下之人共知其筐箧之所在,吾亦鳃鳃然日唯筐箧之是虞,故其法不得不密。法愈密而天下之乱即生于法之中,所谓‘非法之法’也。”[⑤]“一家之法”的性质就是以维护统治者的既得利益为目的,是为“非法之法”。

① 荀卿著,安继民注译:《荀子》,中州古籍出版社 2010 年版,第 204 页。

② 黄宗羲:《黄宗羲全集》第一册,浙江古籍出版社 2005 年增订版,第 7 页。

③ 黄宗羲:《黄宗羲全集》第一册,浙江古籍出版社 2005 年增订版,第 6 页。

④ 黄宗羲:《黄宗羲全集》第一册,浙江古籍出版社 2005 年增订版,第 6 页。

⑤ 黄宗羲:《黄宗羲全集》第一册,浙江古籍出版社 2005 年增订版,第 6—7 页。

在黄宗羲看来，“三代之法”才是真正的“法”，它是维系社会公众正常生活、国家机器良性运作的法则：“三代之法，藏天下于天下者也。山泽之利不必其尽取，刑赏之权不疑其旁落，贵不在朝廷也，贱不在草莽也。在后世方议其法之疏，而天下之人不见上之可欲、不见下之可恶，法愈疏而乱愈不作，所谓‘无法之法’也。”[①]“藏天下于天下”的“三代之法”，是说“法”的本质是为维护社会稳定、人身权利等公共利益：其一方面包含着天下是人民之天下，应由人民共同治理的民治思想，另一方面则包含了治理天下之法为万民之公法的思想。此外，黄宗羲“贵不在朝廷也，贱不在草莽”的观念，也有现代法治中“法律面前，人人平等”的公平精神。

六、沈家本的“为政之道，首在立法以典民”

近代著名法学家沈家本（1840—1913），曾任刑部右侍郎、大理院正卿、法部右侍郎等职，是清末主持修律的重臣。沈家本还以“参考古今，博稽中外，融会贯通，不存偏见”的独特修律风格，主持制定了《大清民律》《大清商律草案》《刑事诉讼律草案》《民事诉讼律草案》等一系列法典。

沈家本从修订法律的需要出发，提出要重视法理学的研究：“法之修也，不可不审，不可不明。而欲法之审、法之明，不可不穷其理。”至于“法律”的起源，他认为作为“天下之程式，万事之仪表也”的“法”，是在“学校衰微，世道凌夷，巧伪变诈，无所不为之习日渐溃焉”的情况下出现的。法的作用有二，一是治民，一是治国，所谓“为政之道，首在立法以典民”，“世无无法之国而能长久者”。沈家本还认为法律是“政之辅也”，进而言之，法乃道德教化之辅。这里，沈家本继承了“德主刑辅”“明刑弼教”的传统法律思想，并结合世界的发展潮流，阐明了法只是“辅教之不足”，进而提出“治国之道以仁政为先”“刑罚与教育互为消长”的理论。[②]

沈家本的法律思想，不仅表现为对法理学的探讨，也贯彻于修律的实践当中。他全面阐明了修订法律的根据，指出法律应该伴随今昔形势的不同而为之损益，不能简单袭用。为了贯彻“务期中外通行”的修律方针，他“参考古今，博稽中外”，发现“大抵中说多出于经验，西学多本于学理。不明学理，则经验者无

---

① 黄宗羲：《黄宗羲全集》第一册，浙江古籍出版社 2005 年增订版，第 6 页。

② 此处参考了张晋藩的《沈家本法律思想的研究》（《浙江学刊》1991 年第 1 期）、李贵连的《沈家本年谱长编》（山东人民出版社 2010 年版）等相关研究。

以会其通;不习经验,则学理亦无以证其是。经验与学理,正两相需也"[①]。他认为欧美资本主义国家的法律比中国封建旧律先进,中国必须"取人之长,以补吾之短","彼法之善者,当取之,当取而不取,是之为愚"。为了实现"会通中外"的修律方针,沈家本先后主持翻译了几十部国外法规、法典,其参考资本主义国家刑法,主持制定《大清新刑律》等。[②] 他推崇民主主义的法律思想,认为各法之中以刑法为重,而中国重刑多,西方轻刑多,建议"改重为轻",建议废止凌迟、枭首、戮尸、刺字等酷刑。同时,奏请设立京师法律学堂,培养专门司法人才,[③]聘请外国法学家充当法律顾问和派人员赴国外考察。

对于沈家本在中国法制近代化进程中的卓越贡献,专业人士评论他是有清一代最伟大的法律专家,"是深了解中国法系,且明白欧美、日本法律的一个近代大法家。中国法系全在他手里承先启后,并且又是媒介东方西方几大法系成为眷属的一个冰人"[④]。也有学者称其为中国"古代律学的集大成者""近代法律体系的奠基人"和"近代法学的开拓者" [⑤]。

第三节　浙学中的廉政思想

顾名思义,"廉政"就是指清廉公正的政治。中国古代廉政思想的基本内容主要有修身治家、勤政爱民、仁政德治、公正廉洁、诚信守法、礼贤纳谏,而这六方面的内容相互交叉、各有侧重,构成了传统廉政思想的主体。

浙江历史上勤政廉政、名垂青史的清官廉吏,主要有唐代的陆贽,北宋的胡则,明代的刘基、于谦、刘宗周,清代的陆陇其;而在廉政理论、廉政制度设计上颇有建树的思想家,则主要有东汉的王充,北宋的林逋,南宋的陈亮、叶适、吕祖谦,明代的王阳明、黄绾,明清之际的张岱、黄宗羲,清代的龚自珍。这些廉政的榜样、廉吏的楷模,多是孔孟儒家学说的信奉者与践行者,秉持"格物、致知、诚意、正心、修身、齐家、治国、平天下"即"内圣外王"模式的心性修养与政治实践,

---

① 沈家本:《寄簃文存》卷六,转引自陈柳裕:《法制冰人:沈家本传》,浙江人民出版社 2006 年版,第 308 页。

② 田莉姝:《论沈家本"会通中外"的法律观》,《贵州大学学报(社会科学版)》1998 年第 3 期。

③ 陈柳裕:《法制冰人:沈家本传》,浙江人民出版社 2006 年版,第 250—258 页。

④ 杨鸿烈:《中国法律发达史》(影印本),上海书店 1990 年版,第 872 页。

⑤ 陈柳裕:《法制冰人:沈家本传》,浙江人民出版社 2006 年版,第 287—311 页。

修身律己、秉公用权、勤勉从政、著书立说，从而创造性地提出并构建了体系完整、内涵丰富、脉络清晰的廉政文化理论。

一、"清白廉洁"的人生观

传统儒家的为官之道，要求做官先做人、做人先修身，既重视"官能"，也重视"官德"。浙江历史上举凡有见地的思想家和有作为的政治家，皆视"清白廉洁""两袖清风"为一种崇高的人生追求。比如"浙学的开山祖"王充，在其不朽名著《论衡》中就有对"清廉"官德的渴慕与向往："案古篡畔之臣，希清白廉洁之人"，"廉则约省无极，贪则奢泰不止"[①]。这里，王充用"清白廉洁"四字，对从政者的官德内涵予以表述。

唐朝宰相陆贽为官清廉，从不接受下属的贿赂，甚至就连唐德宗都看不过去，认为他为官太过清廉，于是就劝他说："卿清慎太过，诸道送馈，一皆拒绝，恐事情不通，如鞭靴之类，受亦无伤。"意思是说你陆贽对别人的馈赠一概拒绝，恐怕于事无益，像马鞭、鞋靴之类的小物件，即使收下也无伤大雅。对此，陆贽义正言辞地拒绝："贿道一开，展转滋甚。鞭靴不已，必及金玉。"[②]陆贽贵为宰相，以他的身份和地位，收受鞭靴根本不值一提，然而他却认为，小礼不禁，大礼必到，收受"鞭靴"如果不加以制止，接踵而来的势必就是收受"车舆""金璧"，从而使自己陷入罪恶泥潭而不能自拔，最终留下无尽的悔恨。

"西湖三杰"岳飞、于谦和张苍水三人都是一代廉吏。宋高宗曾问岳飞："怎么才能社稷安定？"岳飞说："文官不爱钱，武官不惜命。"而明代的于谦作为一代英雄人物，廉洁奉公、忧国忘家，以"廉干"著称，被誉为"有铮铮不夺之节"，以敢于担当的实际行动诠释了何为"两袖清风"。在巡抚晋豫的十八年中，每次进京奏事，从不带任何礼品馈赠朝中权贵，辄空囊示人。有人劝说："您不肯送金银财宝，难道不能带点土特产去吗？"于是，于谦甩了甩自己的两只袖子，说："只有清风。"遂赋《入京诗》以明志："手帕蘑菇及线香，本资民用反为殃。清风两袖朝天去，免得闾阎话短长。" [③] "两袖清风"成语的出处即源于此。

于谦终身不交势利之人，对有"廉节"的同僚则敬佩之极。山西按察使徐永达为官清廉，官舍萧然，于谦知情，即解束带金赙之；翰林侍讲刘球作为一代荩

---

① 王充撰，陈蒲清点校：《论衡》，岳麓书社 2015 年版，第 124 页。

② 司马光编纂，岳青点校：《资治通鉴》，岳麓书社 1990 年版，第 137 页。

③ 于谦著，魏得良点校：《于谦集》，浙江古籍出版社 2013 年版，第 651 页

臣，因上言进谏而得罪了宦官头子王振，逮系诏狱冤死，于谦得知，特作《刘侍讲画像赞》，有“斯人也，正孔孟所谓‘取义成仁者’欤”[①]之赞辞。于谦还曾以《咏石灰》为题赋诗，表达自己的“廉节”志向：“千锤万凿出深山，烈火焚烧若等闲。粉骨碎身浑不怕，要留清白在人间。”[②]他光明磊落的一生，正如诗中所述，名垂千古，受人敬仰，《明史》就称赞他“忠心义烈，与日月争光”[③]。

对于传统士大夫处理政事的准则，儒家推崇处事正直的理念。《贞观政要》云：“理国要道，在于公平正直。”[④]在传统中国，秉公办事是优良的官德，受到传统儒家的肯定和普通大众的称道。林逋《省心录》一文有重视“天下公议”的语录：“天下有公议，私不可夺；以私夺公者，人不服。”王阳明《刘氏三子字说》有言：“政者，正也，未有己不正而能正人者。”[⑤]朱舜水《伯养说》有云：“公则生明，廉则生威。”[⑥]浙学中的这些论述，无疑是对传统治道的经典总结。

此外，“公平正直”也是守住廉洁的一种良好德性。比如，王充 50 岁受聘至河南颍川郡任职，恰逢中原旱灾，遂上奏建言郡守“宜禁奢侈，以备困乏”；然建言不被采用，数谏争不合，遂去职还家，而后闭门潜思编撰《论衡》。[⑦] 刘基“刚毅、慷慨而有大节”“义所不直，无少假借”，其“公平正直”的为官之道，体现在与朱元璋“论相”一事上。朱元璋为巩固新兴的朱明王朝政权，在废除李善长相位后，亟需遴选丞相人选，遂与谋臣刘基商议。朱元璋提出或由杨宪、或由汪广洋、或由胡惟庸出任丞相一职，刘基均予以否定：“（杨）宪有相才，无相器。夫宰相者，持心如水，以义理为权衡而己无与焉者。今（杨）宪则不然。……（汪广洋）褊浅，观其人可知。……（胡惟庸）小犊，将偾辕而破犁矣。”此时，朱元璋曰：“吾之相，无逾于（刘）先生。”刘基当场婉拒：“臣非不自知，但臣疾恶太深，又不耐繁剧，为之且孤大恩。”[⑧]通过这段君臣“论相”的对话，不难发现，在商定丞相人选问题上，刘基秉持了对政事高度负责的态度，为顾全大局而不计个人恩怨，既不规避自己的性格“缺陷”，也敢于直言，直陈诸相位人选的优劣得失。刘基

---

① 于谦著，魏得良点校：《于谦集》，上海古籍出版社 2012 年版，第 636 页

② 于谦著，魏得良点校：《于谦集》，上海古籍出版社 2012 年版，第 651 页。

③ 张廷玉等：《明史》（简体字本），中华书局 2000 年版，第 3030 页。

④ 吴兢编著，王贵标点：《贞观政要》，岳麓书社 2000 年版，第 177 页。

⑤ 王守仁：《王阳明全集（简体字版）》，上海古籍出版社 2012 年版，第 748 页。

⑥ 朱舜水著，朱谦之整理：《朱舜水集》，中华书局 1981 年版，第 451 页。

⑦ 徐斌：《论衡之人：王充传》，浙江人民出版社 2005 年版，第 295 页。

⑧ 裴世俊等选注：《刘基文选》，苏州大学出版社 2001 年版，第 269 页。

“公直”(“抗言直议”)的处事方式,也博得了朱元璋的敬重与信任,“上(朱元璋)亦甚礼公,常称为‘老先生’而不名,又曰‘吾子房也’”[①]。刘基与宋濂等浙东文人因受儒家道统影响,为保持君子人格,庄重自矜,漠视功名利禄,并没有为了博得朱元璋的赏识而阿谀奉承、出卖人格,真正做到了“君子不阿”“君子不党”。《诚意伯次子阁门使刘仲璟〈遇恩录〉》就载有朱元璋称赞刘基“不党”语:“刘伯温他在这里时,满朝都是党,只是他一个不从他。”[②]总之,刘基作为廉吏,恪尽职守,树立了一代诤臣的人格形象。

二、“持家以俭”的生活观

历史上凡有所建树的政治家,皆是“忠孝廉节”的典范。《孝经》云:“君子之事亲孝,故忠可移于君;事兄悌,故顺可移于长;居家理,故治可移于官。是以行成于内,而名立于后世矣。”[③]这也是“求忠臣于孝子之门”的道理所在。王阳明十三岁时,母亲病故,由祖父母代为养育;王阳明恪尽孝道,撰文专论“孝道”:“孝,人之性也。置之而塞乎天地,溥之而横乎四海,施之后世而无朝夕。”[④]对家人养育之恩终身不忘,忠君报国,鞠躬尽瘁,死而后已,厥成有“真三不朽”之誉的一代圣贤。

“勤俭节约”是中华民族世代相传的优良传统与生活美德。而“俭以助廉”“俭以养廉”更是传统儒家士大夫奉行的一条重要官箴。“细族孤门”出身的王充,“性恬淡,不贪富贵”,以“居贫苦而志不倦”[⑤]自勉,贫无供养、专意著述,在困境中完成《养性》《讥俗》《政务》《论衡》诸书的写作。刘基虽被誉为“大明第一谋臣”,其死后的墓地仅为一抔黄土,简朴淡雅,昭示了自己“坦坦荡荡做人,清清白白做官”的一生。因仰慕刘基的道德人格,章太炎被袁世凯软禁时,曾作遗嘱式的《终别》文,表达了自己死后葬于刘基墓侧的愿望:“故诚意伯刘公(基),……中国之元勋也,平生慕之久矣。……人寿几何,墓木将拱,欲速营葬也,与刘公冢墓相连。”[⑥]

于谦在“土木之变”后总督军务,身居显位,依旧自奉俭约,所居仅能避风

① 杨讷:《刘基事迹考述》,北京图书馆出版社 2004 年版,第 205 页。

② 刘基撰,林家骊点校:《刘基集》,浙江古籍出版社 1999 年版,第 668 页。

③ 汪受宽:《孝经译注》,上海古籍出版社 2004 年版,第 68 页。

④ 王守仁:《王阳明全集(简体字版)》,上海古籍出版社 2012 年版,第 844 页。

⑤ 王充撰,陈蒲清点校:《论衡》,岳麓书社 2015 年版,第 356—363 页。

⑥ 转引自怀蘩:《马叙伦·章太炎与章太炎墓》,《档案与史学》1994 年第 1 期。

雨。明景帝特赐第于西华门，于谦固辞，曰："国家多难，臣子何敢自安?"不允，乃取所赐玺书、袍、锭之属，悉加封识，岁时一省视而已，仍居旧宅。因性格耿直，于谦屡遭怨谤，有朝臣弹劾他权势过重、恃权蒙蔽；太监兴安实在看不下去，就为之鸣冤："日夜为国分忧，不要钱，不爱官爵，不问家计，一子一女且不顾。朝廷正要用人，似此等一个来换于某。"[①]众大臣也心知肚明，皆默然无言。当于谦被诬以"意欲"谋逆罪而论斩，家被抄没，毫无余财，仅有书籍；独正室上一锁，启视，乃景帝所赐之玺书，别无他物。其高风亮节，令人敬仰。[②] 清乾隆帝南巡杭州，特凭吊于谦墓、祠，特书"丹心抗节"表彰之。

"克俭于家"也是一代儒臣刘宗周的生活习惯。《刘宗周年谱》中，有不少关于他勤俭持家的逸事。由于家境贫寒，刘宗周六岁时，冬无棉絮，只能借穿舅父的成人棉袄来御寒，穿在身上，犹如农夫的蓑衣，刘宗周不以为然，每岁以之御寒，直到十六岁才舍去。[③] 刘宗周任顺天府尹时，士民呼曰"刘顺天"；辞职离任，行李萧然，就连中官守门者都环顾相叹，曰"真清官也"；赶来为他送行者达千余人，送至十余里，仍不肯离去。还有，在南明弘光朝，刘宗周"在南京(供职)一月，日给不过四分。每日买菜腐一二十文，长安谣曰：'刘豆腐。'出入都门，行李一肩，南京人又谣曰：'刘一担'"[④]。故而后世学人，一说起刘宗周，就会想到"刘一担""刘豆腐"的绰号以及他的清廉与自律。黄宗羲作为刘宗周的门人，也是清贫乐道的典范，其《山居杂咏》诗有云："死犹未肯输心去，贫亦岂能奈我何。"[⑤]由此可见，甘于清贫也是守住廉节、成就事业的必要条件。

此外，良好的家风、家训、家规也有助于"廉、仁、公、勤"官德的培育与养成。例如浦江郑义门的家规祖训《郑氏规范》，使得郑义门廉洁奉公、勤俭持家的优良家风绵延传承九百余年，代代出清官、朝朝皆良民，厥成"江南第一家"。[⑥] 平湖学者陆陇其传承《陆氏家训》，为人光明磊落，做官清正廉明，"洁己爱民，去官日，惟图书数卷及其妻织机一具，民爱之比于父母"[⑦]，在清康熙朝而有"天下第

---

① 钱国莲著：《风孰与高：于谦传》，浙江人民出版社 2006 年版，第 287 页。

② 钱国莲著：《风孰与高：于谦传》，浙江人民出版社 2006 年版，第 288 页。

③ 刘宗周著，吴光主编：《刘宗周全集》第 6 册，浙江古籍出版社 2007 年版，第 492—493 页。

④ 刘宗周著，吴光主编：《刘宗周全集》第 6 册，浙江古籍出版社 2007 年版，第 495 页。

⑤ 黄宗羲：《黄宗羲全集》第十一册，浙江古籍出版社 2005 年增订版，第 234 页。

⑥ 徐友龙：《江南第一家：家族家风文化研究》，《观察与思考》2017 年第 1 期。

⑦ 赵尔巽等撰：《清史稿·陆陇其传》，天津古籍出版社 2012 年版，第 2789 页。

一清廉"之誉。①

三、"为官一任，造福一方"的政绩观

顾名思义，政绩就是从政之绩、施政之绩，指各级行政官员在任期内履行职务所取得的成绩和贡献。而政绩观主要包含两方面的内容："为谁干事、怎么干事"，"追求什么政绩、如何追求政绩"。与上述"明德亲民"的政治观相呼应，浙江历史上的思想家、政治家强调出仕的各级官员要树立为百姓造福的价值取向，切实做到"民之所好好之，民之所恶恶之"。这里，我们要特别介绍一下北宋时期浙江永康籍的一位清官——胡则。

胡则既不是著名的思想家，也不是杰出的政治家，只是一位普通的官吏，一生从政四十年，做过县尉、录事参军、知州、转运使、户部员外郎、礼部郎中、工部侍郎、兵部侍郎等官。尽管官衔不高，胡则总能在自己从事的每一个工作岗位上，兢兢业业地完成本职工作：行仁政，宽刑狱，减赋税，除弊端。据文献记载，北宋明道初年，江淮大旱，饿死者众，胡则上疏恳求免江南各地身丁钱，诏许永免衢、婺两州身丁钱。两州之民"怀其德，户立像祀之。在方岩者，赐额曰'赫灵祠'"。从此，胡公成了浙中乃至浙东地区"有求必应"的活菩萨，即民间传说中的"胡公大帝"。1959年8月，毛泽东主席视察浙江金华时，曾对时任永康的县委书记说："永康有个方岩，方岩有个胡公大帝。胡公大帝不是神，而是人。他姓胡名则，是北宋的一个清官，为人民做了很多好事，人民纪念他，所以香火长盛不衰。我们共产党的干部也应该多做好事，为官一任，造福一方嘛！"②

为官清廉才有可能造福百姓；有造福一方的本领，才能真正造福一方。进而言之，浙江历史上的清官，没有一个是对国家、对事业、对人民不忠诚的。以刘宗周为例，在任都察院左都御史时，其先后提出了一系列惩治腐败、实施廉政的建言。刘宗周认为，都察院的职责，"在于正己以正百僚"；在于澄清吏治，"吏治清则民生安，于以化成天下不难矣"。他曾以"明风纪"为题上书皇帝，提出了"建道揆（明确指导思想）、贞法守（依法断案）、崇国体（立法惩治大臣犯罪）、清伏奸（禁止官吏私自交接近侍）、惩官邪（惩治官员贿赂、跑官买官之罪）、饬吏治（加强监督、整顿吏治）"六大廉政建言。其中在"惩官邪"条目下，其主张以重惩

---

① 刘建明：《七品清官陆陇其》，载平湖市陆稼书研究会编印：《陆稼书研究》，2015年第2辑，第87—89页。

② 转引自陈旭东：《胡则：为官一任，造福一方》，载《人民日报》（海外版）2017年8月29日。

治贪腐:“官之失德,自宠赂始”,“其途必自台省而上权贵人”,“有辇金而入长安(指:京师)者,臣衙门风闻,即单辞檄之,立致三尺”[①]。对刘宗周的反腐倡廉建言,崇祯帝颇为满意,有“卿力行以副朕命”云云。

历史是最好的教科书,浙江历史上杰出政治家的廉政事迹、著名思想家的廉政理论,既是中国古代政治思想的组成部分,也是浙江优秀传统文化的重要组成部分。在秉持浙江精神,推进“清廉浙江建设”的新时代,我们挖掘、梳理、总结历史上浙江籍政治家、思想家的廉政事迹与廉政思想,进行创造性转化与创新性发展,无疑应该学习、继承与弘扬传统“浙学”廉政理论中的清白廉洁、慎独自律、明德亲民、知行合一、坚持正义、廉洁奉公的合理内核与基本精神;“从中获得精神鼓舞,升华思想境界,陶冶道德情操,完善优良品格,培养浩然正气”[②],始终做到“老老实实做人、规规矩矩做事、干干净净用权”,进而为打造并维护“干部清正、政府清廉、政治清明”的良好政治生态而不懈努力。

第四节　浙学中的人才、教育、经济思想

在传统学术中,人才、教育、经济思想属于政治思想的范畴。故而,在探讨“浙学”的政治观时,有必要勾勒一下浙学中“不拘一格降人才”的人才观、“学校所以明教化”的教育理念和“工商皆本”的经济思想。

一、“不拘一格降人才”的人才观

为政之要,首在得人;得人者昌,失人者亡。古今中外,皆是如此。浙江历史上的思想家大都明白“人才”对于成就事业,尤其对于治国理政的重要性。

越王勾践的谋臣计然向越王建言如何“得士心”,其有这样的论述:“夫君人尊其仁义者,治之门也。士民者,君之根也。开门固根,莫如正身。正身之道,谨左右。左右者,君之所以盛衰者也。愿王明选左右,得贤而已。”[③]这是说,大臣和百姓是君主治理天下的根本所在,君主是否得道,国家能否兴旺,关键在于君主能否明选左右,任贤使能。

---

① 刘宗周著,吴光主编:《刘宗周全集》第3册,浙江古籍出版社2007年版,第183—189页。

② 习近平:《廉政镜鉴丛书・序》,浙江人民出版社2005年版,第3页。

③ 赵晔:《吴越春秋》,中华书局2019年版,第223页

王充《论衡》开篇第一句话就是："操行有常贤，仕宦无常遇。贤不贤，才也；遇不遇，时也。"[①]这是说，好的才能与好的时机的统一是优秀人才脱颖而出的途径；而识才之才，即独具慧眼的"伯乐"，乃是发现人才的关键。在王充看来，君主治理天下，必得肱骨大臣以为辅佐，因此如何识才、养才、用才，君王不得不知，而用人所长弃其所短，厥为首要。[②]

陆贽也认为，能否正确地使用人才，是关系国家存亡的大问题。针对唐德宗（昏暴之君）的用人弊病，陆贽在《论朝官阙员及刺史等改转伦序状》中对朝廷用人的"七患"与"三术"进行了认真的分析[③]，以为人才之多寡和统治者的心胸、气度有很大关系："汉高禀大度，故其时多魁杰不羁之才；汉武好英风，故其时富环诡立名之士；汉宣精吏能，故其时萃循良核实之能。"[④]为了能够发现人才、合理地使用人才，提高吏治水平，陆贽在《请许台省长官举荐属吏状》中对"吏治"问题进行了比较全面的论述，提出了"求才贵广，考课贵精"的用人原则。[⑤]所谓"求才贵广"就是要求广泛地选拔人才，使人"各举所知"，不仅宰相可以推选官吏，而且台省长官也可以荐举贤能。所谓"考课贵精"就是"按名责实"，依据一定的标准进行考核，加强吏治的管理，以便高标准地培养官吏。为了使奖惩分明，升降得当，在"考课"的基础上，陆贽还提出了"核才取吏"的三种方法："一曰拔擢以旌其异能，二曰黜罢以纠其失职，三曰序进以谨其守常。"唯有这样，才能使有政治才能的人得到重用，使庸碌无能、尸位素餐的人受到贬斥，从而最终促成吏治清明，并提高官僚机构的工作效率。

刘基在《拟连珠》文中提出了"任人之长，唯才是举"的人才观。在刘基看来，胸怀大抱负、欲有大作为的栋梁之材，必须选择、投奔适合施展自己才华的场所与事业，"志大业者，必择所任；抱大器者，必则所投"。与此同时，使用人才要用人之长、用人之专，"物无全才，适用为可；材无弃用，择可惟长"[⑥]，这就是"物尽其用、人尽其才"的道理之所在。[⑦]

黄宗羲《明夷待访录·取士篇》批判了科举八股取士制度的弊端，认为科举

---

① 王充撰，陈蒲清点校：《论衡》，岳麓书社 2015 年版，第 1 页。
② 陈正雄：《王充学术思想述评》，台北文津出版社 1987 年版，第 204 页。
③ 详见王素：《陆贽评传》，南京大学出版社 2001 年版，第 384—391 页。
④ 陆贽著，刘泽民点校：《陆贽集》，浙江古籍出版社 2013 年版，第 246 页。
⑤ 陆贽著，刘泽民点校：《陆贽集》，浙江古籍出版社 2013 年版，第 181 页。
⑥ 刘基著，林家骊点校：《刘基集》，浙江古籍出版社 1999 年版，第 195 页。
⑦ 张宏敏：《诸子学视域下刘基〈天说〉中的哲学思想》，《管子学刊》2017 年第 4 期。

制度是对人才的约束。纵观历史上的“取士”之法，古代是“宽取严用”，而今(指明代)是“严取宽用”。“宽取严用”，贤能之士才不会被遗漏，任用者也不敢疏忽大意。基于历史的经验教训(类似于永嘉“经制之学”的提法)，黄宗羲提出了八种选拔人才的方法：“有科举，有荐举，有太学，有任子，有郡邑佐，有辟召，有绝学，有上书。”[①]黄宗羲“取士八法”集中反映了人才铨选与培养相结合，重视人才的真才实学并量才授任，强调采用多种途径来选拔人才，对人才等级评定需严加考核等主张，这在中国古代政治思想史上是一个了不起的思想成果，值得我们认真研究。

龚自珍面对清王朝渐趋崩溃、国家内忧外患的残酷现状，在《明良论三》文中，对清政府推行的“论资升迁”“论资排辈”的选官用人制度予以批判，[②]并在《己亥杂诗》中发出了“我劝天公重抖擞，不拘一格降人才”的呐喊，[③]主张建立开放灵活的选人用人机制，让优秀人才脱颖而出、受到重用，言辞之中表达了对国家民族前途的深切忧思和变革社会的强烈愿望。这就不难发现，从王充、陆贽、刘基、黄宗羲再到龚自珍，浙江古代思想家所秉持的选贤任能的人才观，可谓一脉相承，又一以贯之。

二、“学校所以明教化”的教育理念

浙江自古就有耕读传家、重教兴学的优良传统。比如，东汉王充《论衡》提出了“学为世用”的教育观，北宋胡瑗创立“苏湖教法”并为太学所授，南宋吕祖谦开启宋代讲学论辩之风，元明之际刘基倡导“学校所以明教化”的理念，明代王阳明重视人伦之教与童蒙教育，明清之际的黄宗羲提出了“公其非是于学校”的主张。清末民初，浙江涌现了如林启、陈虬、蔡元培、蒋梦麟、杜亚泉、夏丏尊、经亨颐、孙诒让、王国维、章太炎等一大批著名的教育家和思想家。

限于篇幅，我们这里主要选择刘基、王阳明、黄宗羲的教育思想进行论述。

1. 刘基“学校所以明教化”的教育思想

刘基作为一位古典儒家知识分子，颇为心仪“政教并举”的教育理念，并在《杭州富阳县重修文庙学宫记》文中提出并阐释道“夫教，政之本也；知本，斯知

① 黄宗羲：《黄宗羲全集》第一册，浙江古籍出版社 2005 年增订版，第 17—19 页。

② 龚自珍著：《龚自珍全集》，上海人民出版社 1975 年版，第 33—34 页。

③ 龚自珍著：《龚自珍全集》，上海人民出版社 1975 年版，第 521 页。关于这一诗句的解读，读者可以参阅人民日报评论部编著的《习近平用典》，人民日报出版社 2015 年版，第 171—172 页。

政矣。"[①]这里，刘基明确指出，学校教化是社会政事得以进行的前提与依据，"教为政本"的命题由此确立。因为提倡"政教并举"的儒家教育模式，刘基认为兴办学校的目的就在于"化民为善"。

对于学校的教育功能与社会职责，刘基以为就是"教民明人伦"，并且主张学校教育"以先代圣人为师"[②]。在传统儒家看来，"圣人"为"人伦之至"，"莫不以道德被于民物，垂于后世"；顺理成章，刘基尊奉儒家学派创始人孔子为"万世师表""至圣先师"，推崇孔子是中国古代教育的开创者，"孔子……无位于时，而以其淑其弟子，故论学至孔子而始备"。易言之，孔子在"学校教民明人伦"中拥有无可置疑的典范作用："微孔子，师不知所以教，弟子不知所以学，往古之言行无所折衷，而人不知轨范，故至孔子而后大中之论定，亘古今、弥天地不可易也。"[③]也就是说，刘基充分肯定了孔子在中国古代教育史上的地位，所以天下郡县各级"学校"的载体、场所就是"孔子庙""文庙"，而"立官设教以作成贤能"就是"学校""孔庙"的社会职能。"（孔）庙以崇孔子之祠，学以施孔子之教"[④]，"大哉孔子，万世之师。明明学宫，教化所基"[⑤]，这就是说"孔子之道"在后世得以大行的活动场所就是"孔庙（祠）""学宫"。

刘基以为元季社会动荡、"盗贼炽滋"的直接根源就在于学校典教者之失职，"夫民之所以敢犯法者，以其不知人伦也。圣人之教行，则人伦明矣"。如果学校教化人伦的功能得到发挥，那么"为民者莫不知爱其亲而不敢为不义以自暴，为士者莫不知敬其君而不敢自私以偾国事，盗贼何由而生？亦何由而滋蔓哉"[⑥]？"学校所以明教化。教化不明，彝伦攸，而后盗贼生焉。岂无故哉"[⑦]？此外，刘基对学校教化的内容也有交代，"讲经术，论道理，开陈孝悌忠信"等儒家纲常伦理，儒家社会教化功能由此可见一斑。总之，在刘基看来，国家社会"治道之本"就在于"学校以教民明人伦"功能的发挥。

2. 王阳明"古之教者，教以人伦"的蒙学教育理念

明正德十三年（1518）四月，王阳明在平定三浰山贼即南赣汀漳等处匪乱基

① 刘基著，林家骊点校：《刘基集》，浙江古籍出版社1999年版，第130页。
② 刘基著，林家骊点校：《刘基集》，浙江古籍出版社1999年版，第120—121页。
③ 刘基著，林家骊点校：《刘基集》，浙江古籍出版社1999年版，第120—121页。
④ 刘基著，林家骊点校：《刘基集》，浙江古籍出版社1999年版，第174页。
⑤ 刘基著，林家骊点校：《刘基集》，浙江古籍出版社1999年版，第174页。
⑥ 刘基著，林家骊点校：《刘基集》，浙江古籍出版社1999年版，第121—122页。
⑦ 刘基著，林家骊点校：《刘基集》，浙江古籍出版社1999年版，第174页。

本平定后，认为“（南赣）民风不善”的根本原因在于“教化未明”。为了有效地教化民众、移风易俗，必须采取切实可行的策略，为此，王阳明颁《兴举社学牌》[①]，告谕南赣下辖各县，尽快建立“教童蒙始学”的社学；同时，广延师儒以教民间子弟。

为了重振南赣社学，王阳明煞费苦心。在“征三浰”班师回赣，路经龙南县时，其亲自督促指导龙南各乡村恢复社学，还特作《训蒙大意示教读刘伯颂等》（以下简称《训蒙大意》）一文，详细指导社学教师刘伯颂等如何进行儿童启蒙教育，并附有《教约》一则，对授课方法、课程安排等都进行了悉心指导。

在《训蒙大意》中，王阳明总结出童蒙教育应遵循的基本原则：“古之教者，教以人伦。后世记诵辞章之习起，而先王之教亡。今教童子，惟当以孝、弟、忠、信、礼、义、廉、耻为专务。其栽培涵养之方，则宜诱之歌诗以发其志意，导之习礼以肃其威仪，讽之读书以开其知觉。今人往往以歌诗习礼为不切时务，此皆末俗庸鄙之见，乌足以知古人立教之意哉！”[②]在王阳明看来，人伦教育才是童蒙教育的中心所在。所谓“人伦”即“五伦”：“父子有亲，夫妇有别，长幼有序，君臣有义，朋友有信。”而“人伦”教育之根本，即是《论语》《孟子》等儒家经典中一再强调的“孝、弟、忠、信、礼、义、廉、耻”，称“八德”，可以将之称为传统儒家的“核心价值观”。[③] 借此，王阳明提出，童蒙教育的课程包括歌诗、习礼、读书。其中，王阳明极为重视歌诗、习礼在儿童教育中的作用，其甚至认为歌诗、习礼比读书更为重要。

接着，王阳明在《训蒙大意》中提出，教育儿童不宜采取命令式的强制说教，应该尊重并顺从儿童喜爱嬉戏、害怕拘束的自然天性，通过启发与诱导的方式，使他们自然而然地在身心世界中养成“孝、弟、忠、信、礼、义、廉、耻”的基本的道德观。而歌诗、习礼、读书的最终目的，就是要在儿童的身心世界涵养并培育“五伦”“八德”。详而言之，引导儿童背诗、唱歌，不仅能提高他们的语言表达能力，还可以使他们在跳跃、吟唱中排解内心的不快，这无疑有利于儿童的身心健康；引导儿童学习礼仪，不仅能端正他们的仪表，还能提高他们的体质，进而起到舒筋壮骨的功效；引导儿童读书，不仅能帮助他们学习知识，还可以丰富他们

---

① 王守仁：《王阳明全集（简体字版）》，上海古籍出版社 2012 年版，第 551 页。

② 王阳明撰，邓艾民注：《传习录注疏》（简体本），上海古籍出版社 2015 年版，第 174—175 页。

③ 2017 年 2 月，中共中央办公厅、国务院办公厅印发《关于实施中华优秀传统文化传承发展工程的意见》中，明确把“孝悌忠信、礼义廉耻的荣辱观念”作为“中华传统美德”。

的心灵世界，而抑扬顿挫地大声朗读，更能激发儿童的信心与灵感。进而，王阳明指出，读书（儒家经典）不仅仅是为了获取书本知识，更是为了陶冶情操，使儿童逐步确立自己的人生观、价值观，树立起“五伦”“八德”的道德观，并在日常生活中切实地遵循与践行。

为了切实恢复“先王之教”并推行自己的童蒙教育理念，王阳明还特意制定《教约》，介绍了老师（“教读”）和学生（“童蒙”）应遵循的基本守则：“每日清晨，诸生参揖毕，教读以次遍询诸生：‘在家所以爱亲敬长之心，得无懈忽，未能真切否？温凊定省之仪，得无亏缺，未能实践否？往来街衢，步趋礼节，得无放荡，未能谨饰否？一应言行心术，得无欺妄非僻，未能忠信笃敬否？’诸童子务要各以实对，有则改之，无则加勉。教读复随时就事，曲加诲谕开发。然后各退，就席肄业。”[①]简言之，老师在课前必须认真核查学生在日常生活中对各项礼仪的掌握与应用情况，并予以督导实践，是为“考德”。

对于儿童如何朗读诗歌，王阳明指出：“凡歌诗，须要整容定气，清朗其声音，均审其节调。毋躁而急，毋荡而嚣，毋馁而慑，久则精神宣畅，心气和平矣。每学，量童生多寡，分为四班。每日轮一班歌诗，其余皆就席，敛容肃听；每五日，则总四班递歌于本学。每朔望，集各学会歌于书院。”[②]对于如何教授儿童接受礼仪，《教约》有云：“凡习礼，须要澄心肃虑，审其仪节，度其容止。毋忽而惰，毋沮而怍，毋径而野。从容而不失之迂缓，修谨不失之拘局。久则体貌习熟，德性坚定矣。童生班次，皆如歌诗。每间一日，则轮一班习礼，其余皆就席，敛容肃观。习礼之日，免其课仿。每十日则总四班递习于本学。每朔望，则集各学会习于书院。”[③]对于如何授书，王阳明又介绍：“凡授书，不在徒多，但贵精熟。量其资禀，能二百字者止可授以一百字。常使精神力量有余，则无厌苦之患，而有自得之美。讽诵之际，务令专心一志，口诵心惟，字字句句，䌷绎反覆，抑扬其音节，宽虚其心意。久则义礼浃洽，聪明日开矣。”[④]总之，在王阳明看来，应根据儿童的资质、天赋来安排每日的学习量，宁可少些，也不要过多。最后，《教约》尾文对“考德”“歌诗”“习礼”“授书”的次第进行总结：“每日工夫，先考德，次背书诵书，次习礼或作课仿，次复诵书、讲书，次歌诗。凡习礼、歌诗之

① 王阳明撰，邓艾民注：《传习录注疏》（简体本），上海古籍出版社2015年版，第176—177页。
② 王阳明撰，邓艾民注：《传习录注疏》（简体本），上海古籍出版社2015年版，第177页。
③ 王阳明撰，邓艾民注：《传习录注疏》（简体本），上海古籍出版社2015年版，第177页。
④ 王阳明撰，邓艾民注：《传习录注疏》（简体本），上海古籍出版社2015年版，第177页。

类，皆所以常存童子之心，使其乐习不倦，而无暇及于邪僻。教者知此，则知所施矣。虽然，此其大略也。神而明之，则存乎其人。”王阳明还指出，要提高童蒙教育的水平，一方面要充分发挥教师（“教读”）的主观能动性，另一方面要遵循儿童年龄特点和身心发展规律；而儿童教育的主要着眼点就是帮助儿童树立道德观念，“蒙以养正”“立德树人”或“学以成人”。

3. 黄宗羲“公其非是于学校”的教育主张

学校是黄宗羲教育理念的实践载体。对于“学校养士”的教化、政治功能，《明夷待访录·学校篇》指出学校之盛衰实关系天下之盛衰：“三代以下，天下之是非，一出于朝廷。天子荣之，则群趋以为是；天子辱之，则群擿以为非。”[①]在王权至上的时代，“所谓学校者，科举嚣争，富贵熏心”，竟连养士育才的基本功能也丧失了。

为了克服学校教育的功利性，黄宗羲主张恢复“学校清议”的学风。春秋时期“子产不毁乡校”，战国稷下学派的“不治而议论”，到明代东林书院的“裁量人物，訾议国政”，还有吕坤的“公论出于学校”，皆是“学校清议”的样本。借此，黄宗羲对学校功能重新定位：“学校，所以养士也。然古之圣王，其意不仅此也，必使治天下之具皆出于学校，而后设学校之意始备。”这是说，学校不仅是“养士”之所，还是议政或立法的机关：“天子之所是未必是，天子之所非未必非，天子亦遂不敢自为非是，而公其非是于学校。”[②]这样，学校在行政检察和舆论监督领域就对君主专制政体起到了制衡作用。

为了使学校养士、清议的理想得以实现，黄宗羲主张在民间遍设学校，上至官宦子弟，下至黎民子女，都应接受“绝学”“经史”与“清议”教育，“朝廷之上，闾阎之细，渐摩濡染”，以期养成“诗书宽大之气”。为实施全民教育，要求城市乡野的佛寺、道观改为书院、小学，“二氏之徒，分别其有学行者，归之学宫，其余则各还其业”[③]。凡郡邑书籍，每种钞印三册，一册上秘府，一册送太学，一册存郡邑学校，使学校成为名副其实的学术机构。为防止学政干涉学校教育，黄宗羲主张“择名儒以提督学政，然学官不隶属于提学”[④]；为发挥学校为国家输送人才的功能，“学官送其俊秀于提学而考之，补博士弟子；送博士弟子于提学而考

① 黄宗羲：《黄宗羲全集》第一册，浙江古籍出版社2005年增订版，第10页。
② 黄宗羲：《黄宗羲全集》第一册，浙江古籍出版社2005年增订版，第10页。
③ 黄宗羲：《黄宗羲全集》第一册，浙江古籍出版社2005年增订版，第12页。
④ 黄宗羲：《黄宗羲全集》第一册，浙江古籍出版社2005年增订版，第12页。

之，以解礼部……发榜所遗之士，有平日优于学行者，学官咨于提学补入之”[①]。

此外，黄宗羲在《明夷待访录·取士篇》中还主张复兴切于民生日用的“绝学”：“绝学者，如历算、乐律、测望、占候、火器、水利之类是也。”[②]为提倡“质测之学”，发展科技事业，黄宗羲要求在各类学校教学体系中，除开设经史之学，还要开设兵法、历算、医学、测量、火器、乐律、气象、水利之类的自然科学课程。

在复兴“绝学”的同时，黄宗羲在士人教学中则倡言“经史并重”，以成“开物成务”之学。作为一代教育活动家，从康熙二年(1663)到康熙十八年(1679)间，黄宗羲主要在浙江语溪(桐乡)、越中(绍兴)、海昌(海宁)、甬上(宁波)等地从事讲学活动。据全祖望《二老阁藏书记》文载：“(黄宗羲)讲学遍于大江南北，而瓣香所注，莫如吾乡。尝历数高弟，以为陈夔献、万充宗、陈同亮之经术，王文三、万公择之名理，张旦复、董吴仲之躬行，万季野之史学，与高州之文章，惓惓不置。”[③]在传道授业之时，黄氏本人以明经通史、经史并重为教育理念，培养了一批优秀的古文与经史学家，从而开创了一个“上宗王(阳明)、刘(宗周)，下开二万(斯大、斯同)”的浙东经史学派。[④]

总之，黄宗羲的教育思想突破了传统科举教育的束缚，和他提倡的民主启蒙的政治哲学思想脉络相贯，体现了经世致用、经史并重、学校养士的教学、教育理念，也就具有了批判性、实践性、政治性、启蒙性的时代特征。

三、“工商皆本”的经济思想

如上文所述，浙江自上古时期就有着十分丰富的治国理论，其中不乏闪烁着经济理论的光辉。“农本商末”是中国传统经济思想的主调，而“重农抑商”的经济政策则是传统中国的治国之策。浙江历史上的思想家则反其道而行之，肯定商品交换与商业活动在社会财富积累中的重要性与正当性。

1. 越国谋臣“农末俱利”“农末兼营”的经济思想

浙江历史上较系统的经济思想可追溯至春秋时期越国谋臣文种、计然、范蠡提出的“伐吴兴越”的治国之策。

---

① 黄宗羲：《黄宗羲全集》第一册，浙江古籍出版社2005年增订版，第13页。

② 黄宗羲：《黄宗羲全集》第一册，浙江古籍出版社2005年增订版，第19页。

③ 全祖望撰，朱铸禹汇校集注：《全祖望集汇校集注》，上海古籍出版社2018年版，第1066页。

④ 关于“清代浙东经史学派”的论述，可以参阅吴光《为清代浙东经史学派正名》，《光明日报》2008年11月1日。

文种向越王进言的“伐吴九术”，其中有“重财帛”“贵籴粟稾”“邦家富而备器”，[①]这就涉及经济思想中的财富观、货物流通理论等。此外，《国语·越语》中也有文种向越王勾践的进言：“臣闻之贾人，夏则资皮，冬则资絺，旱则资舟，水则资车，以待乏也。”[②]这是说，商贾之人以渔利为根本，善于囤积居奇，方可伺机获利。

《史记·货殖列传》谓“计然之策七，越用其五而得意”。计然七策的内容为“知斗则修备，时用则知物，二者形则万货之情可得而观已。故岁在金，穰；水，毁；木，饥；火，旱。旱则资舟，水则资车，物之理也。六岁穰，六岁旱，十二岁一大饥。夫粜，二十病农，九十病末。末病则财不出，农病则草不辟矣。上不过八十，下不减三十，则农末俱利，平粜齐物，关市不乏，治国之道也。积著之理，务完物，无息币。以物相贸易，腐败而食之货勿留，无敢居贵。论其有余不足，则知贵贱。贵上极则反贱，贱下极则反贵。贵出如粪土，贱取如珠玉。财币欲其行如流水”[③]。用现代经济术语表述，这七策涉及需求决定与经济周期论、价格调控论、实物价值论、贸易时机论、价值判断论、物极必反论、资金周转论，时至今日仍有一定的现实指导意义。

范蠡在辅佐越王勾践伐吴兴越的过程中，听计然之策，主张“农末俱利”“农末兼营”的双赢理念，“十年生聚，十年教训”，一举伐吴霸越；功成身退后，“浮海入齐”，其根据时节、气候、民情、风俗采取人弃我取、人取我予，顺其自然、待机而动的经商理念，“十九年之中三致千金”[④]，又“三散千金”，并被后人誉为“商圣”。

2、陆贽“均节赋税”的赋税改革思想

秦代之后浙江的一些著名思想家、政治家甚至文学家如王充、陆贽、沈括、周行己、叶适、吕祖谦、刘基、黄宗羲、龚自珍等，均在赋税、货币、价格和经济管理等领域提出过重要主张和政策。比如，陆贽上疏提出了“均节赋税”的改良思想和“养人资国”的经济政策，对恢复和发展唐代中后期的经济具有积极意义。

在《均节赋税恤百姓事六条》中，陆贽描述了唐代中后期关于贫富差距与土地税收之间的矛盾：富人通过兼并拥有数万亩土地，穷人则无立足之地，只好依

---

① 李步嘉校释：《越绝书校释》，中华书局 2013 年版，第 321 页

② 《国语·战国策》，岳麓书社 1988 年版，第 181 页。

③ 司马迁著：《史记》，岳麓书社 2016 年版，第 883 页。

④ 司马迁著：《史记》，岳麓书社 2016 年版，第 883 页。

托豪强成为佃户;作为佃户的穷人向富人借贷土地、种子,终年劳动,不得休息,一年下来的收获之物多用于缴纳租税。有土地的富人,坐收租税,这就使贫富差距越来越大。更为可恶的是,富人的租额之高、催促之急,比政府税赋还厉害,进而造成了农民不能足食,公仓储备不足,社会风俗败坏等后果。针对土地兼并和农民租税负担沉重的情况,陆贽提出了限制兼并和"均节赋税"的理论,并提出一个"微损有余,稍优不足,损不失富,优可赈穷"的"安富恤贫"的办法[①],即一方面限制占田数,另一方面则"裁减租价"。由"均节赋税恤百姓"的字眼,我们可以看出,"均"与"节"都是针对赋税,"恤"则专对百姓;"均节"是征税原则,"恤百姓"才是目的。故而有论者以为,陆贽是中国历史上第一个提出减租的人,这说明他不仅注意到表现在赋税上的统治者和劳动人民之间的矛盾,而且也注意到表现在地租上的地主和农民之间的矛盾。[②]

此外,在《均节赋税恤百姓事六条》中,陆贽还比较重视货币流通的作用:"物贱由乎钱少,少则重,重则加铸而散之使轻;物贵由乎钱多,多则轻,轻则作法而敛之使重。"[③]这是说,物品价格便宜在于钱少,钱少则分量重,要通过重铸而使之变轻;物品价格昂贵在于钱多,钱多则分量轻,要通过重铸使之变重。所以说,物品的贵贱取决于钱的多少,钱的多少取决于政府的调节。陆贽的这番议论,尽管是对《管子·轻重篇》中"货币调控"理论的重复,但陆贽将货币价值的大小与货币数量的多寡直接联系起来,则是中国封建社会中最典型的"货币数量论"。

3. 浙东学派学者"扶持商贾,流通货币"的思想

叶适作为南宋事功学派的代表,反对"重本抑末"的传统经济观,通过追溯周代及春秋史,其指出"周讥而不征,春秋通商惠工,皆以国家之力扶持商贾,流通货币",而到汉高祖、汉武帝时期,始行抑商政策,则"(士农工商)四民交致其用而后治化兴,抑末厚本,非正论也"[④]。叶适倡导经商致富,主张"商贾往来,道路无禁"[⑤],并要求南宋朝廷适度改变经济政策,这无疑是对传统经济政策的颠覆与革新。

---

① 陆贽著,刘泽民点校:《陆贽集》,浙江古籍出版社2003年版,第272页。

② 田家官:《陆贽:能节则虽虚必盈》,文载其"新浪博客"blog.sina.com.cn/s/blog_3e88279e0102。

③ 陆贽著,刘泽民点校:《陆贽集》,浙江古籍出版社2003年版,第262页。

④ 叶适:《习学记言序目》,中华书局1977年版,第273页。

⑤ 叶适著,刘公纯等点校:《叶适集》,中华书局1962年版,第642页。

金华学派主要代表吕祖谦著有《历代制度详说》。四库全书总目提要有评："此书乃十三门，一曰科目，二曰学校、第三门原本阙页，佚其校题，所言乃考课之事，四曰赋役，五曰漕运，六曰盐法，七曰酒禁，八曰钱币，九曰荒政，十曰田制，十一曰屯田，十二曰兵制，十三曰马政。皆前列制度，叙述简赅；后为详说，议论明切。"①《历代制度详说》一书"十三门"，涉经济类占有八门，如赋役、漕运、盐法、酒禁、钱币、荒政、田制、屯田，此八门属于经济制度史范畴。其中提出之"取民有制"的赋税论及荒政、货币、盐法等方面的经济思想，对宋前代的经济制度作了"详说"。

元代学者彭飞为《历代制度详说》作"序"，有"紫阳夫子'浙学功利'之论，其意盖有所指，永嘉诸君子未免致疵议焉。东莱先生以中原文献之旧，岿然为渡江后大宗。紫阳倡道东南，（东莱）先生实羽翼之，故凡性命道德之原，讲之已洽。而（东莱）先生尤潜心于史学，似欲合永嘉、紫阳而一之也"②云云。通过这段"序"文，我们可以得知，以道德主义者自居的朱熹对陈亮、陈傅良、叶适等永康、永嘉学派学人倡言"功利"的做法不满，有"浙学却专是功利"之讥讽；尽管与朱熹系"同道"，但是在治学上，吕祖谦也能吸取永康、永嘉"经制事功之学"的长处，从文献、史学来总结历史上有关经济的制度之学，以助力事功之学的开展。从某种意义上说，吕祖谦是支持南宋浙学家"扶持商贾，流通货币"的经济政策的。

4. 王阳明的"四民异业而同道"论

传统社会有"士（学者）、农、工、商"的四民制度，这一排序也隐含着社会地位之高低，可见工商从业者的社会地位较为卑微。

王阳明则提出了"四民异业而同道"的理论，以为士、农、工、商四种从业者并无高低贵贱之分，"士以修治，农以具养，工以利器，商以通货，各就其资之所近、力之所及者而业焉"，"其归要在于有益于生人之道，则一而已"③，并有"虽终日做买卖，不害其为圣为贤"④的说法，此说堪称"新四民论"。

王阳明高弟王龙溪曾经发挥乃师"四民异业而同道"的观点，其认为："士以诵书博习，农以力穑务本，工以利益器用，商以贸迁油污，人人各安其分，即业以

① 四库全书研究所整理：《钦定四库全书总目》，中华书局 1997 年版，第 1780 页。
② 吕祖谦撰，黄灵庚、吴战垒主编：《吕祖谦全集》第 9 册，浙江古籍出版社 2008 年版，第 169 页。
③ 王守仁：《王阳明全集（简体字版）》，上海古籍出版社 2012 年版，第 776 页。
④ 陈荣捷：《王阳明传习录详注集评》，华东师范大学出版社 2009 年版，第 237 页。

成学，不迁业以废学，而道在其中。”[①]士农工商只是职业区分而已，没有高低贵贱之分，尤其基于“圣人之学”的共同目标，也更没有什么地位的高低了。

5. 黄宗羲的“工商皆本”论

黄宗羲《明夷待访录》中的“田制”“财计”篇，是讨论经济政策的经典篇章。“财计”篇包括工商皆本和货币改革两个问题，“田制”包括土地制度和赋税改革两个问题。这里，我们着重关注“财计”篇中“工商皆本”的说法。

针对“通都”（城市）的工商业从业者，黄宗羲要求统治者重视工商业的发展：“今夫通都之市肆，十室而九，有为佛而货者，有为巫而货者，有为倡优而货者，有为奇技淫巧而货者，皆不切于民用，一概痛绝之，亦庶乎救弊之一端也。此古圣王崇本抑末之道。世儒不察，以工商为末，妄议抑之。夫工固圣王之所欲来，商又使其愿出于途者，盖皆本也。”[②]这里，黄宗羲肯定了工商业在社会财富增值过程中的重要作用，要封域之内“常有千万财用，流转无穷”[③]。有论者以为，黄宗羲“工商皆本”的“皆”字用得很得体，这就指出了农、工、商都关系到“民生”问题，不得小视，所以说“工商皆本”实际上是一种以“民生为本”的精神。[④]简言之，“浙学”中的经济学就是一种“民本—民生经济学”。

梳理浙江历史上思想家的商业伦理、经济哲学，就会发现，改革开放40多年来浙江民营经济之所以发展迅猛，“浙江模式”成为一种新兴的中国特色社会主义市场经济模式，无疑得益于“浙学”中一贯坚持的“农末兼营”“农末俱利”“工商皆本”“食货并重”的经商哲学。

（本章由张宏敏执笔）

---

① 王畿撰，吴震编校：《王畿集》，凤凰出版社2007年版，第172页。

② 黄宗羲：《黄宗羲全集》第一册，浙江古籍出版社2005年增订版，第41页。

③ 黄宗羲：《黄宗羲全集》第一册，浙江古籍出版社2005年增订版，第38页。

④ 王凤贤：《试论浙东学术与浙江精神》，载浙江省社会科学界联合会编：《浙东学派与浙江精神》，浙江古籍出版社2006年版，第310—311页。

第七章　浙学的文化观：一个比较的视角

地域文化是中华传统文化的重要组成部分。悠久灿烂的中华文化呈现出“多元一体、和而不同、会通古今、兼容中西”的学术格局，不断衍生出独特多元的地域学术形态，如浙学、徽学、蜀学、湘学、洛学、关学、闽学、北学、齐鲁学、楚学、滇学、赣学、琼学、桂学、黔学、藏学等，可谓百花齐放。新世纪以来，伴随着以儒学、国学为主体的中华传统文化的复兴，以及“文化自信”理念的提倡，富有地域历史人文特色的地域文化研究蓬勃展开，地域学术、思想作为一种“地方性知识”的研究逐渐成了一门“显学”。①

第一节　地域文化研究成为一门“显学”

在我们看来，地域文化研究成为一门“显学”的标志性事件主要体现在以下六个方面：

一，由国务院参事室、中央文史研究馆组织全国各地近千位专家学者历时八年（2008 年至 2015 年），通力合作完成的《中国地域文化通览》，署名陈进玉、袁行霈主编，由中华书局出版。《中国地域文化通览》在时间上上溯各地域文化之源，下迄辛亥革命；在编撰体例上，按我国的行政区划各省、直辖市、自治区各为一卷，连同港、澳、台地区共 34 卷，每卷分上编、下编，上编纵论历史，叙述各地域文化发展历程，下编横分门类，介绍各地域文化的亮点、特色。《中国地域

① 吴光：《地域文化研究已成为显学，但有待深化》，凤凰网，2019 年 7 月 17 日。

文化通览》的编撰,被认为是“填补了我国全方位、多视角研究地域文化的空白,为中国绘制了首部大型的分省文化地图,也是一部肩负弘扬中华优秀传统文化使命的大型学术著作,体现了学术性、现实性和可读性的有机统一”[①]。

二,各省、直辖市、自治区的高校社科机构以传承发展地域学术为初心,纷纷筹建以浙学、徽学、蜀学、湘学、关学、闽学、北学、赣学、桂学、琼学、藏学等各地域特色文化命名研究机构,为各地开展富有地域特色的学术研究搭建平台。比如在浙江省,浙江省社会科学院创设浙学研究中心,并在2018年成为浙江省新一轮哲学社会科学重点研究基地;浙江师范大学成立了浙学传承与地方治理现代化协同创新中心,系浙江省“2011协同创新中心”;宁波大学也有浙东文化研究院。在江西省,南昌大学于2002年创办江右文化研究中心;近年来,南昌大学以江西丰富的历史文化资源为基础,整合文、史、哲三大基础学科,成立赣学研究院,对赣学进行研究,并入选首批江西省哲学社会科学重点研究基地。在安徽省,1999年重组成立的安徽大学徽学研究中心,是教育部批准的首批十五个普通高等学校人文社会科学重点研究基地之一;此外,早在1995年中国社会科学院也成立了徽学研究中心,据悉,2020年中国社会科学院中国历史研究院支持在黄山市设立国家徽学研究院。[②] 在四川省,西华大学与四川省文史研究馆于2003年共同建立了蜀学研究中心,意在继承前辈蜀人“绍先哲、起蜀学”的宏愿,研究蜀学,弘扬蜀学,为四川文化建设作贡献;四川师范大学成立有巴蜀文化研究中心,四川省社会科学院设立有四川省巴蜀文化研究中心。在湖南省,2012年6月,湖南省社会科学院成立了湖南省湘学研究院。在陕西省,2018年西北大学设立国内首家实体性关学研究专门机构——西北大学关学研究院,2019年12月,陕西师范大学在“关学研究室”“关学研究中心”的基础上升格成立陕西师范大学关学研究院[③]。在贵州省,2014年7月,贵州省黔学研究院成立;2016年5月,贵阳学院也组建成立了阳明学与黔学研究院。在河北省,2020年6月,河北省社会科学院北学研究院成立。在海南省,三亚学院成立琼学研究中心;2019年1月,海南省琼学研究会成立,这在当代琼学研究史上也是值得关注的学术事件。

---

① 《〈中国地域文化通览〉:传承和弘扬中国地域文化》,《光明日报》2015年9月14日,第11版。

② 《中国社科院:支持在黄山市设立国家徽学研究院》,安徽网,2020年8月30日。

③ 《陕西师范大学关学研究院揭牌仪式暨“关学思想的当代价值”高端学术论坛举办》,中国社会科学网,2019年12月8日。

三，上述各高校社科机构成立的各地域文化研究机构单独或联合国内其他地域文化研究机构，定期、轮流召开以浙学、蜀学、湘学、关学、徽学、琼学等为主题的地域学术文化研讨会。兹择要列举，2016 年 11 月，吉林省社会科学院牵头召集了全国性的“第一届地域文化学术研讨会”，来自东北三省的 20 余家科研机构和高校的 80 余名学者就考古与历史文化、地域与民族文化等相关话题展开深入探讨；[①]2017 年 12 月，又召开了“第二届地域文化学术研讨会”。关于浙学研究，自 2018 年始，浙江省社会科学界联合会与浙江省内高校、科研院所、相关浙学研究基地合作共同打造“浙学论坛”这一高端学术品牌，旨在汇聚海内外学者，共同探讨和推进浙学和中华优秀学术文化的传承和发展；比如，“浙学论坛 2020”的主题是“浙学及其周边：区域学术与共同价值”，论坛通过浙学人物研究、浙学文献研究、浙学内涵辨析、浙学发展脉络梳理、浙学的周边演绎等多重视角，展示浙学的自身价值与区域学术的共同价值；[②]此外，在 2014 年 6 月、2015 年 12 月、2016 年 10 月，浙江省儒学学会、浙江省文史研究馆与贵州省文史研究馆等单位合作，主要以阳明学为焦点，连续举办了三届“浙黔文化合作论坛”[③]。关于徽学研究，2019 年 6 月，为提升徽学、徽文化影响力，由安徽省委宣传部、光明日报社指导，安徽大学主办的“首届徽学学术大会”召开；2019 年 7 月，由安徽大学、四川大学、湖南大学三所高校共同打造的高端学术品牌——“2019 年徽学·蜀学·湘学高层论坛”在安徽大学举办；[④]2020 年 11 月，由安徽省社会主义学院主办的第三届徽文化论坛暨“安徽地域文化的当代价值与传承”学术研讨会召开。关于蜀学研究，四川大学古籍整理研究所与湖南大学岳麓书院合作策划召开“巴蜀文化与湖湘文化高端论坛”；比如，2015 年 10 月，“《巴蜀全书》阶段性研究成果研讨暨第四届巴蜀文化与湖湘文化高端论坛”在四川大学召开；2017 年 4 月，由中华孔子学会、湖南大学、四川大学、《巴蜀全书》编纂组主办的“蜀学·湘学与儒学”学术研讨会在成都举行，会议期间举行了

---

① 《第一届地域文化学术研讨会在吉林社科院召开》，中国社会科学网，2016 年 11 月 28 日。

② 张宏敏：《浙学及其周边演绎：区域学术与共同价值：“浙学论坛 2020”综述》，《中国社会科学报》2020 年 9 月 7 日。

③ 贵州省文史研究馆、黔浙文化合作论坛阳明学研究中心编：《心学思想世界的新展开：“黔浙文化合作论坛”阳明学研究论文集》，贵州人民出版社 2018 年版。

④ 《“2019 年徽学·蜀学·湘学高层论坛”在合肥举行》，中国社会科学网，2019 年 7 月 18 日。

“中华孔子学会·蜀学研究会”的成立揭牌仪式;[①]2021 年 4 月,由四川大学中华文化研究院、岷江书院联合主办的“第一届中华蜀学高峰论坛”在岷江书院举行。关于北学,2019 年 8 月,“河北省社会科学院‘北学’学术研讨会”在北京召开;[②]2020 年 9 月,由河北省社会科学院北学研究院与雄安新区宣传中心联合主办的“北学·容城三贤学术研讨会”在雄安容城召开。关于关学,2018 年 7 月,“西北大学关学研究院揭牌仪式暨新时代关学的传承与创新学术研讨会”在西北大学召开;2019 年 12 月,陕西师范大学关学研究院揭牌仪式暨“关学思想的当代价值”高端学术论坛在陕西师范大学举办;2020 年 12 月,“关学与中国哲学研究”学术研讨会在宝鸡文理学院召开。关于琼学,自 2018 年起,海南省社会科学界联合会、海南省社会科学院主动邀请福建省社会科学院、河北省社会科学院、浙江省社会科学院以“源远流长”为主题,连续策划召开“琼闽文化对话会”“琼冀文化对话会”[③]“琼浙文化对话会”[④]。

四,“睹乔木而思故家,考文献而爱旧邦”,基于传承弘扬地域文化之需,许多省份都投入大量人力、物力、财力来编校、整理、出版大规模、基础性、集成性的地域文献丛书。比如,关于浙学文献的整理,2010 年,浙江古籍出版社在二十世纪八九十年代组织学者编校整理出版《两浙作家文丛》的基础上,推出了浙江有史以来规模最大的地方文献整理出版项目——《浙江文丛》,意在系统收录 1911 年以前浙籍先贤的著作以及研究浙江、与浙江有关的经典文献著作;2017 年 3 月,浙江出版联合集团、浙江古籍出版社联合举办“《浙江文丛》编辑出版研讨会”,同时又启动了《浙江文丛》二期工程的编辑出版工作,预计再用 5 年时间(2017 年—2022 年),出版图书 300 册,并逐步完成浙江经典文献资源数据库的建设。[⑤] 与此同时,浙江大学出版社也编辑出版有《浙江文献集成》,国家图书馆出版社出版的《浙学未刊稿丛编》围绕浙学专题文献,主要收录浙江籍人士著

---

① 《“‘蜀学·湘学与儒学’学术研讨会”在成都举行,中华孔子学会·蜀学研究会在蓉揭牌成立》,中国社会科学网,2017 年 4 月 28 日。

② 《河北省社会科学院“北学”学术研讨会在北京召开》,中国社会科学网,2019 年 9 月 2 日;

③ 海南省社会科学界联合会、海南省社会科学院编:《源远流长:琼冀文化对话》,海南出版社 2020 年版,第 358—359 页。

④ 《海南浙江专家学者从文化等方面进行探讨,多角度追溯琼浙文化历史渊源》,南海网,2020 年 12 月 2 日。

⑤ 李月红、肖淙文:《浙江历代文献经典 500 册〈浙江文丛〉集体亮相》,浙江新闻客户端,2017 年 3 月 11 日。

作，以及外省人士有关浙学的撰述，陆续刊行，是浙学资源建设和浙江古籍保护的重大项目。2019 年 5 月，由浙江省社会科学界联合会主办的“《浙学未刊稿丛编》（第一辑）发布暨座谈会”在浙江图书馆召开；[①]2020 年 10 月，由浙江省社会科学界联合会主办的“浙江文化研究工程新成果发布暨出版座谈会”在北京召开，《浙学未刊稿丛编（第二辑）》发布。[②] 关于巴蜀文献整理，从 2010 年起，在四川省委宣传部的支持下，四川大学古籍整理研究所启动编纂的《巴蜀全书》，是收录和整理巴蜀历史文献的大型类书，计划用 10 年时间，对巴蜀文献进行全面调查收集和系统整理，特别是对先秦迄于晚清民初历代巴蜀学人撰著或其他作者撰著、反映巴蜀历史文化的重要典籍，进行精心整理研究，予以重新出版；整个工程将对历史上巴蜀文献的存佚状况进行调查研究，并对 2000 余种巴蜀文献编制联合目录，建立内容齐全的巴蜀文献目录信息库。[③] 关于湖湘学文献，2006 年至 2017 年，湖南省委、省政府启动了《湖湘文库》大型丛书（702 册）的编纂出版工作，以“整理、传承、研究、创新”为基本方针，分甲、乙两篇，甲编为湖湘文献，系前人著述，主要为湘籍人士著作和湖南地区的出土文献，同时酌收历代寓湘人物在湘作品，以及晚清至民国时期的部分报刊；乙编为湖湘研究，系今人撰编，包括研究、介绍湖湘人物、历史、风物的学术著作和资料汇编等。[④] 关于齐鲁学文献，2006 年，《山东文献集成》作为山东省政府特批重大文化工程正式启动编纂，作为一部专门收录山东先贤著作的大型丛书，共四辑 200 册，影印山东先贤遗著 1375 种；2011 年 10 月，“庆贺《山东文献集成》竣工学术研讨会”在山东大学召开。[⑤] 关于关学文献，陕西省文史研究馆和西北大学联合出版《关学文库》40 种 47 册，2015 年 10 月由西北大学出版社出版发行。关于黔学文献，2016 年 3 月，“《贵州文库》编辑出版委员会第一次会议”在贵阳召开，正式启动贵州省重大出版工程《贵州文库》的编辑出版工作；2017 年 12 月，“《贵州文库》首批图书首发仪式”在贵阳举行，首批 10 种 53 册图书的出版发行，填补了贵州文化发展史上古籍文献经典集成出版的空白。[⑥] 此外，广东的《岭南文库》、安徽

---

① 《〈浙学未刊稿丛编〉（第一辑）发布座谈会召开》，浙江社科网，2019 年 5 月 8 日。

② 《展示浙江文化独特魅力的“重要窗口”：浙江文化研究工程新成果发布暨出版座谈会综述》，《中国社会科学报》2020 年 12 月 2 日。

③ 《〈巴蜀全书〉出版已达 3000 余万字》，《华西都市报》2015 年 10 月 18 日。

④ 《〈湖湘文库〉历时 11 年全面完成》，红网，2017 年 10 月 14 日。

⑤ 《全国最大地方文献丛书〈山东文献集成〉编撰完成》，《山东大学报》2011 年 10 月 11 日。

⑥ 《贵州省重大出版工程〈贵州文库〉首批图书正式出版发行》，多彩贵州网，2017 年 12 月 27 日。

的《安徽古籍丛书》、湖北的《荆楚全书》、云南的《云南丛书》《续云南丛书》、江苏的《江苏文库》、海南的《海南先贤诗文丛刊》皆是对地域历史文化典籍的系统整理。

五,以地域文化、地域思想学术命名的学术辑刊乃至学术期刊纷纷创办。2017年1月,由吉林省社会科学院主办的《地域文化研究》正式创刊,该刊以全面繁荣中国各地域的特色文化为己任,努力构建中国地域文化研究的学术平台,设计了“地域文化理论”“地域文化分类研究”“地域文化专题研究”“地域文化前沿问题”四大板块,从而为中国各地域的特色文化研究提供了一个学术成果发布平台。关于浙学研究,浙江省社会科学院哲学研究所主编有《浙学研究集萃》论文集,浙江省社会科学院浙学研究中心创办《浙学研究综合报告》《浙学研究年度报告》;此外,浙江省社会科学界联合会主办的《浙江社会科学》自2014年起,特辟“浙学研究”专栏,还汇辑浙学研究优秀论文出版了《浙学研究论集》;浙江师范大学江南文化研究中心创办《浙学》辑刊,旨在为浙学历史渊源、发展脉络、独特创造、价值特色的发掘和探讨提供学术交流的平台。关于湘学研究,湖南省社会科学院湘学研究院创办学术性集刊《湘学研究》,由中国社会科学出版社出版,每年出版两辑,以刊布体现当代湘学研究的最高水准成果;同时发布《湘学年鉴》《湘学研究报告》,旨在为学界提供比较详细的湘学研究成果及相关资讯等。关于蜀学研究,2006年,西华大学、四川省人民政府文史研究馆蜀学研究中心创办了《蜀学》(半年刊);2020年,中华孔子学会蜀学研究会、四川省中国哲学史研究会创办《蜀学研究》,意在汇集蜀学研究的最新成果,主要包括蜀学、蜀中论学、蜀门治学三个方面的研究内容。关于赣学研究,南昌大学赣学研究院自2006年起创办并连续出版《赣学》辑刊。关于徽学研究,创办于2000年的《徽学》,是由教育部人文社会科学重点研究基地安徽大学徽学研究中心主办的综合性学术集刊,作为海内外最早专门刊发徽学研究成果的连续性出版物,主要刊发海内外徽学领域最新研究成果。关于藏学研究,四川大学中国藏学研究所于2005年创刊主办了《藏学学刊》。关于北学研究,河北省社会科学院北学研究中心创办的《北学研究》集刊,2021年起由中国社会科学出版社陆续出版。近年来,为助推地域文化研究,《中国社会科学报》独家策划推出了多期“地域学术文化系列”,比如在2016年,就推出了“蜀学”“桂学”“徽学”的独家报道,以便读者走进各地域瑰丽多姿的历史文化；[①]此外，也有对“湘学”“关学”“荆楚文化”“吴文华”“楚汉文化”的深度报道。

六，近年来，省部级哲学社科规划课题、国家社科基金重大项目推出了一大批地域文化研究的专项课题。举其要者，习近平同志在浙江工作期间，即重视“浙学”的研究宣传与传承，2005 年亲自擘画启动了“浙江文化研究工程”，并为《浙江文化研究工程成果文库》撰写“总序”[②]；“浙江文化研究工程”通过系统梳理浙江文化的传承脉络，挖掘浙江文化的深厚底蕴，研究浙江现象，总结浙江经验，初步形成了具有中国气派、浙江特色的当代“浙学”品牌。[③] 2021 年 3 月至 4 月，据《学习时报》连续刊出的“习近平在浙江”的采访实录（张曦、孙文友、蒋泰维）中报道，2005 年 6 月，习近平同志在“谈谈中国哲学与‘浙学’若干问题”的座谈会上，明确指出：总结研究“浙学”很有意义，“浙学”中有很多有积极因素的东西，一些代表性的人物和思想，要概括、提炼，要进行历史的概括和时代的展望；我们要坚持古为今用、洋为中用，研究中国哲学和“浙学”。[④] 2017 年 1 月，浙江省委、省政府办公厅下发《关于印发〈浙江文化研究工程（第二期）实施方案〉的通知》，明确了“浙江当代发展问题专题、浙江历史文化专题、浙江文献专题、浙江艺术专题、‘浙学’文化意义诠释专题”五大研究板块，拟从学术角度进一步全面解读当代浙江发展和浙江历史文化，系统探讨浙江文化内在特征和个性特色，深化对浙江在中国发展历史进程中的作用、贡献和意义的认识。其中，强调把“浙江经典文献整理”“浙江学术史研究”“‘浙学’与中华文明、当代中国”“浙江历史文化传承与未来发展”作为浙江省弘扬传承中华优秀传统文化的重点方向。其中，“浙学”研究在其中占有极其重要的分量，显示了“浙学”所具有的当代生命力以及加强“浙学”研究的突出重要性。

近年来，江苏省委、省政府启动了大型文化工程“江苏文脉整理与研究工程”，意在梳理江苏文脉资源，保存江苏集体记忆，推进文化自觉与文化认同，以文本形态、数字化形态呈现“文化江苏”，再现江苏历史上的“文化高地”；彰显江苏对中华文化发展的历史贡献，研究诸地域文化以及诸文化形态交流互动的规律，在全球化时代自觉、完整、体系性地保留江苏文化地方性物种，为未来的文

---

① 《关注地域学术文化》，《中国社会科学报》2017 年 1 月 3 日。

② 习近平：《浙江文化研究工程成果文库总序》，《浙江日报》2007 年 6 月 7 日。

③ 《浙江文化研究工程实施十五周年：坚定文化自信 熔铸浙江精神》，《浙江日报》2020 年 9 月 21 日。

④ 《习近平在浙江请这三位专家授课，他们都讲了些啥？》，《学习时报》2021 年 3 月 28 日。

明发展、文化建设和学术研究提供文献资源；总结江苏文化发展的历史规律，为江苏构建打造新的“文化高地”把准脉动、探明趋势、勾画蓝图。[①] 此外，江苏省社科基金推出了“江苏文脉研究”专项，旨在鼓励广大人文社会科学工作者围绕“江苏文脉”扎实研究，潜心治学，着力推出具有重要学术创新和文化传承意义的“江苏文脉整理与研究工程”研究成果。而国家社科基金重大项目中也有不少地域文化研究的课题，比如：《巴蜀全书》既是四川省重大文化工程，也是国家社科基金重大项目（批准号：10@ZH005）；《荆楚全书》的编纂既是湖北省“十二五”规划重大文化工程，也是国家社科基金重大项目（批准号：10@ZD093）；《浙东学派编年史及相关文献整理与研究》（批准号：10@ZD131），于2010年12月批准立项为国家社科基金重大项目；《宋明清关学思想通论》（批准号：19ZDA029）于2019年12月批准立项为国家社科基金重大项目。[②]

通过以上六方面的论述，我们足以得出结论：在各级政府部门的重视下，在高校社科机构学者的努力下，在社会各界的关注下，中华地域学术、地域思想抑或是地域文化，作为一种“地方性知识”的研究逐渐成了一门“显学”。而中华地域学术文化呈现出的“多元一体、和而不同、会通古今、兼容中西”的学术格局，不断衍生出独特且多元的地域学术形态，如浙学、蜀学、湘学、徽学、鲁学、洛学、关学、闽北学等，可谓百花齐放，各绽芳姿。

文化因交流而多彩，文明因互鉴而丰富。地域文化是促成中华传统文化融合发展的重要组成部分，而文化的相似性使各地域文化之间的“对话”更加亲和。近年来，中华地域学术文化研究在理论和实践上均得到了迅猛发展。未来，应加强各地学术文化之间的联系与互动，在中华传统文化的大背景下，构建中华地域学术文化共同体。任何地域文化的形成、演变、发展均离不开与其他区域文化的交流。中华地域学术共同体的构建，离不开各地域学术之间的互动、吸收与融通。地域文化之间的差异是客观存在的，而通过开展比较研究，深刻认识地域文化差异，是实现不同地域文化之间相互借鉴、促进的有效举措。

而在历史上，浙学与徽学、蜀学、北学、闽学、湘学、赣学、齐鲁学、黔学等都有千丝万缕的联系。当下的地域学术文化研究要在比较、借鉴中开展互动研究，因为只有在比较研究的视域中，才能凸显各地域学术文化的特色和共性，以

---

① 《江苏文脉整理与研究工程概况》，中国社会科学网，2019年2月1日。

② 国家社科基金项目数据库，全国哲学社会科学工作办公室官网，2021年8月11日。

便更好地融入中华地域学术文化共同体。进而言之,"浙学"衍生的地理位置是长江下游的长江三角洲地区、以钱塘江为界的"两浙(浙东、浙西)大地",以浙江为基地,浙学与同属长三角地区的徽学有诸多学术关联;与此同时,位于长江下游的"浙学"与处于长江上游的蜀学又存有诸多关联;此外,位于长江流域的"浙学"(抑或说是"南学")与处于黄河流域的北学又有诸多交涉。而作为"浙地之学"的"浙学"也正是与徽学、蜀学、北学等地域学术的诸多交涉中,具有了以求实、批判、兼容、创新为基本特征的文化观。

下面,我们着重探讨"浙学"与徽学、蜀学、北学的互动交涉及相关比较,进而凸显"浙学"的文化观。

第二节　浙学与徽学

浙江与安徽,山相依、水相连,长兴和广德毗邻、临安与绩溪为伴,发源于休宁的新安江经淳安至建德与兰江汇合后成为钱塘江干流,这是说两省为地理意义上的"好邻居"。两省历史悠久,文化灿烂,在不同的历史时期,因为文化的融合、学术的交锋、人才的流动以及商人的互动而在思想学术领域有着千丝万缕的联系,由此形成了两种相互联结的地域思想学术——"浙学"与"徽学"[①],共同影响了江南文化乃至中华文明进程和学术思想的发展,是为文化意义上的"好伙伴"。

一、东汉时期"浙学"与"徽学"的学术、政治互动

"浙学"与"徽学"互动最早可溯至东汉。桓谭为沛国相(今安徽淮北市相山区)人,王充为会稽上虞(今浙江绍兴市上虞区)人,二人同为东汉时期的唯物主义哲学家、古文经学家和无神论者,分别著有不朽的哲学名著《新论》《论衡》。两人学术性格相仿,遍习五经,博学多通,"实事疾妄",喜"非毁俗儒"。桓谭因反对谶纬神学,奏《抑谶重赏疏》"极言谶之非经",被光武帝目为"非圣无法",尽

① 本书所言"徽学",主要指安徽省区域的历史文化、思想学术,详细论述请参阅徐道彬先生的《论"徽学"名义的源与流》(载《地域文化研究》2020年第2期)。该文以为:梳理"徽学"一词的来龙去脉,可以概括为四个发展阶段:从朱子理学到阳明心学,再到"皖派"汉学,乃至今日包罗万象之"徽学研究"。因此而言,"徽学"应该是一个不断层累且颇具时代特征的学脉传承之学。

管免遭处斩,还是客死贬谪途中;[①]王充批判天人感应学说,提出了由元气、精气、和气等自然气化论所构成的宇宙生成模式。二人都是主张生死自然的无神论者,[②]桓谭"以烛火喻形神",把烛干比作人的形体,把烛火比作人的精神,认为精神不能离开人体而存在,正如烛光不能脱离烛体而独存;王充认为有生即有死,人所以能生是由于精气血脉在,"人死血脉竭,竭而精气灭,灭而形体朽,朽而成灰土,何用为鬼"?[③] 这就否定了鬼神存在的迷信学说。王充受桓谭影响颇深,《论衡》书中屡屡称道桓谭,比如"超奇篇"说:"(桓谭)作《新论》,论世间事,辩照然否,虚妄之言,伪饰之辞,莫不证定。"[④]"定贤篇"云:"世间为文者众矣,是非不分、然否不定,桓君山论之,可谓得实矣。论文以察实,则君山,汉之贤人也。"[⑤] 受桓谭影响,王充痛恨虚妄俗说,以"实事疾妄"为创作主旨的《论衡》,"解释世俗之疑,辨照是非之理"[⑥],与桓谭《新论》的主旨如出一辙。

东汉末年,天下大乱,魏蜀吴三国争霸。[⑦] 三国中,曹魏政权的奠基人曹操,沛国谯县(今安徽亳州)人;东吴政权的建立者孙权,吴郡富春(今浙江富阳)人。建安十三年(208)的赤壁之战,孙权与蜀王刘备联手大败曹军,建立"孙刘联盟"。[⑧] 建安十七年(212)至二十一年(216),孙权两次发动进攻曹魏的合肥之战,曹操又数次率军征讨孙权。[⑨] 建安二十四年(219)的襄樊之战,孙权与曹操联手抗蜀,关羽从荆州发兵攻打曹操控制的樊城;孙权则趁机袭取荆州,同时还擒杀了关羽。孙权将关羽的首级献给曹操,曹操以诸侯之礼葬之。尔后,曹操表孙权为骠骑将军、荆州牧。[⑩] 孙权遣使入贡,向曹操称臣,并劝曹操代汉自立;曹操将孙权来书遍示群臣,曰:"是儿欲踞吾著炉火上耶!"[⑪]翌年(220)正月,曹操病逝,其子曹丕袭位;十月,曹丕废汉,自立为帝,魏国建立。黄武元年(222),

---

① 范晔:《后汉书》(简体字本),中华书局2002年版,第639—643页。

② 本书编写组编:《中国古代唯物论无神论名篇解读》,上海古籍出版社1999年版,第63—82页。

③ 王充撰,陈蒲清点校:《论衡》,岳麓书社2015年版,第254页。

④ 王充撰,陈蒲清点校:《论衡》,岳麓书社2015年版,第171—172页。

⑤ 王充撰,陈蒲清点校:《论衡》,岳麓书社2015年版,第338页。

⑥ 王充撰,陈蒲清点校:《论衡》,岳麓书社2015年版,第354—355页。

⑦ 笔者按:严格意义上,曹魏与东吴的政治关系不属于"徽学"与"浙学"交涉互动的范畴,但考虑到曹操、孙权的籍贯,拙文在此姑且把二人之间的政治军事交涉作为"徽学"与"浙学"交涉之案例。

⑧ 陈寿撰,裴松之注:《三国志》(简体字本),中华书局2000年版,第827页。

⑨ 陈寿撰,裴松之注:《三国志》(简体字本),中华书局2000年版,第26—35页。

⑩ 陈寿撰,裴松之注:《三国志》(简体字本),中华书局2000年版,第829页。

⑪ 陈寿撰,裴松之注:《三国志》(简体字本),中华书局2000年版,第37—38页。

曹丕封孙权为吴王。黄龙元年(229),孙权称帝,吴国建立,设置郡县,实行屯田,兴修水利,促进了江南地区的经济发展。曹操、孙权二人既是政治家、军事家,还是书法家。曹操工章草,晋代陆云写信给陆机说:"曹公藏石墨数十万斤",唐朝张怀瓘《书断》称曹书多为"妙品"。孙权擅长行书、草书、隶书,张怀瓘《书估》列其书法为"第三等"①。

魏晋学术的主流是玄学,"竹林七贤"之一的嵇康,与阮籍等竹林名士共倡玄学新风,主张"越名教而任自然""贵贱而通物情"。嵇康也是"浙学"与"徽学"交涉的人物,嵇康先祖原本姓"奚",世居会稽上虞(今绍兴市上虞区),为躲避仇家才迁徙到谯国的铚县(今安徽濉溪县),并改"奚"姓为"嵇";一说铚县有嵇山,奚氏安家于其侧,便以"嵇山"之"嵇"为姓。② 今天的上虞人为了纪念先贤,在城区龙山公园中立有嵇康雕像。鲁迅很喜欢魏晋文章,尤其推崇嵇康,1913 年至 1935 年其先后十多次校勘《嵇康集》,"锐意搜求""或买或借""废寝忘食""埋头苦干",为此付出了巨大的心力。论者有云:"鲁迅集校《嵇康集》有乡谊之情,更有精神贯通之理。嵇康对鲁迅的影响更多地体现在人格、思想和为文风格方面。鲁迅的为人和为文上分明有嵇康的影子。"③

二、宋明时期的"浙学"与"徽学"中的理学、心学交涉

宋明学术的主流是理学与心学。南宋理学大家朱熹虽生在福建尤溪,但他时刻不忘祖籍是江南东路徽州府歙县(今属江西婺源),认同徽州为其祖籍故乡,有"吾家先世居歙邑之篁墩"云云,序跋文落款亦多署"新安朱熹""紫阳朱熹"。④ 朱熹曾两次还乡歙县,一次是宋高宗绍兴二十年(1150)到紫阳山拜见外祖父祝确,第二次是淳熙三年(1176)春再到紫阳山拜谒祝确故庐,讲学于老子祠并题书"旧时山月"。宋理宗淳祐六年(1246),歙县建紫阳书院以传"朱子之学"。⑤ 朱熹培养了程洵、程先、程永奇、汪莘等一批徽州籍的弟子,学界以"新安理学"称之。⑥ 南宋定都临安(杭州),朱熹与浙江存有诸多学缘,提举两浙东路常平茶盐公事,与时任台州知府唐仲友交恶;与金华吕祖谦友善并合编有《近思

① 梁燕:《论〈书估〉与书法价格体系的理想模式》,《中国书画》2011 年第 5 期。
② 嵇康撰,戴明扬校注:《嵇康集》,中华书局 2015 年版,第 545 页。
③ 郭德茂:《鲁迅与嵇康:文人精神气质的相续流转》,《中国社会科学报》2014 年 8 月 25 日。
④ 高令印、高秀华:《朱子事迹考》,商务印书馆 2016 年版,第 1、12—14 页。
⑤ 高令印、高秀华:《朱子事迹考》,商务印书馆 2016 年版,第 271—280 页。
⑥ 解光宇:《新安理学论纲》,安徽大学出版社 2014 年版。

录》，其在与陈亮、叶适等永康、永嘉学者论战过程中提出了具有批评意义的“浙学”概念：“近世言浙学者多尚事功”[①]，“浙学却专是功利”[②]。尽管如此，浙东各地尚有众多的朱子学者，有以陈埴、叶味道为代表的永嘉木钟学派（温州朱子学），以杜煜、杜知仁、杜范等为代表的台州南湖学派（台州朱子学），[③]还有以何基、王柏、金履祥、许谦“北山四先生”为代表的“北山学派”（金华朱子学）[④]。

南宋时期，朱熹不仅批评“专是功利”的浙学，还批评以陆九渊心学为代表的“江西之学”；而陆九渊的学术传人则以“甬上四先生”为代表，“甬上四先生”之一的舒璘（1136—1199），学宗陆九渊，兼综朱熹、吕祖谦。舒璘出任徽州府教授期间，倡盛学风，丞相留正称之为“当今第一教官”。

需要补充的是，学界一般认为，是南宋婺学创始人、“小东莱先生”吕祖谦（1137—1181）“传中原文献之学”，但其伯祖、生于寿州的“大东莱先生”吕本中（1084—1145）也是“躬受中原文献之传”[⑤]。因靖康之乱，寿州吕氏最后定居婺州。从某种意义来说，“大东莱先生”与“小东莱先生”之间，也是“徽学”与“浙学”在两宋时期互动的一个特殊案例。朱熹对“小东莱先生”有批评，对“小东莱先生”友善，则是另外一个话题了，兹不赘述。

朱元璋建立明王朝，“马上打天下”仰仗以武人为骨干的淮西集团；而“马下治天下”则要依靠以刘基、宋濂、王袆为代表的浙东文人，进而促成了洪武儒学的发展。[⑥] 明代学术的主流是浙江余姚人王阳明开创的阳明学派。王阳明与大多儒者一样，通过科举考试跻身士林，弘治十二年（1499）中进士，其座师则有来自徽州府休宁县、时任礼部右侍郎的程敏政（1446—1499）。再有，朱熹《四书章句集注》系明代科举教科书，王阳明对朱子学也用功颇深，先有“格竹”悟“理”失败的教训，方才有“圣人之道，吾性自足”的“龙场悟道”[⑦]；借《古本大学》脱离朱子“即物穷理”说，提出“明德亲民”“知行合一”“良知即天理”“致良知”“天地万

---

① 朱熹：《香溪范子小传》，转引自《范浚集》，浙江古籍出版社 2014 年版，第 278 页。
② 黎靖德编，王星贤点校：《朱子语类》，中华书局 1986 年版，第 2967 页。
③ 黄宗羲：《黄宗羲全集》第五册，浙江古籍出版社 2005 年增订版，第 504—560 页。
④ 黄宗羲：《黄宗羲全集》第六册，浙江古籍出版社 2005 年增订版，第 203—307 页。
⑤ 吕本中撰，韩酉山辑校：《吕本中全集·代前言》，中华书局 2019 年版，第 3—4 页。
⑥ 黄宣民、陈寒鸣编：《中国儒学发展史》，中国文史出版社 2009 年版，第 1267—1333 页。
⑦ 王守仁：《王阳明全集（简体字版）》，上海古籍出版社 2012 年版，第 1006—1007 页。

物一体之仁”等一系列心学命题。[①] 在此，我们要说的是，朱子并不是阳明的“论敌”，而是学术诤友，王阳明南京讲学期间编《朱子晚年定论》，即为调和陆学与朱学的矛盾，以证明心学与理学同为“圣人之学”[②]。明代中期提揭朱陆二家“始异终同”说的先驱，是阳明的座师程敏政，其编《道一编》实则已发《朱子晚年定论》之先声。

我们知道，徽州系传承朱子学的重镇，与阳明同时代的新安学者汪循，为捍卫朱子学道统与阳明“数相论辩”，使得阳明学在新安的传播一再受阻。[③] 明代的滁州、池州、徽州属南直隶，王阳明在滁州、南都、池州等地的讲学培养了一批弟子，黄宗羲《明儒学案》名之曰“南中王学”。正德八年(1513)十月至翌年(1514)四月，王阳明在滁州，《王阳明年谱》载“滁山水佳胜，(阳明)先生督马政，地僻官闲，日与门人遨游琅琊、瀼泉间。日夕则环龙潭而坐者数百人，歌声振山谷。诸生随地请正，踊跃歌舞”[④]。其时，滁州籍阳明门人有孟源、孟津、姚瑛等。先是弘治十四年(1501)、十五年(1502)间，王阳明奉命至南直隶(淮安、凤阳、庐州、池州)会同巡按御史审决积案重囚，事竣则游九华山、齐山，出入佛寺道观，宿无相、化城寺，赋诗《化城寺》《李白祠》《双峰》《莲花峰》《列仙峰》《云门峰》[⑤]，并作《游齐山赋》《九华山赋》[⑥]。游九华山时，结识秀才柯乔，还投宿其家，并赋诗《九华山下柯秀才家》《书梅竹小画》[⑦]等。正德十五年(1520)，平定宁藩叛乱却遭“忠泰之变”的王阳明，沿长江水道往返于南昌、南都(行在)之时，又数番驻足九华山、齐山，赋诗《游九华道中》《重游无相寺次韵》《登云峰望始尽九华之胜因复作歌》《春日游齐山寺用杜牧之韵》等[⑧]。据记载，池州籍阳明弟子除上文提道的柯乔，还有李呈祥、江学曾、施宗道等。阳明之后，其不少门人于广德、六安等地仕宦，推动了良知心学在此地的传播。嘉靖三年(1524)邹守益任广德州判，建复古书院举办讲会，还邀请同门王艮、钱德洪等前来宣教，王阳明也有书

---

① 在阳明门人中，黄绾首次对王阳明“良知”“亲民”“知行合一”学术命题予以揭橥。详见黄绾所撰《祭阳明先生文》《祭阳明先生墓文》，载张宏敏编校《黄绾集》，上海古籍出版社 2014 年版，第 563—564 页。

② 王守仁：《王阳明全集(简体字版)》，上海古籍出版社 2012 年版，第 112—113 页。

③ 钱明：《王阳明及其学派考论》，人民出版社 2009 年版，第 421—434 页。

④ 王守仁：《王阳明全集(简体字版)》，上海古籍出版社 2012 年版，第 1013 页。

⑤ 王守仁：《王阳明全集(简体字版)》，上海古籍出版社 2012 年版，第 561—563 页。

⑥ 王守仁：《王阳明全集(简体字版)》，上海古籍出版社 2012 年版，第 554—555 页。

⑦ 王守仁：《王阳明全集(简体字版)》，上海古籍出版社 2012 年版，第 561、563 页。

⑧ 王守仁：《王阳明全集(简体字版)》，上海古籍出版社 2012 年版，第 637—638 页。

函鼓励邹守益的书院讲学。[①] 欧阳德中进士后出守六安州,建龙津书院,聚集生徒讲学,也得到业师王阳明的认可。[②] 嘉靖三十三年(1554)、三十六年(1557),钱德洪、王畿数次参加"宁国府六邑大会",主水西精舍讲席,还促成了《传习续录》刊刻。[③]

安徽绩溪人胡宗宪(1512—1565),师从阳明门人欧阳德,任余姚知县时从阳明后裔处获得阳明的《武经七书评》手稿[④],如获至宝,以"私淑阳明先生"自居;东南倭乱,出任浙江巡按御史、直浙总督时,支持杭州天真书院刊刻《传习录》《阳明先生文录》[⑤]《阳明先生年谱》,抗倭期间对阳明的军事思想也做到了学以致用。此外,胡宗宪的抗倭幕僚多阳明学者,绍兴的徐文长是阳明门人季本的学生,武进的唐顺之为王畿的私淑弟子。

三、清代中前期"浙学"与"徽学"中实学、考据学的融通

明清之际,实学思潮伴随着心学的消退而兴起,浙江余姚的黄宗羲(1610—1695)、安徽桐城的方以智(1611—1671)则是实学家中的杰出代表。方以智的曾祖父方学渐受学于泰州学派的耿定理,黄宗羲《明儒学案·泰州学案》为其立传。因为父辈与东林党渊源颇深,方以智、黄宗羲得以结识,一同加入"复社"同阉党余孽阮大铖做斗争;明朝灭亡,二人支持南明王朝,抗击南下清兵;反清复明无望后,二人作为遗民,主要通过著书立说的方式反思明朝覆亡的教训,同时主动接受西方先进的自然科学知识,同倡"西学中源"说,还结交德国传教士汤若望以学习西方的天文历法。黄宗羲撰《思旧录·方以智》,追述自己与方以智的交往经历。[⑥] 此外,黄宗羲在晚年还应新安县令靳治荆之邀游览黄山,并为汪栗亭《黄山续志》作序;[⑦]靳治荆因为黄宗羲诗文集作序,成《南雷文定前集序》。

清初著名的辨伪学家姚际恒(1647—约 1715),祖籍安徽休宁,生于杭州并侨居于此。毛奇龄《西河诗话》卷四转述有其兄毛大千的言论:"亡兄大千为仁

① 王守仁:《王阳明全集(简体字版)》,上海古籍出版社 2012 年版,第 1067 页。
② 王守仁:《王阳明全集(简体字版)》,上海古籍出版社 2012 年版,第 1069 页。
③ 吴震:《明代知识界讲学活动系年(1522—1602)》,学林出版社 2003 年版,第 197、216 页。
④ 王守仁:《王阳明全集(简体字版)》,上海古籍出版社 2012 年版,第 1331 页。
⑤ 王守仁:《王阳明全集(简体字版)》,上海古籍出版社 2012 年版,第 1321 页。
⑥ 黄宗羲:《黄宗羲全集》第一册,浙江古籍出版社 2005 年增订版,第 366—367 页。
⑦ 吴光:《天下为主:黄宗羲传》,浙江人民出版社 2008 年版,第 293 页。

和广文，尝曰：'仁和只一学者，尤是新安人。'谓姚际恒也。"[①]同时，姚际恒学术思想、学术风格却深受徽州文化之影响，处处显现出徽州文化中崇尚孝悌仁义，注重弃虚向实，奉行儒家礼教等特点。在姚际恒与当地学者的交游中，也以其学术风格影响了当时杭州之学风。[②]

清代学术主流是盛行于乾嘉时期的考据学，除吴派、皖派、扬州学派，实则还有浙东经史派。清史研究权威戴逸先生在《吴、皖、扬、浙：清代考据学的四大学派》一文中，认可清代考据学"浙派"命题的成立。[③] 皖派的戴震（1724—1777）与浙派的章学诚（1738—1801）有着极为特殊的学缘。章学诚《文史通义》卷三"书朱陆篇后"对戴氏之学予以评论："凡戴君所学，深通训诂，究于名物制度，而得其所以然，将以明道也。时人方贵博雅考订，见其训诂名物，有合时好，以谓戴之绝诣在此。及戴著《论性》《原善》诸篇，于天人理气，实有发前人所未发者，时人则谓空说义理，可以无作，是固不知戴学者矣。……戴君学术，实自朱子道问学而得之，故戒人以凿空言理，其说深探本原，不可易矣。"安徽潜山人余英时撰《论戴震与章学诚》一书，运用"内在理路"研究法解释宋明理学一变而为清代经典考据学，但又基于潜在的道统观得出这样的结论：章学诚"六经皆史"说系针对戴氏的"道在六经"而有，戴震由训诂而通经以明道，章氏则代之以由校雠而通文史以明道。[④] 安徽绩溪人胡适为澄清戴震与章学诚之间的关联也倾注心力，著《章实斋先生年谱》《戴东原的哲学》，[⑤]表彰此二人为"清代中叶学术思想史上的两个高峰"。还有，乾隆年间，戴震与考据学浙派的另一重要学者邵晋涵（1743—1796）同在京师四库馆供职，为编纂《四库全书》而竭尽心力，对此，阮元《南江邵氏遗书序》文有论："（邵晋涵先生）在四库馆，与戴东原诸先生编辑载籍，史学诸书多由先生订其略，其提要亦多出先生之手。"[⑥]

戴震与浙籍校勘学家卢文弨颇多交往，乾隆二十一年（1756）左右，同在京师的卢文弨、戴震因为互借互校古书而结识，[⑦]后世学者多以为"绍弓（卢文弨）

---

① 转引自孙钦善：《清代考据学》，中华书局 2018 年版，第 327 页。

② 周苹苹：《姚际恒学术思想与徽州文化之渊源》，《佳木斯大学社会科学学报》2018 年第 4 期。

③ 戴逸：《吴、皖、扬、浙：清代考据学的四大学派》，《人民政协报》1999 年 9 月 29 日。

④ 余英时：《论戴震与章学诚：清代中期学术思想史研究》，生活·读书·新知三联书店 2012 年版，第 164 页。

⑤ 胡适：《戴东原的哲学》《章实斋先生年谱》，北京师范大学出版社 2014 年版。

⑥ 阮元撰，邓经元点校：《揅经室集》，中华书局 1993 年版，第 544—545 页。

⑦ 卢文弨撰：《卢文弨全集》第 16 册，浙江大学出版社 2017 年版，第 74—75 页。

官京师，与东原（戴震）交善，始潜心汉学，精于校雠”[①]。乾隆二十二年（1757），戴震为《屈原赋》二十五篇作注，卢文弨成《戴东原诸屈原赋序》，其中对戴氏学行予以记述：“吾友戴君东原，自其少时通声音文字之学，以是而求之遗经，遂能探古人之心于千载之上。”[②]乾隆二十五年（1760）冬，戴震致函卢文弨，就卢见曾所刻《大戴礼记》中的文字伪误问题进行沟通[③]。翌年（1761）夏，戴震又有《与卢侍讲书》，[④]再就《大戴礼记》中的问题进行沟通，同时告知友人程瑶田即将进京，希望其进京后拜谒卢文弨。乾隆四十二年（1777）戴震去世，卢文弨予以哀悼；翌年（1778）在收到友人孔继涵所寄新刻《戴震遗书》后，卢文弨撰《戴震遗书序》，回顾自己与戴氏之间的交往，有“吾友新安戴东原先生，生于顾亭林、阎百诗、万季野诸老之后，而其学足与之匹”，“东原之书出，天下后世必有能阐扬之者，余于是不为东原惜，而且为东原幸”。[⑤]

戴震之学传于段玉裁，段玉裁再传其训诂考据之学于其外孙、浙江仁和人龚自珍（1792—1841），这也可视为戴氏训诂学在浙地的传承。此外，戴震的理欲观与明清之际浙江海宁学者陈确（1604—1677）的理欲观有相似之处，二者皆是对程朱理学“存天理，灭人欲”二元论的反动：陈确肯定人欲的同时，主张以理制欲，有“人欲恰好处即天理”“理寓于欲”“以理驭欲”的提法[⑥]，戴震也有“理在欲中”“以理节欲”的类似主张[⑦]。

四、近现代商人群体、知识分子的互学互鉴

徽学与浙学在近现代的互学互鉴，我们可以从徽商与浙商、陶行知与阳明学、黄宾虹与马一浮、胡适与鲁迅、陈独秀与陈望道等诸多关联来考察。先看徽商在浙江的发展。浙江人对徽商有一种天生的亲近感，这不仅是因为新安江—钱塘江、徽杭古道拉近了浙商与徽商的距离，更因来自安徽绩溪的“红顶商人”胡雪岩（1823—1885）在13岁时移居杭州，使得徽商、浙商结下了不解之缘。胡雪岩在杭州创办胡庆余堂，“是乃仁术”“真不二价”“戒欺”的经商哲学既是传统

---

① 江藩著，徐洪兴点校：《国朝汉学师承记》，中西书局2012年版，第101页。
② 卢文弨撰：《卢文弨全集》第8册，浙江大学出版社2017年版，第99页。
③ 戴震著，赵玉新点校：《戴震文集》，中华书局1980年版，第52—54页。
④ 戴震著，赵玉新点校：《戴震文集》，中华书局1980年版，第54—61页。
⑤ 卢文弨撰：《卢文弨全集》第8册，浙江大学出版社2017年版，第100—101页。
⑥ 陈确：《陈确集》，中华书局1979年版，第461页。
⑦ 戴震著，何文光整理：《孟子字义疏证》，中华书局1961年版，第1—20页。

中国商业文化之精华，也是胡庆余堂百年老店经久不衰的法宝。今天，杭州有胡雪岩故居，绩溪县城则有胡雪岩纪念馆。而称雄明清商界三百年的徽商在清代后期没落后，以宁波商帮、龙游商帮、南浔丝商为代表的浙江商帮，则以新兴的近代商人群体跻身于全国著名商帮之列，时至今日，依旧活跃在祖国的大江南北乃至世界各地。

徽学与浙学在近现代的互动，可以从出生于安徽歙县的"人民的教育家"陶行知(1891—1946)的名字中来探寻。歙县陶氏的原籍是浙江绍兴府会稽陶家堰，在明正德五年(1510)迁居徽州歙县。陶行知原名陶文濬，先改名"知行"，又易名"行知"，还曾用"行知行"作为笔名，这一切源于浙江绍兴府余姚县的王阳明。据《陶行知年谱长编》考证：清宣统三年(1911)，21岁的陶文濬开始研究阳明学，接受其"知是行之始，行是知之成"的论断，信仰知行合一的道理，故取名"知行"[①]；留学美国期间，陶文濬受杜威实用主义哲学的影响，发现阳明学有脱离社会实际的弊端，便在1927年6月提出"行是知之始，知是行之成"的观点，以突出"行""亲知"的地位。[②] 1934年7月，陶文濬在《生活教育》半月刊上发表题为《行知行》的文章，正式更名为"陶行知"。1927年3月，陶行知创办晓庄试验乡村师范学校并任校长；同年10月，绍兴人蔡元培任学校董事长，并在校执教，且亲书"教学做合一"为校训。

近代国学大师章太炎持古文经学的立场，对皖派考据学大师戴震颇为推崇。其光绪三十四年(1908)完成的《新方言》一书的"序言"中详细阐发戴震《转语》中的意见："戴君作《转语》二十章，其自述曰：人之语言万变，而声气之微，有自然之节限。是故六书依声托事，假借相禅，其用至博，操之至约。"[③]此外，章太炎还表彰戴震对"以理杀人"的驳斥，在清宣统二年(1910)所成《释戴(震)》一文中肯定戴震对宋儒的驳斥，但又指出戴震因为不了解佛学与道家思想而对"自然之理"的解释"不得要领"。[④]

著名画家黄宾虹(1865—1955)，原籍安徽歙县，生于浙江金华，少年求学期间，为参加院试时常往返于歙县、金华；晚年任教于中央美术学院华东分院(中国美术学院)，寓居杭州西湖栖霞岭32号，病逝后葬于杭州南山公墓。晚年的

---

① 王文岭：《陶行知年谱长编》，四川教育出版社2012年版，第5页。

② 王文岭：《陶行知年谱长编》，四川教育出版社2012年版，第205—206页。

③ 姚奠中、董国炎：《章太炎学术年谱》，三晋出版社2014年版，第120页。

④ 姚奠中、董国炎：《章太炎学术年谱》，三晋出版社2014年版，第156—157页。

黄宾虹与寓居西湖蒋庄的一代大儒马一浮(1882—1967)常有诗画相赠,比如1953年黄宾虹九十寿辰时,绘《黄山西海门图》并题诗《狮子峰观云》赠予马一浮,马氏乃作七言长诗《赠黄宾虹》答谢以祝寿,称赞黄宾虹"画绝伦""养生有道艺有神";黄宾虹去世,马氏系其治丧委员会成员,撰《挽词》曰:"大耋归真日,人间失画师。才名同辈少,墨妙异邦知。"[①]

五四新文化运动的发动、马克思主义在中国的传播及中国共产党的创建均有安徽、浙江籍先进知识分子的参与,其中以陈独秀、胡适、蔡元培、鲁迅、陈望道为代表。陈独秀1915年创办《新青年》杂志,率先举起民主与科学的旗帜,鲁迅、蔡元培、胡适皆是《新青年》的主笔。胡适是文学革命的急先锋,鲁迅则是文学革命的主将,[②]他们互相支援,共同战斗,将五四新文化运动开展得如火如荼。此时执教于浙江第一师范学校的陈望道也投身于五四新文化运动,受陈独秀等人的嘱托,其回到故乡义乌翻译《共产党宣言》。1920年,陈望道、陈独秀聚首于上海,陈独秀校阅《共产党宣言》中译本,陈望道则具体负责《新青年》的编辑。[③]同年8月,中国共产党的发起组——上海共产主义小组诞生,陈独秀、陈望道名列其中,这也间接促成了1921年8月中国共产党在嘉兴南湖的正式成立。

此外,1909年中国最早的两条铁路建成,一条是徽州婺源人詹天佑建造的京张铁路,另一条是绍兴萧山人汤寿潜筹资建造的沪杭铁路。在现代佛教界,浙江崇德的太虚大师是"人间佛教"理念的倡导者,而安徽安庆人赵朴初则将"人间佛教"的思想进一步充实与发扬,使之成为当代中国佛教的指导思想。[④]这些案例也可看作"浙学"与"徽学"在现当代的互学互鉴。

五、地域文化的共同特征

自东汉以来,由于地缘、学缘、政缘、商缘、佛缘等多种因素的综合作用,使得"浙学""徽学"两种地域文化形态兼容并包,互学互鉴,共同促成了中华地域文化共同体的形成,也影响了中华文明的发展历程。同时,它们也具有了以批判、包容、创新、实践为基本特征的共同的文化品格。

---

① 丁敬涵编著:《马一浮交往录》,浙江大学出版社2013年版,第204页。关于黄宾虹、马一浮这两位"西湖老人"的书法作品以及晚年交往,读者还可参阅徐小飞主编:《黄宾虹、马一浮信札诗稿选注》,浙江古籍出版社2015年版。

② 项义华:《人之子:鲁迅传》,浙江人民出版社2003年版,第253—254页。

③ 周维强:《太白之风:陈望道传》,浙江人民出版社2006年版,第264—266页。

④ 圣凯:《赵朴初"人间佛教"思想的内涵与意义》,"凤凰佛教综合",2017年6月7日。

(1)批判精神:东汉的桓谭、王充以“实事疾妄”为治学宗旨,以大无畏的理论勇气批判天人感应学说和荒诞不经的谶纬迷信,宣传了科学与无神论学说。明代的程敏政、王阳明,敢于挑战当时的主流意识形态程朱理学,促成了心学思潮的形成与发展。清初学者姚际恒是勇于疑古的学者,著《庸言录》(附《古今伪书考》),又指出《十翼》为伪书,另著清初疑古派《诗经》学的代表著作《诗经通论》;姚际恒勇于怀疑、敢于疑经的辨伪精神在民国初年受到“古史辨派”的推服,学者兴起一阵对于姚际恒《古今伪书考》之研究。同理,戴震、章学诚的学术思想也正是具有批判的品格,才会闪耀着理性启蒙主义的光辉,从而为清代考据运动作出了卓越的贡献。

(2)包容精神:不同的地域文化因包容才有交流互鉴的动力。历史上浙、徽两地的思想家顺应传统学术的发展趋势,互学互鉴,兼容博采,促成了中华文明的繁荣兴盛。王充向桓谭学习,王阳明传承程敏政“和会朱陆”的学风,方以智、黄宗羲同为“冷风热血,洗涤乾坤”的“一堂师友”①,不忘学习西方先进的自然科学,胡适、蔡元培等近代知识分子主张中西文明的调和与互补,如此等等,足以证明“浙学”与“徽学”的开放与兼容。

(3)创新精神:任何一种新思想、新学说的提出均是源于传承中的批判与创新。王阳明传承、批判程朱理学而有“知行合一”“明德亲民”“致良知”等哲学新命题的提出,也促成了宋明理学的革新运动。陶行知秉持“处处是创造之地,天天是创造之时,人人是创造之人”的理念,以独创的生活教育理论为指导去创办晓庄试验乡村师范学校,是为中国近代乡村教育运动最早的发源地和试验场。胡适用西方分析法撰写《中国古代哲学史大纲》,蔡元培赞其写作长处是用“证明的方法、扼要的手段、平等的眼光、系统的研究”,方为中国哲学史学科的开山作,对此,胡适说:“我自信,治中国哲学史,我是开山的人,这一件事要算是中国一件大幸事。这一部书的功用能使中国哲学史变色。以后无论国内国外研究这一门学科的人都躲不了这一部书的影响。凡不能用这种方法和态度的,我可以断言,休想站得住。”②

(4)实践精神:求真务实、学以致用是历史上浙江、安徽籍思想家的治学理念。王充《论衡》细说微论,解释世俗之疑,辨照是非之理,即以“实”为根据,疾

① 黄宗羲著,沈芝盈点校:《明儒学案》(修订版),中华书局2008年版,第1375页。

② 胡适:《中国哲学史大纲》,中华书局2008年版,封面说明文字。

虚妄之言。从戴震的考据学到胡适的"有几分证据说几分话,有七分证据不说八分话",从王阳明的"知行合一"到陶行知的"行是知之始,知是行之成"以及生活教育理论中的"教学做合一",都足以说明徽学、浙学是讲求经世致用的地域学术。

总之,在源远流长的历史文化长河中,作为地域文化形态并富有地方特色的浙学、徽学,互学互鉴、相得益彰,形成了"你中有我、我中有你"的学术格局。[①] 20 世纪以来尤其是改革开放 40 多年来,浙学、徽学相继为当代学林所重视与发掘,使之成为"新兴的学科或专门研究领域"。[②] "文明因交流而多彩,文明因互鉴而丰富",我们期待也希望,像杭黄高铁穿越浙江、安徽两省,把名城(杭州)、名江(富春江、新安江)、名湖(西湖、千岛湖)、名山(黄山)串联起来一样,浙江、安徽两省从事浙学、徽学研究的学者联起手来,[③]与海内外的浙学、徽学研究同行保持学术互动,精诚合作、携手共进,为浙学、徽学乃至中华优秀传统文化的创造性转化与创新性发展作出有益的学术探索与积极的贡献。

第三节 浙学与蜀学

本书所说的浙学、蜀学是指浙江、四川地区的思想学术,它们是两地富有地域特色的人文传统与理性精神。浙江与四川,在中华文明版图中,相隔千山万水,一个在长江上游的西南腹地、一个在长江下游的东南沿海。两地历史悠久,文化灿烂,人才辈出,在历史上不同时期,因人才的流动、文化的融合而在思想学术领域有着千丝万缕的联系;而在源远流长的历史文化长河中所形成的浙学与蜀学,交涉互动、互学互鉴、取长补短,由此形成了相互交融的学术格局,从而具有了"天人合一""经史并重""经世致用""和合兼容"的共同特质,共同影响了中华文明的发展进程。

---

① 南京大学匡亚明先生主编《中国思想家评传丛书》,把桓谭、王充合作立传成书《桓谭、王充评传》,由钟肇鹏、周桂钿先生合作撰写。

② 吴光、滕复主编:《浙学研究集萃》,上海古籍出版社 2004 年版,第 8 页。卞利:《二十世纪徽学发展简史》,安徽大学出版社 2017 年版,第 13 页

③ 浙江省社会科学院历史所陈学文先生已经为我们作出了学术榜样,作为浙江的社科理论工作者,其撰写了《徽商与徽学》(方志出版社 2003 年版)一书,对徽商、徽学与明清时期浙江的经济发展有详细论述。

一、天人合一

天人合一作为中华文明的基本特质，既包括老庄道家意义上的“天地与我并生，而万物与我为一”[①]的齐物之论，也有儒家意义上的“仁者，以天地万物为一体”[②]的精神境界。而作为地域学术的浙学与蜀学也为中华文明“天人合一”的理论特质提供了学理支撑。

浙学、蜀学之源是史前文化以及稍后的古越文化、古蜀文化，浙、蜀两地同为中华古文明在长江流域的重要发源地，余杭良渚古城遗址、成都平原早期古城遗址的考古发现，已经充分说明了这一点。“信巫鬼，重淫祀”的古巴蜀人很早便对天人关系作出了哲学思考，他们崇尚巫术以求沟通天人。四川广汉三星堆古遗址出土的人像鸟兽铜树即“青铜神坛”，其中的文化哲学意蕴是：神坛是古蜀先民宇宙观念的实物模式，神坛上、中、下三层正是古人天、地、人“三界观”最为形象的实物表现。底层的神兽代表的是地界，中层人物代表人间，上层代表的是神域天界，中央的人手鸟身像当是一位地位显赫的主神，它表现了古蜀先民对天地、自然、神灵的认识体系。[③] 这对于探索古代中国的神话宇宙观具有极高的研究价值，因为它体现了中华先民“天地人三才”以及“天人合一”的宇宙论的思维模式。浙江余姚河姆渡文化遗址出土的“双鸟昇日”象牙雕刻，良渚文化遗址出土的人面、鸟冠、兽身三位一体的玉琮神徽，则透露了浙江先民追求的“天人合一”“万物一体”的整体和谐精神与开放创新的意识。[④] 良渚文化中的玉琮，被认为是人与神(天)沟通的工具。玉琮造型的“内圆、外方、中空”，用以贯穿天地、沟通神人，这就是中华先民推崇的“天圆地方”的世界观雏形。玉琮上多刻有同样的图案：一个瞪着双眼、戴着羽冠的男人骑在一只野兽身上，他伸出手臂钳住兽身疾驰而来，这就是证实“中华五千年文明史”的良渚文化中著名的“神人兽面像”。[⑤] “神人兽面像”因其与“鸟”形象的组合，更凸显出神秘意义。神人神兽和双鸟的组合，奠定了“天、地、人”三位一体的宇宙模型，在外形上，人、兽、鸟彼此分立，但在宇宙观上又相互勾连，拥有同样承载着传统哲学中象

---

① 郭庆藩：《庄子集释》，中华书局1961年版，第79页。

② 程颢、程颐：《二程集》，中华书局1981年版，第15—17页。

③ 舒大刚：《蜀学的流变及其基本特征》，《江苏科技大学学报(社会科学版)》2017年第3期。

④ 吴光：《浙江儒学总论：从王充到马一浮》，《浙江社会科学》2020年第6期。

⑤ 方向明：《神人兽面的真像》，杭州出版社2013年版，第25—29页。

征“天道”意义的纹路。

围绕“蜀地羌人”大禹生平事迹的系列传说以及众多大禹遗迹所衍生出来的“大禹文化”,是浙学与蜀学的第一个交集点。大禹治水,顺应水自然流动的本性,“疏”而不“堵”,是谓利用自然规律造福人类(“天人合一”)的体现,故而南宋浙学家陆游认为:“自古水土之功,莫先乎禹。”[①]“西道孔子”扬雄作《太玄》的初衷,是“构造一个广大悉备的系统,用来包罗天道、地道和人道”[②]的哲学体系;在《法言》中,还以通晓“天”(自然)“人”(社会人事)作为判定“儒者”的标准:“通天地人曰儒,通天地而不通人,曰伎。”[③]据此可知,东汉蜀学家扬雄的宇宙观、圣人观的终极目标是达致“天人合一”之境。

成都、杭州同为历史文化名城,前者系“天府之国”,后者是“人间天堂”,也源于这两座城市的规划布局与生活理念,以“天人合一”为设计理念与理想追求。唐代杜甫草堂的创设,就体现了“诗圣”所渴慕的“天人合一”之境。杭州西湖荣膺世界文化遗产,其中也有蜀籍学人的贡献,苏轼歌咏西湖美景的优美诗歌自不待言,西湖“三堤”(白堤、苏堤、杨公堤)中有“两堤”(苏堤、杨公堤)为蜀籍学人所成就,苏轼、杨孟瑛疏浚后的西湖,实现了天地人和谐之美的理想愿景。

明代浙学家王阳明提倡良知心学,认为人的良知就是草木瓦石的良知,若草木瓦石无人的良知,不可以为草木瓦石;同理,天地无人的良知,也不可以为天地。阳明以草木瓦石、天地万物皆有“良知”为理论预设,提出了“大人者,以天地万物为一体者也,其视天下犹一家,中国犹一人”,“圣人之心,以天地万物为一体”,“心学纯明,而有以全其万物一体之仁”的“万物一体”说。[④] 进而言之,人类与自然万物是同呼吸、共命运的生命、道德共同体;“万物一体之仁”的哲学命题所蕴含的人与自然、人与社会一体同在、和谐共生的思想,可以为我们超越西方传统的人类中心主义、有效解决生态危机、构建人类命运共同体、实现人类社会的可持续发展,提供重要的学术资源与哲学启示。

蜀籍现代新儒家学者唐君毅,晚年著两卷本的《生命存在与人生境界》,便基于传统文化“天人合一”的基本特质,依“生命三向”开出“心灵九境”,将宇宙

---

① 钱仲联、马亚中主编:《陆游全集校注》第9册,浙江教育出版社2011年版,第400页。

② 扬雄:《太玄》,中华书局2014年版,第1页。

③ 扬雄:《法言》,中华书局2012年版,第376页。

④ 王守仁:《王阳明全集(简体字版)》,上海古籍出版社2012年版,第47、798—799页。

万事万物（“天”）看作是求超越的过程，生命的存在（“人”）不仅是为存在而存在，乃是为超越自己而存在；心灵的活动也是在这个基础上，从现实的生命逐渐向上追求更高的价值，最后止于“天德”与“人德”一致（“天人合一”）的最高价值世界。① 唐君毅执笔起草的现代新儒家宣言（《为中国文化敬告世界人士宣言》）中也明确指出：在中国人的道德思想中，重视天人合德、天人合一、天人不二、天人同体的观念，正是由于我们人与天地万物实为一体，宋明儒的“性理即天理、本心即天心、人的良知之灵明即天地万物之灵明、人的良知良能即乾知坤能”的思想，亦即所谓“天人合一”的思想。② 总之，“天人合一”的思维理念为浙学、蜀学共有共享，且源远流长、一以贯之。

二、经史并重

经学与史学共同构成了中华传统学术的主体，二者之间的辩证关系也是中华传统学术的重要命题。历史上的蜀学家、浙学家在处理经史关系的问题上，主要通过著书立说的方式，传承着“通经明史”的优良学统，而经史并重也成为浙学与蜀学的一个共同特质。

蜀学的史学传统，悠久长远，底蕴深厚。无论是常璩的《华阳国志》，还是“三国史”（陈寿《三国志》）、“宋史”的书写，都有蜀学家的身影。北宋学者苏辙精通亦经亦史的《春秋》，撰有纪传体史学著作《古史》。南宋四川井研人李心传，既是一位史学家，撰有《建炎以来系年要录》《建炎以来朝野杂记》等史学论著；也是一位经学家，著有《学易编》《诵诗训》《春秋考》《礼辨》等经学文献。近现代蜀学家刘咸炘专精于宋史、蜀史，有《宋学论》《宋学别述》《宋史学论》等专论以及精深至极的《蜀诵》《蜀学论》，并有“唐后史学，莫隆于蜀”③ 的溢美之词，还在《重修〈宋史〉述意》一文中发出了“宋一代之史，实在蜀”的感慨。刘咸炘《论蜀学》一文中也有“统观蜀学，大在文史”④的评论，指出蜀学的学术特征体现在“重文史”“崇实学”两重维度。故而当代蜀学研究者得出结论：“巴蜀哲学具有经史并重的学风，不少哲学家，又是史学家；既有哲学著作，又有史学论述，在

① 唐君毅：《生命存在与心灵境界》，中国社会科学出版社 2006 年版。

② 汪丽华、何仁富：《唐君毅先生年谱长编》，中国社会科学出版社 2018 年版，第 287 页

③ 刘咸炘：《刘咸炘诗文集》，华东师范大学出版社 2010 年版，第 3 页。

④ 刘咸炘：《刘咸炘诗文集》，华东师范大学出版社 2010 年版，第 5 页。

历代巴蜀著述统计中，哲学与史学的著作往往是分量最重的两个部分。”[①]

历史上的浙学家为官方《元史》（宋濂、王祎编修）、《明史》（黄百家、万斯同、毛奇龄、朱彝尊等参修）的编纂付出了巨大的心力，谈迁的《国榷》，张岱的《石匮藏书》《石匮藏书后集》，查继佐的《罪惟录》皆是学者私修“明史”的典范。两宋之际的浙学家张九成推崇“以史论经、经史结合”的治学模式，其《日新录·经史》有言：“学经所以正吾心，观史所以决吾行。”[②]南宋时期“传中原文献之学，经史文章，合于一流”的浙学家吕祖谦，十分重视经史之学，尝言“读经多于读史，工夫如此，然后能可久可大”，学者宜“兼看经史”：“学者当先治一经，一经既明，则诸经可触类而长之也。史当自《左传》至《五代史》依次读，则上下首尾洞然明白。”[③]南宋时提倡经制之学的唐仲友，也是“不惟史学绝精，而尤邃于诸经”[④]。明清之际浙西理学家张履祥，主张为学为道上的“经史并进”：“经以立其本，史以验其用，理则一也，宜乎并进其功。”[⑤]黄宗羲作为清代浙东经史学派的开创者，尤为重视“明经通史”“经史并重”的教育理念与治学精神：“明人讲学，袭语录之糟粕，不以《六经》为根柢，束书而从事于游谈，故受业者必先穷经。经术所以经世，方不为迂儒之学，故兼令读史。”[⑥]黄宗羲高徒李邺嗣明言：“吾党之学二：一曰经学，一曰史学。是以学者先之经以得其源，后之史以尽其派。”[⑦]章学诚这样评点“浙东学术”：“浙东之学，言性命者必究于史”；“梨洲黄氏出蕺山刘氏之门，而开万氏弟兄经史之学，以至全氏祖望辈尚存其意。”[⑧]而章学诚本人所倡言的“六经皆史”的学术命题，则是延续了王阳明的“五经亦史”之说，继承了黄宗羲的“经史，才之薮泽”之论，也坐实了清代浙东经史学派所倡导的“史学所以经世”的史学观。

蜀学与浙学中的经学传统同样厚重。古代的蜀刻十三经，近代蜀学家廖平、蒙文通的经学贡献，足以印证蜀学中的经学传统存有一以贯之的特质。蒙文通既是一位经学家，还是一位史学家，对于经学、史学二者之间的辩证关系，

---

① 舒大刚主编：《蜀学·湘学与儒学学术研讨会论文集》，线装书局2018年版，第224页。

② 张九成：《张九成集》，浙江古籍出版社2013年版，第1262页。

③ 吕祖谦撰，黄灵庚、吴战垒主编：《吕祖谦全集》第1册，浙江古籍出版社2008年版，第715页。

④ 黄灵庚主编：《浙学读本》，人民文学出版社2019年版，第166页。

⑤ 张履祥：《张杨园先生全集》，中华书局2002年版，第353页。

⑥ 全祖望：《全祖望集汇校集注》，上海古籍出版社2018年版，第219页。

⑦ 李邺嗣：《杲堂诗文集》，浙江古籍出版社1988年版，第561页。

⑧ 章学诚著，仓修良编注：《文史通义新编新注》，商务印书馆2017年版，第121页。

一向视之为历史的经纬；二者还与文学互相交叠，共同组成历史的洪流。他的著述论证，也是以经治史、以史注经，二者相互交叠、相互交融而辉映成趣。由于蒙文通的经史学研究贯穿了由经入史、经史兼治的蜀学学统，当代蜀籍哲学家萧萐父先生以“淹贯经传，博综子史，出入佛典，挹注西学，超越今、古、汉、宋之藩篱，融会考据、义理于一轨”来评论蒙文通的治学路径。[①] 近代浙籍新儒家马一浮，提倡“六艺该摄一切学术”的“新经学”；[②]而浙江瑞安人周予同，则是现代学术意义上开展经学史研究的重要专家。

三、经世致用

求真务实、经世致用是历史上浙籍、蜀籍思想家共同倡导的治学理念。浙学的开山学者王充，撰著《论衡》，细说微论，释世俗之疑，辨是非之理，即以“实”为根据，疾虚妄之言；现代蜀籍学人谢无量著《中国哲学史》，认为王充之学“以务实为主”，“论衡”之“论”，意在“正古今得失，明辩世俗浮妄虚伪之事，使之反于诚实焉”[③]，可谓确论。东汉蜀人扬雄，仿《论语》《周易》著成的《法言》《太玄》，皆是经世致用之作；对此，《汉书·扬雄传》援引桓谭言：“今扬子之书，文义至深，而论不诡于圣人。若使遭遇时君，更阅贤知，为所称善，则必度越诸子矣。”[④]据此可知，扬雄治学亦以经世致用为旨趣。

北宋苏轼出仕浙西，为官一任、造福一方，重视文教、疏浚西湖、赈济灾伤，践行着仁民爱物的德政理念。详而言之，在两浙西路仕游期间，苏轼没有坐而论道，更没有发表虚妄无用之词，而是注重实际调查、力主实学实用。故而苏轼在杭州、湖州所作诗文体现着“经世致用”的思想，体现了其本人“致君尧舜”的社会理想和忧国忧民的社会担当。[⑤] 明代蜀籍学人杨孟瑛出任杭州太守，也是为民请命，疏浚西湖，故而《西湖游览志余》称：“西湖开浚之绩，古今尤著者，白乐天（白居易）、苏子瞻（苏轼）、杨温甫（杨孟瑛）三公而已。”[⑥]西湖三堤中“苏堤”“杨公堤”的命名，足以说明浙人对苏轼、杨孟瑛两位蜀籍士大夫经世致用的学

---

① 萧萐父：《吹沙二集》，巴蜀书社2007年版，第211页。

② 吴光、徐立望主编：《马一浮先生诞辰130周年纪念大会暨国学研讨会论文集》，浙江大学出版社2013年版，第59—62页。

③ 谢无量：《谢无量文集》第2卷“中国哲学史”，中国人民大学出版社2011年版，第254—255页。

④ 班固：《汉书》（简体字本），中华书局2000年版，第2661页。

⑤ 周晓音：《苏轼两浙西路仕游研究》，浙江工商大学出版社2017年，第79—82、336页。

⑥ 田汝成：《西湖游览志余》，上海古籍出版社2018年版，第281页。

风、勤政爱民的仁政的认可。

南宋浙学家吕祖谦为学为政，均以“践履”为第一义：“今人为学，多尚虚文，不于着实处下工夫，到临事之际，种种不晓。学者须当为有用之学。”[①]在《乾道六年轮对札子》中，吕祖谦建言宋孝宗宜“求实学”“用真儒”：“夫不为俗学所汩者，必能求实学；不为腐儒之所眩者，必能用真儒。”[②]简言之，为学从政，要从民生实用上着力，“讲实理、育实才而求实用”[③]。谢无量著《中国哲学史》评论南宋浙东学派时，尤为标举吕祖谦，认为吕氏治学，深通经术，注重践履；还引述吕祖谦“今人读书，全不作有用看。且如人二三十年读圣人书，及一旦遇事，便与闾巷人无异。或有一听老成人之语，便能终身服行。岂老成人之言过于《六经》哉？只缘读书不作有用看故也”[④]，来说明吕祖谦教书育人时格外重视“为学与致用为一事”[⑤]。明万历年间，浙人王士性典试四川，选拔人才的标准也是经世致用，其《四川乡试录序》有言：“国家取士之谓何？岂其以一切无用之虚文聋瞶天下之耳目？……言者，将以适于用也。”[⑥]

清光绪初年，提督四川学政的张之洞在成都创建尊经书院，其建院宗旨为“绍先哲”“起蜀学”“成人才”，“要其终也，归于有用”。[⑦]由此可知，尊经书院培育人才的模式就是“通经致用”“经世致用”。按照张之洞等人对尊经书院的设想，其初衷是模仿杭州诂经精舍学制，为四川培养一批“通经致用”的人才，这种倾向从尊经书院最初邀请出任山长的俞樾、李慈铭等浙籍学者即可以看出。尽管俞樾、李慈铭未能赴川，而早期尊经书院的两位主讲钱保塘、钱保宣则是浙江人，这也促成了清代浙学在蜀中的传播。同在光绪年间，浙江余杭人章太炎为振兴浙学、变法图强，主张学古通今，与宋恕、陈虬等在杭州创办兴浙会，其中特别推崇刘基、于谦、王阳明、黄宗羲、张苍水等明清浙学家；而《兴浙会章程》又以“学以致用”为学问之道：“大抵经以《周礼》、两戴《记》为最要，由训诂通大义，足

---

① 吕祖谦撰，黄灵庚、吴战垒主编：《吕祖谦全集》第7册，浙江古籍出版社2008年版，第68页。

② 吕祖谦撰，黄灵庚、吴战垒主编：《吕祖谦全集》第1册，浙江古籍出版社2008年版，第54页。

③ 吕祖谦撰，黄灵庚、吴战垒主编：《吕祖谦全集》第1册，浙江古籍出版社2008年版，第84页。

④ 吕祖谦撰，黄灵庚、吴战垒主编：《吕祖谦全集》第2册，浙江古籍出版社2008年版，第254—255页。

⑤ 谢无量：《谢无量文集》第2卷“中国哲学史”，中国人民大学出版社2011年版，第422页。

⑥ 王士性：《王士性集》，浙江古籍出版社2013年版，第491—494页。

⑦ 舒大刚主编：《巴蜀文献》第2辑，四川大学出版社2015年版，第29页。

以致用。史以三史、《隋书》、《新唐书》为最要。”[①]与兴浙会的成立相前后，宋育仁、廖平等在成都成立蜀学会并创办《蜀学报》，“蜀学会”的宗旨是“以通经致用为主，以扶圣教而济时艰”，“发扬圣道，讲求实学”。[②] 民国七年(1918)春，章太炎在四川学界发表演讲，也大讲“经世致用”之学：“盖学有求是、致用二途。求是之学，但当精诣确当，不论适用与否。……致用之学，为乱事所当豫储。”[③]于此，浙学、蜀学中“通经明史”“经世致用”的优良学统与治学范式，昭然若揭。

四、和合兼容

不同地域的学术文化因和合兼容，才有交流融合的动力。历史上浙、蜀两地的思想家，顺应学术发展趋势，互学互鉴、兼容博采，共同成就了中华文明的繁荣与兴盛。当代蜀学研究者指出：“蜀道内外的勾连，入蜀与出蜀的交互，使巴蜀文化善于学习借鉴其他地域的文化特点，而其他区域的士人来到蜀中之后，也能得到(巴蜀)这片古老土地上的异样文化的滋养，迅速成长、提升以至超越自我。”[④]这就是蜀学与浙学所兼具的和合兼容的文化观。

和合兼容作为浙学与蜀学的共同特质，汇聚于以儒佛道为主体的中华传统文化，它蕴含了儒家“和而不同”、佛教“因缘和合”、道教“和光同尘”的思想精髓与深层智慧。历史上的浙、蜀二地，既是儒学传播的重镇，也是道教发展的重要区域。巴蜀哲学史上的第一位哲学家严遵，既精通儒家经典，也深谙道家《老子》并著成《老子指归》，所以说，他的学术思想具有“以道为主、兼采儒学”的兼容特色。浙江的天台山、四川的青城山均为道教著名的洞天福地，唐末五代浙籍道士杜光庭先后在天台山、青城山修道，主张调和儒、道思想。蜀人李白以“诗仙”形象为后世所熟知，实则他也是一位通《诗》《书》、诵儒经以求入世的儒学思想家；同时，受道教影响，少年时寻访过高道司马承祯，并赋诗“十五学神仙，仙游未曾歇”以明志；[⑤]此外，他还受佛教影响，自号青莲居士，足以为证。要之，李白的学术思想是儒佛道三教和合兼容的产物。眉山“三苏”的治学范式是兼容诸家、贯通三教，如果说苏洵的思想是杂糅先秦各家而以儒家为主的话，那

① 姚奠中、董国炎：《章太炎学术年谱》，三晋出版社 2014 年版，第 49 页。

② 彭华：《宋育仁与近代蜀学略论》，《历史教学问题》2011 年第 2 期。

③ 章念驰编：《章太炎全集・演讲集》，上海人民出版社 2015 年版，第 270 页。

④ 舒大刚主编：《蜀学・湘学与儒学学术研讨会论文集》，线装书局 2018 年版，第 785 页。

⑤ 安旗主编：《李白全集编年笺注》，中华书局 2017 年版，第 1967 页。

么苏轼、苏辙则是以儒家统摄佛道而成的三教合一思想。[①] 苏轼作为贯通儒释道三教的典范，治学从儒家入手，尔后感兴趣于道教，最后以佛教思想超越贯通，终得博辩无碍、浩然无涯的思想境界。南宋浙籍爱国诗人陆游的学术思想也是兼容佛道，蜀地任职期间，因对神仙、金丹、长生等道教信仰有兴趣，先后四次前往道教圣地青城山寻觅高道，并观看道士炼丹；[②]同时还多游蜀地的禅林胜地，且赋诗留念。[③]

南宋吕祖谦传中原文献之学，兼容儒佛以及濂、洛、关、闽、浙、蜀、朔诸家之学，进而开创婺学学统。全祖望在《同谷三先生书院记》一文中，对"吕学""兼取"同时代"朱学""陆学"的学术特征予以揭示："宋乾淳以后，学派分而为三，朱学也，吕学也，陆学也。三家同时，皆不甚合，朱学以格物致知，陆学以明心，吕学则兼取其长，而又以中原文献之统润色之。"[④]也正是吕氏治学的兼容性，招致了朱熹的不满，以为吕氏之学"喜合恶离""和泥合水"，这从侧面佐证了吕氏婺学兼收并蓄的学术品格。而南宋婺学本身即具有包容性，既有推崇性理之学的吕祖谦，也有倡导事功之学的陈亮，还有专治经制之学的唐仲友。南宋浙学殿军王应麟的治学风格也是"和齐斟酌，不名一师"："承（吕祖谦）明招学派，兼绍朱（熹）、陆（九渊），旁逮永嘉（学派）。" [⑤]南宋蜀学家魏了翁虽推崇张栻、朱熹理学，但也"和会朱陆"，力主吸取陆氏心学的菁华，还提出了"心者人之太极，而人心又为天地之太极"[⑥]的心学命题；同时，他不像朱熹那般拒斥浙学，而是"兼有永嘉经制之粹，而去其驳" [⑦]，融合众说。黄宗羲作为宋明理学的殿军，其治学风格更是博采众家之长，"以濂洛之统，综会诸家：横渠之礼教，康节之数学，东莱之文献，艮斋、止斋之经制，水心之文章，莫不旁推交通，连珠合璧，自来儒林所未有也"[⑧]。上述所言，是为浙学和合兼容特质的具体体现。

明代蜀籍阳明学者席书"和会朱陆"，促成王阳明提出了"知行合一"新论。现代新儒家中"新心学"的开创者贺麟，一生推崇王阳明的"知行合一"，其《知行

① 舒大刚：《蜀学论衡：舒大刚学术论集》，孔学堂书局 2018 年版，第 282 页。
② 于北山：《陆游年谱》，上海古籍出版社 2017 年版，第 577 页。
③ 于北山：《陆游年谱》，上海古籍出版社 2017 年版，第 189 页。
④ 全祖望：《全祖望集汇校集注》，上海古籍出版社 2017 年版，第 1048 页。
⑤ 黄灵庚：《浙学读本》，人民文学出版社 2019 年版，第 177 页。
⑥ 黄宗羲：《黄宗羲全集》第六册，浙江古籍出版社 2005 年增订版，第 144 页。
⑦ 黄宗羲：《黄宗羲全集》第六册，浙江古籍出版社 2005 年增订版，第 124 页。
⑧ 全祖望：《全祖望集汇校集注》，上海古籍出版社 2018 年版，第 220 页。

合一新论》《〈孙文学说〉的哲学意义》《知行合一问题：由朱熹、王阳明、王船山、孙中山到〈实践论〉》等系列文稿，得出结论：无论是朱熹的“知先行后”，还是孙中山的“知难行易”，其最终的理论归宿均是“知行合一”。[①] 贺麟创建“新心学”的方法论，就是中西哲学的“比较参证、融会贯通”。另一位蜀籍新儒家唐君毅认为，“必读西哲印哲书，而后益知中国先哲之不可及，知其中庸之高明也”，其早年代表作《人生之体验》，就是融通中外各种人生哲学思想，以中国儒家人生哲学为宗，以自己生命体验为根基的人生哲学典范之作；其晚年遗著《生命存在与心灵境界》，更是“通中外古今以为说”，“目的在合哲学、宗教、道德为一体，以成一学一教之道”。[②] 蜀籍今文经学家廖平，融合古今中西各种学说，建立了一个熔三教于一炉、合诸子为一体的无所不包的大学问——孔经哲学。以至于当代学者用“廖平及受他影响的蜀中学人之文化共同体，在清末至民国之文化转型期，对中西文明所作的深刻反思之学，以蒙文通、刘咸炘、唐君毅等为代表”来界定近代蜀学的内涵与外延，进而强调近代蜀学具有中西文化相资互补的属性。[③] 近代浙学家章太炎早年专注于西方哲学家康德、叔本华、黑格尔、罗素的研究，并致力于会通东西两大哲学系统，以求创建东西方哲学和合兼容性质的学术思想体系。浙江绍兴人蔡元培任北京大学校长期间，更是提倡“循思想自由原则，取兼容并包主义”的学术主张。

行文至此，我们认为，在源远流长、历久弥新的历史文化长河中，作为地域文化形态并富有地方特色的浙学与蜀学，互学互鉴、相得益彰，形成了相互交融的学术格局，从而也具有了以天人合一、经史并重、经世致用、和合兼容为共同特质的人文精神，既促成了中华地域文化共同体的形成，也影响了独具特色、博大精深的中华文明的进程和学术思想的发展。

第四节 浙学与北学

南方之“浙学”、北方之“北学”，系浙江、河北两地两种富有地域文化特色的人文传统与理性精神。王充为“浙学”开山，荀子、董仲舒为“北学”开山。刘鳞

① 贺麟：《五十年来的中国哲学》，上海人民出版社 2012 年版，第 139—214 页。

② 汪丽华、何仁富：《唐君毅先生年谱长编》，中国社会科学出版社 2018 年版，第 125、626—627 页。

③ 郭齐勇：《萧萐父先生与近代蜀学》，《四川师范大学学报(社会科学版)》2011 年第 4 期。

长的《浙学宗传》、魏一鳌的《北学编》、尹会一的《续北学编》，则是“北学”“浙学”学术谱系得以生成的标志性文献。本书赞成学界前辈关于“浙学”“北学”概念的界定。“浙学”一词最早是由南宋朱熹提出，作为一种地域儒学，是指渊源于东汉、酝酿形成于两宋、转型于明代、发扬光大于清代的浙东经史之学。[①] 而“北学”则是指以燕赵之学为核心的北方之学抑或以河北地区为核心的北方之学，内容包括诸子学、经学、理学、考据学等。[②]

一、经学之辨：两汉时期的浙学与北学

基于以上界定，浙学、北学作为两种地域思想学术传统，在中华传统思想发展史的交涉与互动，最早可从“浙学”开山王充以及王充对荀子、董仲舒的评议谈起。

东汉王充生于会稽郡上虞，出自“孤门细族”。但据《论衡·自纪篇》，王充祖上世居魏郡元城（今河北省邯郸市大名县）；因几世从军有功，封食于会稽郡阳亭。王充作为一个儒者，对先秦及西汉的“北学”开山荀子、董仲舒皆有评论。基于“天”为自然之天，王充主张的“元气自然”“天道无为”的天道观，与荀子提倡的“天行有常”“明于天人之分”的天人观颇为相似。荀子思想中有无神论传统，而王充基于元气、精气、和气的自然气化论，主张生死自然，人之所以生是由于精气血脉的存在，“人死血脉竭，竭而精气灭，灭而形体朽，朽而成灰土”[③]，这也是一种无神论传统。

王充尽管批判西汉盛行的谶纬神学及天人感应论，但对“北地儒宗”董仲舒则予以高度评价。据学者最新研究，在王充这里，董仲舒与孔子并列，“文王之文在孔子，孔子之文在（董）仲舒”；王充《论衡》中有 62 次提到董仲舒，仅有两次怀疑董仲舒，其它 60 次是表扬[④]。董仲舒传承先秦儒家“德主刑辅”论，提出“大德而小刑”的社会治理原则，用儒家的仁德教化去代替法家的严刑酷法；而稍后的王充，也继承孔孟儒家包括董仲舒主张的“文武并用”“德主刑辅”论，进而提

---

① 详参吴光《“浙学”的基本精神》（《浙江学刊》1992 第 1 期）、《简论“浙学”的内涵及其基本精神》（《浙江社会科学》2004 年第 6 期）等文章。

② 详参梁世和《北学与燕赵文化》（《河北学刊》2004 年第 4 期）、《北学：燕赵文化之“体”》（《中国社会科学报》2018 年 10 月 26 日）、《“北学”引起学界关注》（《光明日报》2019 年 9 月 7 日）等文章。

③ 王充：《论衡》，岳麓书社 2015 年版，第 254 页。

④ 周桂钿：《董子其人其学》，《光明日报》2020 年 8 月 22 日。

出了“治国之道，所养有二：一曰养德，二曰养力”的“德力具足”论。[①] 儒家的“德”与法家的“力”，刚柔并举，方为完整的“治国之道”。

学界一般认为，汉武帝接受了董仲舒“罢黜百家，独尊儒术”的文教建议；实则董仲舒的著述中，并无“罢黜百家，独尊儒术”的论述。[②] “罢黜百家，独尊儒术”则是近代浙学家蔡元培在1910年所著《中国伦理学史》中的提法：“我国伦理学说，发轫于周季。其时儒墨道法，众家并兴。及汉武帝罢黜百家，独尊儒术，而儒家言始为我国唯一之伦理学。”[③]

此外，善《春秋》的唐代经学家啖助(724—770)，出任浙江台州临海县尉，任上重视文教，也间接促成了“北学”之经学在浙南的传播。啖助的经学代表作是未竟的遗作《春秋集传集注》《春秋统例》；而其修订完稿则是啖助高足陆淳(？—806)、啖助之子啖异(生卒年不详)前往浙东越州(绍兴)，寻访时在越州刺史府任职的赵匡(生卒年不详，师从啖助)，由赵匡在越州刺史府修缮，再由陆淳编纂定稿。这也是“北学”经师啖助与浙江之间的一段“学缘”。

二、义利之辨：宋元时期的浙学与北学

在中国思想史上，南宋大儒朱熹首提“浙学”一词：“近世言浙学者多尚事功”[④]，“浙学却专是功利”[⑤]。因为南宋浙东学派高扬义利并举的价值观、工商皆本的经济观和经世致用的学术观，所以朱熹就用“事功”“功利”带有贬义嘲讽性质的词汇来指称浙东永康、永嘉之学。南宋浙学是以永嘉(薛季宣、陈傅良、叶适)、永康(陈亮)、金华(吕祖谦、唐仲友)之学为代表的浙东学派，崇尚事功与经制。而南宋浙学与北学的互动，可以从浙东学者对“北学”开山荀子、董仲舒的评议谈起。

唐仲友作为浙东经制之学的提倡者，或许是受荀子礼制之学影响，推崇荀学。南宋淳熙八年(1181)，唐仲友在台州知府任上，用公使库公帑开雕《荀子》，卷后附唐仲友所撰署名“大宋淳熙八年岁在辛丑十有一月甲申，朝请郎、权发遣台州军州事唐仲友后序”[⑥]一篇。因推崇荀学，朱熹弹劾唐仲友的第四、六状(奏

① 王充：《论衡》，岳麓书社2015年版，第123页。
② 秦进才：《董仲舒与“罢黜百家，独尊儒术”关系新探》，《衡水学院学报》2020年第5期。
③ 蔡元培：《中国伦理学史》，广西师范大学出版社2010年版，第2页。
④ 朱熹：《香溪范子小传》，转引自《范浚集》，浙江古籍出版社2014年版，第278页。
⑤ 黎靖德编，王星贤点校：《朱子语类》，中华书局1986年版，第2967页。
⑥ 王先谦：《荀子集解》，中华书局1988年版，第6—7页。

疏)云:“仲友以官钱开荀、扬、文中、韩文四子……所印四子曾送一本与臣(朱熹),臣不合收受。”[①]唐仲友刊刻《荀子》《法言》《文中子》《韩昌黎集》,而朱熹编刊《四书章句集注》,其中朱刊《孟子》有“性善论”,而唐刻《荀子》有“性恶篇”;再加上唐仲友另刻“三子”书,与朱熹主张的道德理想主义形同水火,唐仲友送“四子书”给朱熹,实则是抬出“古人”与朱熹“论战”,故而朱熹要把唐仲友刊刻《荀子》宣传“性恶”作为“罪状”。[②]

叶适作为永嘉学派集大成者,提倡事功之学,不知何故,对“北学”大儒荀子、董仲舒之学则予批判。叶适撰《辩〈孔子家语〉为荀氏之传》一文,又在《习学记言序目》中对《荀子》中“劝学”“荣辱”“非十二子”等篇评析,[③]进而批判了荀子的诸多观点。实则,全面研读叶适著作并深入分析他的思想特质后,就会发现叶适对荀学多有承传。再有,义利之辨是传统儒学的重要议题:“义”注重整体利益与道德诉求,“利”则考虑个体利益与自由追求。孔子以为君子宜“见得思义”“以义为上”,《周易》认为“利者,义之和”,《荀子》有“义与利者,人之所两有”的主张。这是说,先秦儒家的义利之辨主张义利合一的价值取向。而董仲舒则把儒家的义利之辨推向了一个极端,厥有名言:“正其谊而不谋其利,明其道而不计其功。”[④]董氏之论被后世儒者所继承,进而把儒家义利观演变成道义为上的绝对利他主义,这种论调也被朱熹所融摄;而叶适则对董氏“正其谊而不谋其利,明其道而不计其功”之论提出批评:“‘仁人正谊不谋利,明道不计功’,此语初看极好,细看全疏阔。古人以利与人而不自居其功,故道义光明。后世儒者行(董)仲舒之论,既无功利,则道义者乃无用之虚语尔;然举者不能胜,行者不能至,而反以为诟于天下矣。”[⑤]在叶适这里,先秦儒家包括荀子提倡的义利合一的价值得以正名。

永康学者陈亮与朱熹之间关于义利王霸的论辩,震动一时。朱熹在“甲辰四月”《与陈同甫书》中指责陈亮的“义利双行,王霸并用”之道;[⑥]陈亮不服,在“又甲辰秋”《答朱元晦秘书书》中以荀子“王霸义利之辨”为基调,回信辩白,甚

① 郭齐、尹波编注:《朱熹文集编年评注》,福建人民出版社 2019 年版,第 1020—1032、1038—1043 页。

② 有论者以为唐仲友刊刻《荀子》是把“印好的书籍运回老家书坊发卖,中饱私囊”,这才是唐仲友刻《荀子》遭朱熹弹劾的真相(详见李致忠:《唐仲友刻〈荀子〉遭劾真相》,载《文献》2007 年第 3 期)。

③ 叶适:《习学记言序目》,中华书局 1977 年版,第 645—655 页。

④ 袁长江编校:《董仲舒集》,学苑出版社 2003 年版,第 441 页。

⑤ 叶适:《习学记言序目》,中华书局 1977 年版,第 324 页。

⑥ 转引自陈亮著,邓广铭点校:《陈亮集》(增订本),河北教育出版社 2003 年版,第 284 页。

至将“义利双行，王霸并用”的标签奉还给朱熹：“自孟荀论义利王霸，汉唐诸儒未能深明其说。本朝伊洛诸公……如此却是‘义利双行，王霸并用’；如(陈)亮之说，却是直上直下，只有一个头颅做得成耳。”[①]这里，陈亮借用荀子的义利观、王霸论阐释了自己对王霸义利的理解。

元明之际的浙学家刘基关注荀学，其寓言集《郁离子·蝝蜲》中有《荀卿论三祥》文。[②] 这里，刘基借荀子之口，向统治者谏言。世俗之见以白乌、白鸲鹆、木连理为祥瑞之物；而在荀卿看来，此非“王者之祥”。进而言之，邦国王朝昌盛象征的三种祥瑞，实系“圣人为上，丰年次之，凤凰、麒麟为下”。这就要求统治者“见一物之非常，必省其政”，时时事事应以“民用”为上。此外，刘基对荀子的天道观也有继承。荀子有“天行有常”“天人相分”“制天命而用之”的天道自然观。[③]而刘基《郁离子·天道》一文中有“人能财成天地之道，辅相天地之宜，以育天地之宜，以育天下之物”[④]的论述，这其实就是“天道自然”的理论表述，同时要求“人”在尊重“天道”的前提下，发挥主观能动性，参赞天地，化育万物。可以这么说，刘基所说与荀子基于“天道自然”观提出的“制天命而用之”理论是一脉相承的。

此外，元明之际的浙学家宋濂、方孝孺也关注荀学，前者有《诸子辨·荀子》，其中批评荀子“之为人，才甚高而不见道者也。由其才甚高，故立言或弗悖于孔氏。由其不见道，故极言性恶，及讥讪子思、孟轲不少置”[⑤]；后者有《读荀子》，以为“荀卿似乎中正，故世多惑之。惜无孟子者出以纠其缪，故其书相传至今。……其言似是而实非也”[⑥]。因为宋、方师徒二人信奉程朱理学，故对荀学多持否定立场。

三、阳明心学：明代浙学与北学的聚焦

明代学术思潮发展的主线是阳明学，而阳明学正是明代浙学的主体。王阳明有京城任职、讲学授徒的经历，且有河北、河南、山东、陕西籍的弟子后学，厥

① 陈亮著，邓广铭点校：《陈亮集》(增订本)，河北教育出版社 2003 年版，第 269—270 页。
② 张宏敏、曾孔方笺校：《郁离子》，浙江大学出版社 2019 年版，第 126—127 页。
③ 安继民注译：《荀子》，中州古籍出版社 2008 年版，第 293 页。
④ 张宏敏、曾孔方笺校：《郁离子》，浙江大学出版社 2019 年版，第 177 页。
⑤ 黄灵庚编校：《宋濂全集》，人民文学出版社 2014 年版，第 1908—1909 页。
⑥ 徐光大点校：《方孝孺集》，浙江古籍出版社 2013 年版，第 133—134 页。

有“北方王门”；黄宗羲《明儒学案》“北方王门学案”对良知学在北地传播有概述，[①]是为广义的“北学”（北方之学）。阳明学在明代河北地域（北直隶）的传播，可以这样阐释。

少年王阳明寓居京师期间，因关注时势而出游居庸三关，而居庸关则在今河北境内。弘治十二年（1499）中进士的王阳明观政工部，奉命至北直隶大名府浚县，钦差督造威宁伯王越坟；闲暇之余，赋《游大伾山诗》，成《大伾山赋》，撰《乐陵司训吴先生墓碑》。尽管在今天的行政区域上，浚县属于河南，而在明朝地理版图中，浚县属于北直隶大名府则是史事。[②]

正德三年（1508），王阳明早期大弟子徐爱中进士，任保定府祈州县（今河北安国县）知州。正德七年（1512）六月，徐爱考绩入京，与时在京师的浙籍学者黄绾、顾应祥等侍从阳明，谈学论道；[③]自此，徐爱辑王阳明论学语录，是为《传习录》的缘起。同年秋，王阳明弟子汪景颜出任北直隶大名府大名县县令。临行，黄绾有《赠汪景颜》告以立志之论；[④]阳明在《与王纯甫书》中也言及汪景颜出任大名县令事，[⑤]而汪景颜出任大名是阳明学在河北展开的一个案例。徐爱任职祁州即以阳明学教化乡人，正德九年（1514），王阳明与徐爱在南都宣讲心学，徐爱在祁州所收门徒傅凤，至南都继续问学。临别，阳明作《与傅生凤》：“祁生傅凤，志在养亲而苦于贫。徐曰仁之为祁也，悯其志，尝育而教之。及曰仁去祁，生乃来京师谒予，遂从予而南。闻予言，若有省，将从事于学。……临别，书此遗之。”[⑥]这里，王阳明对傅凤这位河北祁州籍的爱徒称赞有加。

万历三十年（1602），时任北直隶真定府冀州知县杨嘉猷在冀州校刊《传习录》。杨嘉猷请焦竑撰《刻传习录序》，自己亲撰《重刻传习录小引》；协助杨嘉猷“重校《传习录》姓氏”为“冀州儒学学正彭天魁、训导杜邦泰、王华民、张元亨，举人郭盘石，选贡张可大，生员白源深、许有声、李初芳”；张可大、白源深、许有声分撰《重刻传习录跋》。[⑦] 在此，要指明的是，杨嘉猷师从泰州学派学者杨起元，杨起元师从罗汝芳，罗汝芳师从颜钧，颜钧师从徐樾，徐樾师从王艮，王艮师从

① 黄宗羲：《黄宗羲全集》第七册，浙江古籍出版社2005年增订版，第738—760页。
② 谭其骧主编：《中国历史地图集·元明时期》，中国地图出版社1982年版，第44—45页。
③ 邓艾民：《传习录注疏》，上海古籍出版社2015年版，第10—11页。
④ 张宏敏编校：《黄绾集》，上海古籍出版社2014年版，第146—147页。
⑤ 王守仁：《王阳明全集（简体字版）》，上海古籍出版社2012年版，第133页。
⑥ 王守仁：《王阳明全集（简体字版）》，上海古籍出版社2012年版，第228页。
⑦ 永富青地：《王守仁著作の文献学的研究》，日本东京汲古书院2007年版，第39—51页。

王阳明；而王艮、徐樾、颜钧、罗汝芳、杨起元则系《明儒学案》中，泰州学派的学者，故而杨嘉猷可谓阳明六传弟子，而师从杨嘉猷的真定府学子张可大、白源深、许有声等可谓阳明七传弟子，是为真正学统意义上的“河北阳明学学者”。

晚明时期，阳明后学“阳儒阴释”“玄虚空疏”的弊端显现，为修正王学，北学、浙学中先后涌现出了阳明学修正派。这其中以北学鹿善继与浙学刘宗周为代表。北直隶保定府人鹿善继（1575—1636），为学“本于余姚（王阳明），出入朱陆”；青年时期研读《王文成公全书》《王心斋遗录》，慨然有必为圣贤之志。黄宗羲《明儒学案・诸儒学案・鹿善继传》云：“（鹿善继）先生读《传习录》，而觉此心之无隔碍也。故人问其学何所授受，曰：‘即谓得之于阳明可也。’”[①]而鹿善继传承的阳明学系由江右罗念庵转来，门人陈鋐《鹿忠节公年谱》云：“阳明崛起姚江，直接洙泗嫡传……阳明之后，其道在（罗）念庵，念庵之后，其道在（鹿善继）先生。”[②]这里，北方王学又与江右王学发生了关联。

而明季浙学大儒刘宗周曾任顺天府尹，间接促成了其“慎独诚意之学”在河北地区的传播。与鹿善继罢官期间在家乡定兴讲学开创“燕南王学”[③]相仿，刘宗周“讲学二十余年，历东林、首善、证人三书院，从游者不下数百人”[④]，罢官之后在家乡蕺山书院讲学并开创蕺山学派。与鹿善继推崇阳明、罗念庵相似，刘宗周也传承阳明学，先是编辑《阳明传信录》[⑤]，又有《皇明道统录》，对江右罗念庵之学在阳明学谱系中的地位予以认可：“王（阳明）门惟心斋（王艮）氏盛传其说……末流衍蔓，浸为小人之无忌惮。罗（念庵）先生后起，有忧之，特拈‘收摄保聚’四字，为‘致良知’符诀，故其学专求之未发一机，以主静无欲为宗旨，可谓卫道苦心矣。”进而指出，“（阳明）先生之后，不可无（罗念庵）先生”[⑥]。清代桐城派学者方苞以为：“自明之季以至于今，燕南、河北、关西之学者能自竖立而以志节事功振拔于一时，大抵闻阳明氏之风而兴起者也。”[⑦]进而言之，晚明至清代中前期，与浙学（蕺山学派）相仿，北学中的阳明学信徒不绝如缕。

---

① 黄宗羲：《黄宗羲全集》第八册，浙江古籍出版社2005年增订版，第643页。

② 陈鋐：《明末鹿忠节公善继年谱》，台北商务印书馆1978年版，第138页。

③ 贾乾初、陈寒鸣：《鹿善继与雁南王学》，载《阳明学派研究：阳明学派国际学术研讨会论文集》，杭州出版社2011年版，第391—396页。

④ 黄宗羲：《黄宗羲全集》第11册，浙江古籍出版社2005年增订版，第58—59页。

⑤ 刘宗周：《刘宗周全集》第5册，台湾“中央研究院”中国文哲研究所筹备处，1997年版，第1—92页。

⑥ 黄宗羲：《黄宗羲全集》第七册，浙江古籍出版社2005年增订版，第20页。

⑦ 方苞：《方望溪全集》，中国书店1991年版，第202页。

四、经世实学:明清之际浙学与北学的关注

在明末清初批判王学末流“空谈误国”之际,经世实学思潮兴起,以南学黄宗羲为代表的浙东经史学派产生,这一学派以“通经致用”“史学经世”为宗旨。与此同时,北学孙奇逢以及颜李学派亦提倡“实学”,进而与清代浙东学派发生关联。

(一)南学黄宗羲与北学孙奇逢

孙奇逢、李颙、黄宗羲为明清之际儒学之宗,并称为“三大儒”。“三大儒”中的孙奇逢为河北人、黄宗羲为浙江人,二人作为北学、浙学(抑或说是“南学”)的代表性人物,在人生经历、学术创造上有相似之处。

比如,清兵入关后,孙奇逢在河北组建起第一支抗击清兵的汉族武装,而黄宗羲则在浙东四明山组织队伍抗击南下的清兵。孙奇逢、黄宗羲在推崇阳明其人其学的同时,对阳明后学的流弊有反思与修正;同时,也有对宋明理学的反思,表现为分撰《理学宗传》《明儒学案》,进而对宋明理学进行系统梳理与总结。详而言之,孙奇逢早年研习程朱理学,中年接触心学后则“以象山、阳明为宗”:“陆子静直接孟氏之传。阳明《传习录》透胸达背,全体灵通。由二子而得我心,得我心即可睹面而见孔孟矣。”[①]孙奇逢讲学“语录”也有“接陆了静之传者,实惟阳明;鹿伯顺亦自谓读《传习录》而有得也,则接阳明之传者,实惟伯顺”[②]之语。孙奇逢并赋诗《读传习录》,其中有“肖物春工非逐物,《录》中字字辟鸿蒙”[③]的结语。

黄宗羲师从刘宗周而传承阳明学脉,《明儒学案》卷十《姚江学案》对阳明学予以总结,同时辑录刘宗周的《阳明传信录》。[④] 黄宗羲还对阳明学传人即阳明后学以地域、为学宗旨为分析范式,分撰“浙中王门学案”“江右王门学案”“南中王门学案”“楚中王门学案”“北方王门学案”“粤闽王门学案”“止修学案”“泰州学案”,[⑤]对阳明学派予以总体评判。这与孙奇逢撰《理学宗传》为阳明学者立传述学的做法相仿。

---

① 张显清编:《孙奇逢集》,中州古籍出版社2003年版,第1041页。

② 孙奇逢著,朱茂汉点校:《夏峰先生集》,中华书局2004年版,第540页。

③ 孙奇逢著,朱茂汉点校:《夏峰先生集》,中华书局2004年版,第505页。

④ 黄宗羲:《黄宗羲全集》第七册,浙江古籍出版社2005年增订版,第200—243页。

⑤ 黄宗羲:《黄宗羲全集》第七册,浙江古籍出版社2005年增订版,第245—871页;《黄宗羲全集》第八册,浙江古籍出版社2005年增订版,第1—137页。

与刘宗周、黄宗羲相仿，对于阳明后学的工夫论立场，孙奇逢是认可江右王学罗洪先对阳明后学的修正而批判浙中王学王畿“向上一路”的路数，其《题念庵集后》云：“（罗）念庵，阳明功臣、龙溪益友也。”[①]其《跋念庵答王宗沐问静》文：“此是念庵大把柄……归静言乎其功也，是真实体认语，恁是生安圣人，须要时时刻刻作戒惧工夫。”[②]其《读十一子语录书后·罗文恭》中言：“阳明门中，尊所闻、行所知者尽不乏人，而真实得力万不可少者，则罗文恭（念庵）也。”[③]于此，可见孙奇逢的阳明学情结及其对阳明学的接受程度。

另外，黄宗羲与孙奇逢之间也有交集。孙奇逢《与鹿伯顺书》中有“《经世名言》因为太冲携去，故而稽迟”[④]云云，此处“太冲”当指黄宗羲（字太冲），易言之，黄宗羲曾借阅孙奇逢藏书《经世名言》一书。清康熙十二年（1673），90岁高龄的孙奇逢还作诗寄黄宗羲（时年63岁），勉以“蕺山薪传”。[⑤]

孙奇逢、黄宗羲还是明清之际实用实学的提倡者与践行者。孙奇逢有言：“学问之事，患无下手处，故无得力处。知在‘躬行’二字上着手，便一了百当矣。”“学问事，此中同人津津讲求，渐有头绪，总之不离‘躬行’二字。口里说一丈，不如身上行一尺。”[⑥]而黄宗羲在《明夷待访录》中的政治建言、《明儒学案》中的学术史观，皆反映了一种以实用之学为主导的实践哲学。四库全书总目提要在谈到黄宗羲经学著作《易学象数论》时，有这样的总结：“按诸实际，推究事理，不为空疏无用之谈。”[⑦]黄宗羲以“儒者之学，经纬天地”[⑧]为标的，提出“通经致用”“经世应务”的治学宗旨，讲求实体、实用、实效、实行之实学。[⑨]

（二）颜李学派与清代中前期浙学

北学之颜李学派与清代浙东学派之间的关联，也是清代中前期北学与浙学互动的一个案例。对于阳明学，颜元尽管持批判态度，但其早年有“深喜陆（九渊）、王（阳明），手抄《（陆王）要语》”[⑩]的学术经历。而中年时期颜元则对阳明学

---

① 孙奇逢著，朱茂汉点校：《夏峰先生集》，中华书局2004年版，第315页。
② 孙奇逢著，朱茂汉点校：《夏峰先生集》，中华书局2004年版，第338页。
③ 孙奇逢著，朱茂汉点校：《夏峰先生集》，中华书局2004年版，第343页。
④ 孙奇逢著，朱茂汉点校：《夏峰先生集》，中华书局2004年版，第1页。
⑤ 黄宗羲：《黄宗羲全集》第八册，浙江古籍出版社2005年增订版，第722页。
⑥ 黄宗羲著：《夏峰先生集》，中华书局2004年版，第79页。
⑦ 黄宗羲：《黄宗羲全集》第十二册，浙江古籍出版社2005年增订版，第194页。
⑧ 黄宗羲：《黄宗羲全集》第十册，浙江古籍出版社2005年增订版，第433页。
⑨ 张宏敏：《以实用之学，开一代新风》，《浙江日报》2018年2月5日。
⑩ 颜元：《颜元集》，中华书局1987年版，第712页。

发起抨击:“果息王学而朱学独行,不杀人耶!果息朱学而独行王学,不杀人耶!今天下百里无一士,千里无一贤,朝无政事,野无善俗,生民沦丧,谁执其咎耶!”①

基于提倡实学的考量,颜元推崇南宋浙东事功实学。颜元喜读陈亮论著,为陈亮早逝而叹息:“使文达(陈亮)之学行,虽不免杂霸,而三代苍生或少有幸;不幸陆、朱并行,交代兴衰,遂使学术如此,世道如此。”②前文提到,叶适批判董仲舒的“仁人正谊不谋利,明道不计功”,有“此语初看极好,细看全疏阔。古人以利与人而不自居其功,故道义光明”③云云。这里,颜元对叶适之论则予以认可,进而批判董仲舒之言:“盖‘正谊’便谋利,‘明道’便计功,是欲速,是助长;全不谋利计功,是空寂,是腐儒。”④其进而强调功利之学,提出了“正其义以谋其利,明其道以计其功”⑤的义利合一观。

或许是受颜元推崇南宋浙东事功学说影响,再加上希望颜元之学在江南一带传播,颜元高足李塨则与清代前期“浙学”之间存有诸多交涉。这可从李塨与浙籍学人的交游中得知。

康熙三十四年(1695),李塨离别家乡(保定府蠡县)来到浙江桐乡,受桐乡知县郭子坚之聘作其幕僚。离乡时,颜元赠语:“爱惜人才,倡明圣道。”⑥易言之,李塨前来江浙有弘扬师道即颜元之学的使命。是年春三月,在郭子坚的支持下,李塨特地离开桐乡前往杭州游学,寻访阳明嫡孙王复礼(生卒年不详)在杭州的住处;当时王复礼卧病在床,不便会客,送所著《三子定论》与李塨。同年夏,李塨在桐乡收到王复礼自杭州寄来书信,称其本人与李塨“论学相合,其论以孔孟为的、六经为证,躬行为主”。得此知音,李塨自是肃然起敬,是年秋李塨再到杭州,二人多次聚会论学谈道。日后,李塨编撰《大学辨业》,其中大段引述《传习录》中阳明与弟子郑朝朔、徐爱、黄以方之间关于格物致知的问答。⑦

尽管在康熙三十四年两次来杭州,遗憾的是,李塨并未面晤时在杭城的阳明学者毛奇龄。康熙三十六年(1697),李塨第三次前来杭州,与王复礼同前去

① 颜元:《颜元集》,中华书局1987年版,第494页。
② 颜元:《颜元集》,中华书局1987年版,第508页。
③ 叶适:《习学记言序目》,中华书局1977年版,第324页。
④ 颜元:《颜元集》,中华书局1987年版,第671页。
⑤ 颜元:《颜元集》,中华书局1987年版,第163页。
⑥ 李塨:《李塨文集》,河北人民出版社2011年版,第730页。
⑦ 李塨:《李塨文集》,河北人民出版社2011年版,第30—34页。

拜会毛奇龄。初次见面，李塨即认可毛奇龄辨《太极图》《河图洛书》之伪，同时感谢毛奇龄先前赠阅的《乐书》。鉴于毛氏辨伪学功力深厚，再加上考据学的实学特质与颜元之学的实学相通，李塨在杭期间多次向毛奇龄问“乐”。同时，毛奇龄也对颜元之学产生兴趣：“闻颜习斋先生有《存性编》，何谓也?”李塨答曰：“宗孟子‘性善’，而辨宋人言‘气质有恶’也。”毛奇龄问：“颜习斋好言经济，恐于存养有却，存心养性之功不可废也。”李塨答：“颜先生省心之功甚密，每日习恭数次，所谓‘居处恭’也。”[①]在就颜李之学的修身工夫、路径详细切磋后，毛奇龄又就李塨阅读《乐录》之惑予以解答。而毛奇龄的群经辨伪学则为李塨所继承与发挥。比如李塨《周易传注》有对毛奇龄易学理论的发挥。[②] 李塨通过系统学习毛奇龄的《乐录》撰成《乐律》，毛奇龄评曰：“今得恕谷阐发之，千年之秘，为之一开，实天地造化特钟其人，以使万古元音仍在人间，瞽宗先师，必称庆地下，而世莫知也。”[③]而后李塨师从毛奇龄，也参与编纂了《西河合集》。

总之，李塨游学桐乡、杭州期间，与王复礼、毛奇龄等浙籍学者结交论学，一方面促成了颜李学派在浙江的传播，另一方面也将毛奇龄的考据学方法论带回河北又丰富了“北学”内涵。

五、文献考据：清代浙学与北学的交涉

考据学系清代中前期的学术思潮主体。学界多认为，清代考据学分吴派、皖派、扬州学派，其实还有以姚际恒、查慎行、齐召南、梁玉绳、卢文弨、陈鳣、严可均、俞樾、孙诒让等为代表的浙派。清史研究权威戴逸先生撰《清代浙东经史学派资料选辑·序》一文，论证了清代考据学浙派的成立。[④] 浙派考据学家对以《荀子》《春秋繁露》为代表的“北学”经典多有考证，是为清代浙学与北学交涉的主线。

浙江仁和人姚际恒著《古今伪书考》，其中把董仲舒《春秋繁露》归之为“有书非伪而书名为伪者”[⑤]。浙江鄞州人全祖望七校《水经注》，[⑥]而《水经注》注家之一的郦道元(约470—527)则是河北涿州人。此外，全祖望撰《读〈荀子〉》文，

① 李塨：《李塨文集》，河北人民出版社2011年版，第737页。

② 详见崔丽丽：《毛奇龄易学研究》，中国社会科学出版社2016年版。

③ 《李恕谷先生年谱》，载《李塨文集》，河北人民出版社2011年版，第748页。

④ 戴逸：《清代浙东经史学派资料选辑·序》，《中国史研究动态》2014年第2期。

⑤ 林庆彰主编：《姚际恒著作集》，台湾“中央研究院”中国文哲研究所1994年版，第319—320页。

⑥ 全祖望：《全祖望集汇校集注》，上海古籍出版社2018年版，第1398—1410页。

对荀子生卒年、籍贯地、墓葬地等予以考辨。[①] 在《经史问答》中,全祖望对"《荀卿传》葬兰陵,而《国策》谓其归赵,且录其绝春申之书,谁是"之问予以答复:"恐是《国策》为是。"[②]稍晚于全祖望的浙江钱塘人梁玉绳(1716—1792)在《史记志疑》一书中对全氏"荀子以甘棠之旧,复游兰陵而卒焉"之论提出质疑:"(全祖望)《经史问答》未检及此,因疑荀子辞春申而去,及春申死,荀子以甘棠之旧,复游兰陵而卒,未免臆说。"[③]

浙江仁和人卢文弨,以校勘学成就最为卓越,对《荀子》[④]、《春秋繁露》[⑤]的版本、校勘贡献颇多。比如,其先是抄录杨倞注本《荀子》而成"巾箱本",又"影钞宋大字本"校并撰跋《书荀子后》,其中有对荀子"性恶论"的辨正。[⑥]

浙江嘉善人谢墉刊刻《荀子》,称《荀子笺释》,并撰《荀子校勘补遗》刊刻之。而谢墉《荀子笺释序》文则为荀子"性恶论"等辩论。[⑦] 浙江乌程人严可均对荀学颇为推崇,撰《荀子当从祀议》,其中有云:"荀子自是孟子后第一人。……谓荀子当从祀,实万世之公议也。"[⑧]这里,继谢墉《荀子序》、钱大昕《荀子跋》之后,与汪中《荀卿子通论》、凌廷堪《荀卿颂》同时,严可均亦力主荀子从祀孔庙。浙江定海人黄式三之《儆居集》中有《读荀子》《读徐氏〈荀子辨〉》[⑨]《读谢(墉)校〈荀子〉》[⑩]等文。其中,对荀子、荀学有中肯的评论,尤其认为:"传经之功,荀卿为大。"[⑪]

浙江湖州人俞樾撰《诸子平议》,其中有对《荀子》《春秋繁露》的平议。钟情于校释《荀子》,俞樾基于杨倞《荀子注》而以"案语"形式撰有《荀子平议》;[⑫]此外,俞樾又撰有《荀子诗说》一卷,节录《荀子》书中引《诗》之文,附以按语进而对所引之《诗》予以解读,意在阐明《毛诗》对荀子《诗》说之继承。[⑬] 也应指出,俞樾

---

① 全祖望:《全祖望集汇校集注》,上海古籍出版社 2018 年版,第 1370 页。
② 全祖望:《全祖望集汇校集注》,上海古籍出版社 2018 年版,第 1999 页。
③ 梁玉绳:《史记质疑》,中华书局 1981 年版,第 1272 页。
④ 陈东辉主编:《卢文弨全集》第 15 册,浙江大学出版社 2017 年版,第 292—296、424 页。
⑤ 陈东辉主编:《卢文弨全集》第 15 册,浙江古籍出版社 2017 年版,第 390 页。
⑥ 陈东辉主编:《卢文弨全集》第 8 册,浙江古籍出版社 2017 年版,第 189—191 页。
⑦ 转引自王先谦:《荀子集解》,中华书局 1988 年版,第 12—14 页。
⑧ 严可均撰,孙宝点校:《严可均集》,浙江古籍出版社 2013 年版,第 103—105 页。
⑨ 黄式三撰:《黄式三全集》第 5 册,上海古籍出版社 2013 年版,第 337—338 页。
⑩ 陈东辉主编:《黄式三全集》第 5 册,上海古籍出版社 2013 年版,第 263—265 页。
⑪ 黄式三撰:《黄式三全集》第 5 册,上海古籍出版社 2013 年版,第 265 页。
⑫ 俞樾著:《俞樾全集》第 3 册,浙江古籍出版社 2017 年版,第 243—330 页。
⑬ 康廷山:《清代荀学史略》,中华书局 2020 年版,第 224—225 页。

校释《荀子》之本意在于"法后王"而倡变革，其《诸子平议·春秋繁露平议》意在为《春秋繁露》正名[①]。浙江瑞安人孙诒让对《荀子》《春秋繁露》均有校勘，对于《〈荀子〉杨倞注》的校雠，主要依据谢墉校刊本、景宋台州本、日本久保爱《增注》本、刘台拱《补注》校、郝懿行《补注》校、王念孙《读书杂志》校、俞樾《诸子平议》校，对《荀子》中的部分文句、字义以及杨倞《注》文以"案语"形式校雠。[②] 依据《春秋繁露》的卢文弨校刊本、凌曙《注》本以及俞樾《诸子平议》校刊本，孙诒让对《春秋繁露》部分篇目，以"案语"形式加以注释。[③]

近代浙江余杭人章太炎师从俞樾研究朴学，亦推崇荀学，有《尊荀》《订孔》《后圣》等专文，[④]认为孔子之后最能代表儒家发展走势的是荀子，进而推荀子为"后圣"，并欣赏荀子"九流腾跃，以兰陵（荀子）为宗；历史汗牛，以后王为法"的"法后王"理念。绍兴人蔡元培著《中国伦理学史》，专论荀子人性论，并有专文《尊荀论》。以上所述，足以说明荀学是近代学术、政治转型的古典学资源，并为近代浙学家所阐释。

六、浙学与北学共有的理论特质

浙学与北学，作为南北地域学术的两种典型形态，因交流而互鉴，因互鉴而发展，进而呈现出以"求实""批判""会通"为基本精神的共有的理论特质。

（一）求实

浙学、北学作为两种地域学术，其理论特质为"实学"。"实学"一词出自王充的浙学经典《论衡》："韩子非儒，谓之无益有损。盖谓俗儒无行操，举措不重礼，以儒名而俗行，以实学而伪说。"[⑤]这里，王充以"实学"指称"儒学"。而《论衡》的写作宗旨就是"实事疾妄"，其"对作篇"云："《论衡》实事疾妄……无诽谤之辞。"[⑥]班固《汉书·河间献王刘德传》赞："河间献王（刘）德……修学好古，实事求是。"[⑦]故而，王充提倡的"实事疾妄"，河间献王的"实事求是"，二者一以贯

---

① 转引自黄云眉：《古今伪书考补正》，商务印书馆 2019 年版，第 200 页。

② 孙诒让著，雪克、陈野点校：《札迻》，中华书局 2009 年版，第 208—218 页。

③ 孙诒让著，雪克、陈野点校：《札迻》，中华书局 2009 年版，第 39—51 页。

④ 朱维铮点校：《章太炎全集·訄书（初刻本、重订本）·检论》，上海人民出版社 2014 年版，第 6—7、132—134 页。

⑤ 王充：《论衡》，岳麓书社 2015 年版，第 122 页。

⑥ 王充：《论衡》，岳麓书社 2015 年版，第 355 页。

⑦ 班固：《汉书》，中华书局 2000 年简体字版，第 1840 页。

之，以“实学”为共识。

王阳明的良知心学，也是不离日用、“事上磨练”的知行合一之“实学”。北学家鹿善继以“一意实践”为治学特色，传道受业，形成以躬行实践为特色的“燕南王学”。黄宗羲的实学与颜李学派的实学有异曲同工之妙，黄宗羲建言以兵法、历算、医学、测望、火器、乐律之“绝学”取代“科举之学”[①]，讲求“通经致用”“经世应务”的治学宗旨，是为实体、实用、实效、实行之实学；颜李学派以实用、实事、实政、实征、实功、实得、实践、实学为学术宗旨，故而梁启超用“实践实用主义”来定性颜李学派：“（颜）西斋学风，只是教人多做事，少讲话，多务实际，少谈原理。”[②]近现代河北籍哲学家张申府认为“‘实而活’就是辩证唯物论或唯物辩证法的精蕴”：唯物论必然要求“实”的态度，“实”的态度要求我们为人、做事、讲学要“说实话，作实事，讲实学。如实，切实，实际，实践，脚踏实地，实事求是”[③]。

（二）批判

历史上的浙学家、北学家均有“崇尚气节”的传统。浙人方孝孺“被诛十族而不屈”，于谦“粉骨碎身全不怕，要留清白在人间”，王阳明的“狂者胸次”，黄宗羲的“豪杰精神”，刘宗周的“绝食殉国”，鲁迅的“横眉冷对千夫指”；燕赵大地自古多慷慨悲歌之士，杨继盛《就义诗》中的“浩气还太虚，丹心照千古”，孙奇逢的“理学忠节未始有二”，“大刀王五”的“勇武任侠”，李大钊的“为主义而牺牲”：均彰显了南、北两地学者“富贵不能淫，贫贱不能移，威武不能屈”的大丈夫精神。

王充“实事疾妄”的著述宗旨，体现了浙学的批判性。叶适的批判对象上至孔门弟子，下至程朱理学诸家，尤其批判董仲舒“正谊（义）不谋利”“明道不计功”的重义轻利价值观，进而提出了“利者义之和，义者利之本”的“崇义养利”论。黄宗羲著《明夷待访录》，其中严厉批判君主专制制度，喊出了“为天下之大害者君而已”的反专制口号，并提出以“天下为主君为客”为中心的具有民主启蒙倾向的社会改革纲领。黄宗羲不仅激烈批判君主专制制度，且批判阳明后学的禅学化倾向：“阳明先生之学，有泰州、龙溪而风行天下，亦因泰州、龙溪而渐失其传。泰州、龙溪时时不满其师说，益启瞿昙之秘而归之师，盖跻阳明而为禅

① 黄宗羲：《黄宗羲全集》第一册，浙江古籍出版社 2005 年增订版，第 19 页。

② 梁启超：《中国近三百年学术史》，天津古籍出版社 2003 年版，第 131 页。

③ 刘静芳：《论张申府与张岱年理论旨趣的差异》，《中国哲学史》2009 年第 2 期。

矣。"[1]北学孙奇逢对王龙溪援佛入儒的做法也予批判:"后传龙溪之学者流弊滋甚,因是遂疵阳明之学。"[2]颜元著《四书正误偶笔》,辨析朱熹学说之谬:"仙佛之害,止蔽庸人。程朱之害,遍迷贤知。"浙人毛奇龄治学以辩驳、批判为宗,其《古今通韵》为排斥顾炎武《音学五书》而作;其《古文尚书冤词》《尚书广听录》则诋阎若璩,抨击朱熹《四书集注》而撰《四书改错》,大胆否定朱熹之错,乃谓:"四书无一不错。"[3]对于毛奇龄治学的批判性,钱穆认为"良足以振聋发聩,转移一世之视听矣"[4]。

(三)会通

浙学与北学,互学互鉴、互联互通。王充推崇董学,叶适修正董学义利观而有"义利并举";颜元则推崇陈亮的事功主义与叶适"义利并举"观;近代浙学家章太炎推崇荀学,还称颜元"举必循礼,与荀卿相似";孙奇逢编《理学宗传》,黄宗羲撰《明儒学案》《宋元学案》,徐世昌纂《清儒学案》,杨向奎(河北丰润人)著《清儒学案新编》[5],足以说明浙学与北学的会通与合流。

王阳明治学"折衷朱陆,会通三教",黄宗羲提倡"一本万殊""会众合一",章学诚主张"浙东浙西之学,道并行而不悖"等,都体现了浙学会通诸家、多元包容的学术特色。黄宗羲治学"以濂、洛之统,综会诸家,横渠之礼教,康节之数学,东莱之文献,艮斋、止斋之经制,水心之文章,莫不旁推交通,连珠合璧,自来儒林所未有也"[6],故而黄宗羲既是明代阳明学的终结者,又是"宋明理学的殿军"[7]。徐世昌《清儒学案》说"南雷(黄宗羲)之学,最为博大"[8],可谓持平之论。

孙奇逢治学也强调会通,主张程朱、陆王之学"相剂为用":"予既有嗜于阳明,要得阳明与程朱相剂为用之意,而非有抵牾也。"[9]为求朱王会通而编《道一录》,其编辑《理学宗传》的宗旨也是"有相成而无相悖":"仆所辑《宗传》,谓专尊朱,而不敢遗陆王。谓专尊陆王,而不敢遗紫阳。盖陆王乃紫阳之益友忠臣,有

① 黄宗羲:《黄宗羲全集》第七册,浙江古籍出版社2005年增订版,第820页。
② 孙奇逢:《理学宗传》,凤凰出版社2015年版,第519—520页。
③ 毛奇龄:《四书改错》,华东师范大学出版社2014年版,第1—5页。
④ 钱穆:《中国近三百年学术史》,商务印书馆1997年版,第255页。
⑤ 杨向奎:《清儒学案新编》,齐鲁书社1985—1994年版。
⑥ 全祖望:《全祖望集汇校集注》,上海古籍出版社2018年版,第220页。
⑦ 刘述先:《理学殿军:黄宗羲》,《浙江学刊》1995年第5期。
⑧ 徐世昌:《清儒学案》,河北人民出版社2008年版,第57页。
⑨ 赵御众、汤斌等编:《孙夏峰先生年谱》,载《孙奇逢集》,中州古籍出版社2003年版,第1429页。

相成而无相悖。"[1]现代河北籍哲学家张申府宣扬"列宁、罗素、孔子:三流合一"[2],这是中西古今之学的新综合。张岱年先生则提倡"文化综合创新"论,而当代浙籍哲学家冯契先生从事哲学研究的基本原则就是"哲学史与哲学的统一"。这些案例,都是北学、浙学会通特质的生动再现。

总之,在源远流长的历史文化长河中所形成的"浙学"与"北学",交涉互动、互学互鉴、取长补短,由此形成了兼容并包的学术格局,同时也具有了以求实、批判、会通为基本精神的共同特质,既促成了多元一体式的中华地域文化共同体的形成,也影响了独具特色、博大精深的中华文明的发展进程。

(本章由张宏敏撰稿)

---

① 孙奇逢著,朱茂汉点校:《夏峰先生集》,中华书局2004年版,第69页。

② 张岱年:《给郭一曲的书信及为其著作〈张申府思想研究〉作的序言》,《衡水学院学报》2018年第4期。

第八章　浙学的特色、基本精神与时代价值

我们在本书第一章简说了浙学的源头与开山，在第二章概述了浙学的基本发展脉络。在本章，还需要厘清浙学与浙学的关系。自 1992 年以来，笔者在多篇讨论浙学的文章中讨论了浙学内涵的狭义、中义与广义之分，指出狭义的“浙学”概念是指发端于北宋，形成于南宋永嘉、永康、金华地区的以叶适、陈亮、吕祖谦为代表的浙东经史之学；中义的“浙学”概念是指渊源于东汉、形成于南宋、转型于明代、发扬光大于清代的浙东经史之学，包括东汉王充的“实事疾妄”之学、南宋婺学与永嘉、永康之学、南宋四明之学以及明代阳明心学、蕺山慎独之学和清代浙东经史之学；广义的“浙学”概念即“大浙学”概念，指的是渊源于古越、兴盛于宋元明清而绵延于当代的浙江学术传统与人文精神传统。无论是狭义、中义还是广义，浙学的主流学术都是浙学。特别是狭义与中义概念上的浙学，其主体就是浙学。那么，在历史的长河中，浙学形成了哪些特色，积淀了什么样的学术文化精神呢？这是本章要着重论述的问题。

第一节　浙学的学术特色

在笔者看来，就宏观而言，浙学有三大显著特色：

第一，多元包容的特色。浙江儒学从开山祖王充开始，在学术上就具备了多元包容、兼采各家的思想特色。王充学说的根本宗旨是“实事疾妄”。其学说

在宇宙观、天道观方面批判了董仲舒等人的"天人感应"论，坚持了道家黄老学派的"元气自然"论，自称其"自然"之说"从道不随事，虽违儒家之说，合黄老之义也"。但他在治国战略上则称赞董仲舒"言道德政治，可嘉美也"，并兼采了儒家法家的治国战略，说："治国之道，所养有二：一曰养德，二曰养力。……此所谓文武张设，德力具足者也。"在人性论问题上，他批判性地综合了各家之说，说："余固以孟轲言人性善者，中人以上者也；孙卿言人性恶者，中人以下者也；扬雄言人性善恶混者，中人也"，并提出了自己的"性有善有恶"论。这都表现了王充学说的多元包容特色。不仅是王充，历史上的浙江儒家大多具有多元包容特色，如宋儒叶适强调中和兼得、崇义谋利，王阳明主张"折衷朱陆、会通佛老"，黄宗羲提倡会众合一，章学诚主张道并行而不悖，等等，都体现了浙江儒学会通诸家、多元包容的学术特色。

第二，学以致用的特色。浙江儒家历来重视学以致用，如王充说文章"为世用者，百篇无害；不为用者，一章无补。如皆为用，则多者为上，少者为下"，陈亮、叶适提倡事功之学，反对空谈"道义"，吕祖谦强调"学问本为实用"，主张学术必须"讲实理、育实材而求实用"，王阳明强调"知行合一""明德亲民"，黄宗羲说"儒者之学，经纬天地""学问之道，以各人自用得着者为真"，这都反映了浙江儒学学以致用的特色。

第三，以民为本的亲民特色。王充在《论衡》中多次引用管子"仓廪实知礼节，衣食足知荣辱"的名言，强调国家富足对于人民信守礼义的重要意义，王阳明解释《大学》古本时强调"亲民"就是孔子的"安百姓"、孟子的"亲亲而仁民"；黄宗羲在《明夷待访录》中提出的"天下为主，君为客"的命题，张岱在《四书遇》提出"予夺之权，自民主之"的命题，近代儒者孙诒让的"实业救国"主张等，构成了浙江儒学史的民本思想特色。

第二节　浙学的基本精神

在浙江儒学各派各家近两千年的磨合及其学术特色的影响下，逐渐凝聚了一些共通的基本精神。这些基本精神可以概括为：

第一，"实事疾妄"的实学精神。王充在《论衡》中阐明其写作《论衡》的思想宗旨为："论衡实事疾妄，无诽谤之辞"，这正代表了浙江儒学的求实批判精神。

王充之后，浙江最富求实批判精神的思想家当属南宋的叶适、明清之际的黄宗羲和近现代的鲁迅。

第二，叶适的崇义谋利精神.过去往往仅仅以功利主义解读叶适的核心精神，其实是个误解。叶适富有批判精神，他的批判对象，上至孔子弟子，下至程朱理学诸儒，皆不避讳。他尤其深刻批判了汉儒董仲舒所谓“正谊(义)不谋利”“明道不计功”的重义轻利价值观，而提出了他的“利者义之和，义者利之本”的崇义养利价值观。《历代名臣奏议》援引叶适奏议《士学上》曰：“唐、虞、夏、商之事虽不可复见，而臣以诗书考之，知其崇义以养利，隆礼以致力。”可见“崇义养利，隆礼致力”正是三代致治的法宝。而董仲舒以来儒者却说什么“仁人正谊不谋利，明道不计功”，所以叶适批判说：“此语初看极好，细看全疏阔。”他认为，如果“行仲舒之论，既无功利，则道义者乃无用之虚语尔”①。叶适所代表的，正是浙学既言道义兼顾功利的崇义谋利精神。

第三，知行合一的力行实践精神。王阳明创立了以“良知”为德性本体，“致良知”为修养方法，“知行合一”为实践工夫，“明德亲民”为政治应用的良知心学。他认为“知者行之始，行者知之成。圣学只一个工夫，知行不可分作两事”，并强调“真知即所以为行，不行不足谓之知”，实际上作出了“知行合一重在行”的论述。作为阳明心学浙东传承人的黄宗羲对王阳明的“知行合一”论深有体悟。他在《明儒学案·姚江学案序》中评论阳明心学时说：“(阳明先生)以圣人教人只是一个行，如博学、审问、慎思、明辨皆是行也。笃行之者，行此数者不已是也。先生致之于事物，致字即是行字，以救空空穷理只在知上讨个分晓之非。”这是对阳明心学之“知行合一重在行”“致良知即行良知”思想的绝妙解说，深刻地揭示了浙学传统的力行实践精神。这对于当前正在开展的全民道德教育、干部廉洁教育和“三严三实”专题教育具有重要借鉴意义，也有助于浙学传统思想文化的传承发展。习近平同志近年来在多次讲话中强调与阐发了王阳明知行合一论的内涵及其时代价值。如 2014 年 1 月在党的群众路线教育实践活动总结部署会议上强调：“知是基础、是前提，行是重点、是关键，必须以知促行、以行促知，做到知行合一。”2014 年 5 月 4 日在考察北京大学时勉励大学生：“道不可坐论，德不能空谈。于实处用力，从知行合一上下功夫，核心价值观才能内化为人们的精神追求，外化为人们的自觉行动。”这些重要讲话，体现了习

① 叶适：《习学记言序目》卷二十三，中华书局 1977 年版。

近平同志对王阳明知行合一思想的深刻理解，也揭示了阳明良知心学在当今实现中华民族伟大复兴实践中的巨大价值。

第四，以民为本的人文精神。富有人文精神是浙学的一大特色。这种人文精神除了传统的“民惟邦本”、重民爱民、为民请命，还有个农商本末的问题。传统儒家都坚持“农本商末”政策，但浙学诸子特别重视切于民用的工商业。例如叶适就在《习学记言》中主张“四民交致其用，而後治化興。抑末厚本非正论也”，并提出“通商惠工，扶持商贾”的国家政策。王阳明在《节庵方公墓表》一文中明确提出“四民异业而同道，其尽心焉一也……其归要在于有益于生人之道”的四民同道思想，黄宗羲继承了叶适、王阳明的思想主张，在《明夷待访录》中从理论上厘清了所谓“本末之道”，认为应该以是否“切于民用”为标准，那些“不切于民用”的行业如巫、佛、倡、优才是“末”，应当整治，而工、商不仅切于民用，而且是“古圣王”之所崇者，从而提出了“工商皆本”的思想主张。浙学传统这种“四民同道，工商皆本”的思想主张，较之古代儒家一般意义上的“民本”思想进了一大步，体现了浙学重视发展工商业的新人文精神。

第五，经世致用、崇尚气节的实学精神。这种实学精神强调的是“学以致用”，有学才有用，无学便无用。而经世致用的为学目的又与学者的独立人格、道德品质密不可分。在浙学史上，学识渊博且具有刚正不阿独立人格的学者不乏其人，如王充、叶适、方孝孺、于谦、刘宗周、张煌言、吕留良、黄宗羲、全祖望、章太炎等，都是佼佼者。尤其值得讴歌的是，在清代文字狱盛行、许多学者受到迫害、又有许多学者躲进小楼搞考据的时候，以黄宗羲、万斯同、全祖望、章学诚为代表的浙东经史学派却仍然敢冒风险去提倡经世致用之学，去批判那种为专制政治服务的御用学风或脱离实际的空虚学风，这确乎令人肃然起敬。

第六，教育优先、人才第一的文教兴邦精神。浙江之所以获得“文献名邦”“人文渊薮”的赞誉，并不是仅由山水之美陶冶出来，而是由“人文化成”逐渐升华而成，即教化的结果。而教化之行，必先兴办教育，教育兴而人才出，这是千古不移之理。浙江自唐五代以迄近现代，形成了文教兴邦、人才辈出的优良传统。在教育方面，不仅官学普及于各府、州、县，而且民间办学蔚然成风，如精舍、书院、义塾、书堂、社学、私塾、学校等，形式多样。仅以书院为例，浙江所建书院数量在全国所占比例：唐、五代时期居第三位，宋、元、明时期均居第二位，清代时则居全国第一。浙江的书院，不仅历史悠久、数量众多，而且学风活泼，人才辈出。而儒家学者是文教兴邦的生力军，特别是吕祖谦、叶适、王阳明、刘宗周、黄宗羲、吕留良、全祖望等，都是致力于书院教育的大儒。至于近现代，更涌现了一大批著名的儒家教育家，如章太炎、孙诒让、马一浮等，他们的教育实践与教育思想是浙江人民宝贵的精神财富。

第三节 浙学的时代价值

上述浙学的基本精神在当代浙江的创业创新发展以及实现中华民族伟大复兴中国梦的实践中正在焕发出巨大的力量。浙学以"实事疾妄"为代表的求实批判精神，为我们坚持实事求是的思想路线和改革开放的既定国策，不断开创社会主义现代化建设新局面，提供了一种科学务实的思维方法和精神动力。浙学既讲道义又敢言功利的思想和经世致用、工商为本的实学精神，已成为当代浙江经济发展的内在持久的动力。浙学之阳明学知行合一、力行实践的精神对于当代实现中华民族伟大复兴的中国梦有极大的启示意义和借鉴作用，浙学的多元包容精神，为中国深化改革、扩大开放和推进新型全球化提供了重要的思想借鉴。从一定意义上说，当代浙江精神是浙学精神传统的发扬光大，当代中国的发展也吸收了浙学的思想元素与文化基因。因此，我们很有必要系统总结浙学发展的来龙去脉，从中提炼其基本的精神与核心价值，揭示其有助于当代浙江与中国经济、社会、文化全面发展的有益启示，以期既为梳理浙江历史文化的客观发展作出学术贡献，也为落实以习近平同志为核心的中国共产党的"以德兴国，以文化人"的文化发展战略提供智力支撑。

（本章由吴光执笔）

第九章　当代浙学研究的现状与未来展望

本章主要概述当代浙江学术界关于浙学研究的组织现状、学术队伍、主要成果、研究进展等基本情况。据我所知，浙江省内高校科研机构从事浙学基础理论研究、浙江历史文化名人研究、浙学文献整理的学术单位主要有：浙江省社会科学院、浙江省文史研究馆、浙江大学、浙江工业大学、浙江师范大学、中国计量大学、中国美术学院、杭州师范大学、宁波大学、温州大学、绍兴文理学院等。而从事浙学专题研究的组织机构则有浙江省社科联以及各地市的社科联，专门从事浙学研究的社会团体有浙江省儒学学会、杭州文史研究会、天台山文化研究会等。兹按照相关科研机构、社团组织的所属性质、所在地即杭州、宁波、温州、绍兴、湖州、嘉兴、金华、衢州、舟山、台州、丽水等酌情排序，并简要介绍相关研究机构的成立时间、负责人、研究规模、研究方向、策划的学术活动、主持的科研项目以及代表性的学术论著等。

第一节　浙学研究科研机构

一、浙江省社会科学院

浙江省社会科学院成立于 1984 年，其前身是 1958 年成立的中国科学院浙江分院哲学社会科学研究所和 1979 年成立的浙江省社会科学研究所，是全省哲学社会科学研究的综合学术机构。它的功能定位之一就是浙江历史文化与思想学术的"'浙学'研究高地"，为强化学科聚焦，整合哲学研究所、历史研究所、文化研究所、《浙江学刊》编辑部以及省地方志编纂办公室的科研力量，成立了"历史人文和浙学研究院"。目前，拥有浙江省哲学社会科学重点研究基地"浙学研究中心"("浙江历史文化研究中心"的前身)。根据科研工作和学科建设需要，浙江省社会科学院还先后成立了浙江国际阳明学研究中心、浙江宗教研究中心、浙江良渚文化研究中心、中国(浙江)地方志学术研究中心等从事浙学专题研究的非编制机构。

1. 哲学研究所

哲学研究所的前身为 1979 年 12 月成立的浙江省社会科学研究所哲学研究室，1984 年 6 月改称浙江省社会科学院哲学社会学研究所，1986 年 4 月独立建制哲学研究所。该所主要从事中国哲学及中国宗教研究，尤以陈亮、叶适、吕祖谦、王阳明、黄宗羲、刘宗周、浙东学派、马一浮与现代新儒学研究为强项。

建所前后，该所围绕宋明理学尤其王阳明、黄宗羲与浙东学派研究，承担有国家社科基金重大、重点、一般、后期资助项目及浙江省社科规划课题数十项，集体性科研成果有《王阳明全集》《黄宗羲全集》《刘宗周全集》《马一浮全集》《阳明后学文献丛书》《中华文化研究集刊》《阳明学研究丛书》《浙江儒学通史》《论浙东学术》《浙学研究集萃》，在海内外学术界有较大影响。围绕浙江历史文化名人，该所先后策划主办或协办过 1980 年"华东地区宋明理学讨论会"、1981 年"全国宋明理学讨论会"、1984 年"黄宗羲与浙东学派学术讨论会"、1986 年"首届国际黄宗羲学术讨论会"、1988 年"首届刘宗周学术讨论会"、1989 年"绍兴王阳明墓重修揭幕仪式"和"余姚国际阳明学研讨会"、1991 年"儒学与浙江文化研讨会"、1993 年 "浙东学术国际学术研讨会"、1995 年"纪念黄宗羲逝世三百周年暨国际学术研讨会"、1999 年"纪念王阳明逝世 470 周年暨阳明学国际研讨会"、2004 年"陈亮国际学术研讨会"、2006 年"黄宗羲民本思想国际学术研讨会"、2009 年"阳明学派国际学术研讨会"、2014 年"纪念王阳明逝世 485 周年学术研讨会"、2016 年"阳明学与浙学研讨会"、2018 年"王充思想学术研讨会"等。

为整合研究力量、开展对外交流，该所下设两个研究中心：浙江国际阳明学研究中心与浙江宗教研究中心。

(1)浙江国际阳明学研究中心

成立于 1992 年，中心主要从事王阳明与阳明学派的研究，并积极开展阳明学领域的国内及国际的合作与交流，与日本、韩国、新加坡、美国、德国、瑞士的阳明学研究学者联系密切，与省外台湾、香港、贵州、江西、广东、福建、安徽，省内余姚、绍兴等地的阳明学研究团体保持良好的合作关系。中心目前推出的标志性成果是《阳明学研究年度报告》。

(2)浙江宗教研究中心

成立于1998年，主要从事中国尤其是浙江佛教思想文化研究，兼及当代中国宗教现状问题研究。以浙江省社会科学院从事宗教学研究的学者为主，并积极吸收院外专家学者为兼职研究员。中心主要研究成果有：《天台宗研究》《晚明佛学的复兴与困境》《京畿莲邦：天目山佛教源流引论》《佛教弘化的现代转型：民国浙江佛教研究》《中国佛学新论》《人间潮音：太虚大师传》《古道长亭：弘一大师传》《元代佛教史》《晚明佛教思想研究》《法藏评传》《佛行人间：佛教社会观》等。同时，与海内外的佛教学术研究专业机构、专家学者保持着良好的学术互动。

2. 文化研究所

前身为成立于1978年的文学研究所，1998年更名为越文化研究所，2009年再更名为文化研究所。主要研究领域为吴越文化、浙江文学史、浙江文化史，坚持文学与文化研究并举，注重发挥自身的学科优势与特色，取得较大成效。主持完成的大型科研项目有百部《浙江文化名人传记丛书》，参与完成《姜亮夫全集》《宋濂全集》《梦窗词汇校笺释集评》，编著《钱氏吴越国史论稿》《浙江新文坛概观》《当代浙江文学概观》《浙江文化史》《龚自珍评传》《金庸小说论》以及《浙江文化名人传记》中的《沈括传》《陈亮传》《章太炎传》《王国维传》《龚自珍传》《罗家伦传》《俞平伯传》等，在业界有一定学术影响。目前，尚在进行的重大科研项目有《夏承焘全集》的整理。

鉴于南宋词、清代浙西词派、浙籍词人在词史上的重大影响，浙江省社会科学院文化研究所整合院内外科研院所的词学专家，于2013年3月组建浙江省社会科学院浙词研究中心，主要从事和组织浙词研究。

3. 历史研究所

成立于1984年，前身为1979年12月成立的浙江省社会科学研究所文史研究室。建所以来，注重加强历史学科基础建设，强化基础理论研究，以先秦史、明清史、近现代史和艺术文化史为研究重点，着力建构“浙江区域史”学科，与有关单位合作组织成立浙江国际良渚文化研究中心、跨湖桥文化国际研究中心、浙江省越国文化研究会、浙江省孙中山研究会等学术科研团体，多次主办以浙江史、浙江历史人物为主题的国际学术研讨会。出版有《河姆渡文化初探》《良渚文化研究》《吴越文化新探》《南宋绘画史》《浙江绘画史》《明代浙江海防研究》《永嘉四灵传》《袁枚传》《郁达夫传》《蔡元培评传》等专著，在学术界有一定影响。

4. 浙江历史文化研究中心

成立于 2006 年 4 月，是浙江省首批哲学社会科学重点研究基地。中心以浙学研究、浙江名人研究、浙江地方史研究、浙江清代民国文学研究为科研主攻方向。中心的标志性研究成果是卢敦基主编的《浙江历史文化研究》(第一至八卷，浙江大学出版社 2009—2018 年版)，完成出版的标志性研究成果有：《浙江文化名人传记丛书》《梦窗词汇校笺释集评》《阳明学研究丛书》《浙江 60 年发展历程纪实(1949—2009)丛书》《浙江文化概论》《心体与工夫：刘宗周〈人谱〉哲学思想研究》等。上述研究成果深化了浙江学术和浙江历史文化传统与发展的研究，拓展浙江历史文化传统对当代和未来浙江社会发展的作用与影响的研究。

5. 浙学研究中心

成立于 2017 年 11 月，是新一轮浙江省哲学社会科学重点研究基地。中心以对浙学历史、浙学理论研究有深厚学术积淀的浙江省社会科学院哲学研究所、历史研究所、文化研究所科研人员为学术主干，充分发挥浙江省社会科学院“浙江思想”“浙江历史”“浙江文化”“浙江方志学研究”等优势学科资源和专业科研力量的作用，开展浙学及其相关领域的综合研究。

浙学研究中心以“浙学史论研究”“阳明学研究”“浙江宗教研究”为科研主攻方向，坚持“立足浙江、研究浙学、传承学统、创新浙学”的研究宗旨与发展方向。近年来，在《光明日报》《中国社会科学报》《浙江日报》《浙江社会科学》上推出了《“浙学”的内涵及其当代定位》《浙学的时代价值》《关于“浙学”研究若干问题的再思考》《谈谈“中国哲学”与“浙学”的若干问题》《论浙江的人文精神传统及其在现代化中的作用》《为“清代浙东经史学派”正名》《关于“浙学”的学派思想个性及地域特色》《“浙学”涵义的历史演变》《“浙学”的东西异同及其互动关系》《“浙学”的现代呈现》《“浙学”中的廉政思想及其时代价值》等一批具有原创性的浙学理论文章，这些浙学研究成果扩展并充实了浙江省社会科学院“浙学研究”的学术积累，为高效地组织省内外学者参与“浙学研究”积累了相当充分的学术平台运作经验，提升了浙江省社会科学院“浙学研究”的学术影响力和社会关注度。目前正在推动实施的重大科研项目有《浙学通论》《浙学通史》《浙学研究年度报告》《阳明学研究年度报告》等。

6. 中国(浙江)地方志学术研究中心

于2011年8月经中国地方志指导小组、中国社会科学院批准设立的一家由省级地方志工作机构负责管理的方志学理论研究基地。该中心以浙江悠久的方志文化和丰厚的方志资源为基础,以服务文化浙江建设为己任,以省社会科学院和有关高校、科研单位为依托,围绕中国方志史、方志理论、方志编纂、方志管理、方志应用、方志资料研究等主攻方向,积极发挥浙江在方志学研究方面的资源、人才以及体制机制优势,整合省方志办及省内外相关科研力量,开展方志学研究,组织举办方志学国内国际研讨交流活动,努力建立系统的方志学学科体系。目前推出的标志性成果是总计113卷的《浙江通志》。

二、浙江省文史研究馆

成立于1953年4月。建馆以来,先后共聘任馆长5人。首任馆长马一浮,为当代著名国学大师。浙江文史馆以“敬老崇文,礼贤敬士”为办馆宗旨,聘任的馆员来自社会各个方面,绝大多数都有较高的学识和声望,是文学、历史、哲学、宗教、书画、音乐、医药等领域的知名人物。馆员历经沧桑,熟知近现代史料,撰写了不少有史料价值的论著,“文革”前,送交给馆里的书稿就有40多部;改革开放40余年来,本着“拾遗补缺,各展所长,量力而行,尽力而为”的原则,组织馆员积极开展文史研究,撰写回忆录、文史资料、著书立说,编辑书刊,创作书画、诗词,汇编为《浙江省文史研究馆文史丛书》,内容涉及历史、文学、哲学、文化史、国学、宗教、方志、艺术评论、诗词、书法、篆刻、中医、戏曲等诸多领域。浙江文史馆主办的馆刊《古今谈》(内部刊物)于1985年创刊,主要刊发馆员最新论作以及反映浙江历史文化的优秀论文。①

近年来,在推进浙江“文化大省”“文化强省”“文化浙江”的建设过程中,文史研究馆积极有为,比如与省儒学学会、省图书馆联合主办的“文澜讲坛”之“儒学·国学·浙学系列讲座”,组织馆员编撰《中国地域文化通览·浙江卷》(吴光主编,中华书局2015年版),同时促成了首任馆长马一浮先生的存世文献、书法

---

① 关于浙江省文史研究馆的性质与业绩,可以参阅《崇文尚德·守望家园:浙江省文史研究馆六十年》,《浙江日报》2013年8月20日。

作品的整理，厥成《马一浮全集》（吴光主编，浙江古籍出版社 2013 年版）、《马一浮书法集》（梁平波主编，浙江古籍出版社 2013 年版）。此外，在吴光馆员的积极努力下，浙江省文史研究馆会同有关单位分别在 2008 年、2013 年，先后两次筹办了纪念马一浮诞辰的国际学术研讨会，即 2008 年 11 月的“纪念马一浮先生诞辰 125 周年国际学术研讨会”、2013 年 4 月的“马一浮先生诞辰 130 周年纪念大会暨国学研讨会”，分别出版会议论文集《马一浮思想新探：纪念马一浮先生诞辰 125 周年暨国际学术研讨会论文集》（吴光主编，上海古籍出版社 2010 年版）、《海纳江河，树我邦国：马一浮先生诞辰 130 周年纪念大会暨国学研讨会论文集》（吴光、徐立望主编，浙江大学出版社 2013 年版）。

三、浙江省政协文化文史和学习委员会

浙江省政协文化文史和学习委员会（原“浙江省政协文史资料委员会”），是在省政协常务委员会、主席会议的集体领导和分管副主席的直接领导下，组织委员开展文史资料征集、编辑、出版等工作的专门机构。

工作指导思想是以邓小平理论、“三个代表”重要思想、科学发展观、习近平新时代中国特色社会主义思想为指导，高举爱国主义、社会主义旗帜，牢牢把握团结和民主两大主题，坚持解放思想、实事求是、忠于史实、秉笔直书、多说并存的原则，以新中国成立以来特别是改革开放以来浙江发展为重点，按照征集为主、抢救优先、充分利用、服务社会的要求，广泛征集、精心编辑出版“三亲”（“亲历、亲见、亲闻”）史料，发挥政协文史资料“存史、资政、团结、育人”的重要作用，履行政协职责，服务浙江发展。其主要工作职责之一是：组织政协委员及其所联系的各方面人士积极参与征集和撰写“三亲”史料，采用文字照片、口述历史、录音录像等多种形式和载体，征集出版文史资料，办好《浙江文史资料》内刊，定期开展全省政协系统优秀文史资料图书的评选表彰活动，促进浙江省政协系统优秀文史资料图书不断涌现。①

据不完全统计，浙江省政协文史资料委员会组织征集、编辑出版的有关图书有：《蒋介石家世》（浙江人民出版社 1988 年版）、《浙江近代科技名人》（浙江人民出版社 1993 年版）、《民国轶事摭拾》（浙江人民出版社 2002 年版）、《浙江

---

① 信息来源于“中国人民政治协商会议浙江省委员会”官网（http://www.zjzx.gov.cn/gzjg/sej/content_67594）。

文史资料目录(1962—2002)》(浙江人民出版社 2003 年版)、《浙江文化印记》(浙江人民出版社 2022 年版)等。浙江省内各地市(包括区县)的政协文史委也编辑有不少与浙江文史有关的论著文献,例如武义县政治文史委主编的《吕祖谦与浙东明招文化》(社会科学文献出版社 2006 年版)。

四、浙江省文化艺术研究院、浙江省文物考古研究所[①]

浙江省文化艺术研究院前身为成立于 1980 年的浙江省艺术研究所。1994 年至 1998 年,浙江省艺术研究所与浙江省群众艺术馆合署办公。2002 年,为了组建浙江艺术职业学院,浙江省艺术研究所成建制并入浙江艺术职业学院。2007 年,为了深入贯彻实施我省建设文化大省的战略方针,在省委、省政府的关心与重视下,经浙江省机构编制委员会批准,浙江省艺术研究所恢复独立建制并更名为浙江省文化艺术研究院。负责人贾晓东。研究院主要围绕党和国家的文化建设大局,以习近平新时代中国特色社会主义思想为指导,以构建和谐社会、繁荣文化事业为目标,秉承创新机制、开门办院的方针,精心打造学习型、创新型、奉献型和奋斗型的研究机构,努力争取成为在国内有影响的,有原创性、前沿性建树的研究基地和政府在文化建设方面科学决策的参谋与智库。研究院下设戏剧艺术研究所、公共文化研究所、视觉艺术研究所、文化传承研究所、文化发展规划中心、文化艺术期刊编辑中心,编辑出版《文化艺术研究》《浙江文化月刊》,并承担《浙江通志》编纂委员会办公室工作。

浙江省文物考古研究所,其前身为浙江省文物管理委员会调查组,1962 年与浙江省博物馆历史部合署办公,现是浙江省文化和旅游厅、浙江省文物局下属公益一类事业单位。该所主要承担浙江省地上、地下文物的保护工作,负责考古调查、发掘与研究任务。在配合基本建设的前提下,坚持以科研为主,紧紧围绕浙江新石器时代考古、瓷窑址考古、吴越文化研究等优势课题开展工作,取得了一系列的重要成果。尤其是在探索中华文明起源方面,其成绩更为学术界所瞩目。先后开展了余姚河姆渡遗址,余杭反山墓地、瑶山祭坛、汇观山祭台、莫角山大型建筑基址,湖州钱山漾遗址,桐乡罗家角遗址,嘉兴马家浜遗址、南河浜遗址,遂昌好川墓地,萧山跨湖桥遗址,绍兴印山越国王陵、坡塘 306 号墓,长兴便山土墩墓群,杭州雷峰塔遗址,以及越窑、龙泉窑、南宋官窑等的重要考

---

① 信息来源于“浙江省文化厅网站”(http://www.zjwh.gov.cn/stgk/contnet_30_545.htm)

古发掘。组织出版《河姆渡文化研究》《良渚文化研究》《浙江考古精华》等论集。

五、杭州市社会科学院

2005年6月，杭州市社会科学院与中国社会科学院联合成立“南宋史研究中心”。2006年3月，该中心入选为浙江省哲学社会科学重点研究基地。本着“还原一个真实的南宋”的学术使命，该中心以南宋史为主要研究中心，并上及北宋，下至元朝，意在通过对南宋一朝展开全面、客观、深入的研究，努力还原一个真实的南宋，使杭州成为全国乃至世界的南宋史研究基地，以逐步确立杭州作为全国乃至世界的南宋史研究的中心地位。①

南宋史研究中心本着“地不分南北、人不分亲疏、学术观点不分异同”的理念，积极组织国内外学者，分课题进行南宋史的专题研究。完成的标志性科研成果有：王国平主编的《南宋史研究丛书》(《南宋史研究论丛》2卷、《南宋专门史》20卷、《南宋人物》11卷、《南宋与杭州》10卷、《南宋全史》8卷，上海古籍出版社、人民出版社2008年起陆续出版)，王国平主编的《南宋及南宋都城临安研究系列丛书》(上海古籍出版社2013年起陆续出版)。

2010年，研究中心借助50卷《南宋史研究丛书》编撰的成功经验和成果积累，启动《南宋及南宋都城临安研究系列丛书》的编撰工作。2014年起，由上海古籍出版社陆续出版。《南宋及南宋都城临安研究系列丛书》主要包括“专题研究”“博士文库”“古籍整理”等系列，“专题研究”出版有《南宋建筑史》②、《〈咸淳临安志〉宋版“京城四图”复原研究》③、《南宋都城临安研究：以考古为中心》④等，“博士文库”出版有《宋金交聘制度研究》⑤、《金人中国观研究》⑥、《两宋宗室研究：以制度考察为中心》⑦，“古籍整理”出版有李心传的《道命录》⑧、张守的《昆陵集》⑨等。该丛书将努力以新的视角对南宋史展开更细密的研究，填补更

① 《“浙江省南宋史研究中心”简介》，见“浙江社科网”(http://www.zjskw.gov.cn/yjjdqk/8876.jhtml)，2011年5月6日。

② 郭黛姮：《南宋建筑史》，上海古籍出版社2014年版。

③ 姜青青：《〈咸淳临安志〉宋版“京城四图”复原研究》，上海古籍出版社2015年版。

④ 杜正贤：《南宋都城临安研究：以考古为中心》，上海古籍出版社2016年版。

⑤ 李辉：《宋金交聘制度研究》，上海古籍出版社2014年版。

⑥ 熊鸣琴：《金人中国观研究》，上海古籍出版社2014年版。

⑦ 何兆泉：《两宋宗室研究：以制度考察为中心》，上海古籍出版社2016年版。

⑧ 李心传辑，朱军点校：《道命录》，上海古籍出版社2016年版。

⑨ 张守撰，刘云军点校：《毗陵集》，上海古籍出版社2017年版。

多的学术空白，并在编撰组织方式、研究理念创新以及年轻学者培养上作出新的探索。

作为学术平台，南宋史研究中心还多次举办大型学术会议。先后围绕《南宋史研究丛书》的编撰召开了两次全国会议，组织召开了一次“南宋建筑研讨会”，又于 2008 年 10 月、2011 年 10 月、2015 年 11 月[①]组织召开了三届“中国南宋史国际学术研讨会”。这些会议的成功举办和众多专著的出版，扩大了杭州南宋史研究在全国乃至全世界的影响，充分展现了南宋史研究中心作为一个学术平台为推动学术方面所产生的重要作用，被宋史学界公认为是“全世界南宋史研究的中心”。同时，中心负责在中国社会科学院和联合国科教文组织共同举办的《国际社会科学杂志》上出版 5 期关于南宋史研究的专刊，将部分学术成果推向海外。

六、浙江高等院校所设“浙学”类科研机构

浙江大学、浙江工业大学、浙江师范大学、中国美术学院、中国计量大学、杭州师范大学、宁波大学、温州大学、绍兴文理学院等省内的高等院校创建有开展“浙学”专题性质研究的研究所、研究中心、协同创新中心、研究院等。

（一）浙江大学

浙江大学组建成立的从事浙学相关专题的研究机构主要集中挂靠在人文学院。

1. 浙江大学中国思想文化研究所[②]

成立于 1990 年，是浙江大学从事中国哲学研究与教学的专门机构。研究所在宋明理学、浙东学派、宗教哲学诸方面的研究卓有成效，完成的标志性研究成果有：李明友的《一本万殊：黄宗羲的哲学与哲学史观》（人民出版社 1994 年版）、《太虚及其人间佛教》（浙江人民出版社 2000 年版），董平的《浙江思想学术史》（中国社会科学出版社 2008 年版）、《传奇王阳明》（商务印书馆 2010 年版），董平主编的《浙东学术》（3 卷，浙江大学出版社 2009 年、2011 年、2013 年版）。

2. 浙江大学宋学研究中心

成立于 2006 年 4 月，依托浙江大学人文学院中文系、历史系、哲学系以及浙江大学古籍研究所，作为一个跨学科的学术研究中心，以全面探究宋学、弘扬

① 沈翔、何忠礼主编：《第三届中国南宋史国际学术研讨会论文集》，浙江大学出版社 2017 年版。

② 《浙江大学中国思想文化研究所》，《浙江大学学报（人文社会科学版）》，2014 年第 2 期。

宋学精神为学术宗旨。主要研究方向是:宋学源流与近世浙江思想的发展、唐宋士人的生活空间与中国近世文化思潮的变迁、唐宋士人社会转型与近世中国文学的发展。中心完成的标志性研究成果有束景南的《阳明佚文辑考编年》(上海古籍出版社 2012 年版),龚延明主编的《中国历代登科总录·宋代登科总录》(广西师范大学出版社 2014 年版),龚延明主编的《天一阁藏明代科举录选刊》(宁波出版社 2016 年版),束景南的《王阳明年谱长编》(上海古籍出版社 2017 年版),何俊主编的《宋学研究集刊》(浙江大学出版社 2008 年、2010 年版),龚延明主编的《宋学研究》(浙江大学出版社 2017 年版、中华书局 2020 年版)。

3. 浙江大学《浙江文献集成》编纂中心

成立于 2006 年 4 月,依托浙江大学古籍研究所、浙江大学中国思想文化研究所,作为《浙江文献集成》的学术工作平台,在重点做好部分文献的整理工作之外,在编纂指导委员会的领导下,展开对浙江历代文献的全面调查、制订文献整理规划、组织项目申报评审鉴定等工作。中心编有《〈浙江文献集成〉编纂纲目》,出版的标志性研究成果有:吴秀明主编的《郁达夫全集》(浙江大学出版社 2007 年版),周谷平、赵卫平等主编的《孟宪承集》(浙江大学出版社 2010 年版),曹莉亚点校的《陈耆卿集》(浙江大学出版社 2010 年版),张伟、何忠礼编校的《黄震全集》(浙江大学出版社 2013 年版),董平主编的《杨简全集》(浙江大学出版社 2016 年版),柯亚莉编校的《义乌丛书:吴百朋集》(中华书局 2015 年版),陈东辉等编校的《卢文弨全集》(浙江大学出版社 2017 年版)等。

4. 浙江大学地方历史文书编纂与研究中心

与龙泉司法档案研究中心合署办公。浙江龙泉司法档案是民国时期(1912—1949)浙江省龙泉县的法院档案,是目前所知民国时期保存最完整、数量最大的地方司法档案之一。中心组织实施重大科研项目"龙泉司法档案整理与研究",是国内学术界第一次对民国地方司法档案进行全面的整理和出版。2011 年获得"浙江文化研究工程"资助,2013 年被批准为国家社会科学基金重大项目。中心组织出版《龙泉司法档案选编》(共五辑),2018 年 11 月,"《龙泉司法档案选编》第三辑发布会"在杭州举办。[①]

5. 浙江大学国际马一浮人文研究中心

成立于 2012 年 5 月,旨在打造成为传承马一浮学术思想、弘扬国学的重要

① 浙江大学地方历史文书编纂与研究中心:《〈龙泉司法档案选编〉第三辑正式发布》,"浙江社科网",2018 年 11 月 28 日。

平台。自成立以来，已在开展马一浮学术思想的专项研究、筹备马一浮书法艺术作品展，出版研究马一浮的学术专著等方面进行了探索和实践。其中，在2013年4月，联合浙江省文史研究馆、北京大学高等人文研究院举办了“马一浮先生诞辰130周年纪念大会暨国学研讨会”。中心还举办“马一浮国学讲座”，吴光主编的《马一浮国学会讲》，即为“浙江大学国际马一浮人文研究中心前五年(2013—2017)工作的一个见证”[①]。中心现易名为“学衡国际人文研究中心”。

6. 浙江大学马一浮书院

成立于2017年12月，系浙江敦和基金会捐赠1亿元人民币支持浙江大学人文学院筹建。书院以“复性明体，开物达用”为宗旨，立足于中华传统文化的探源性挖掘、原创性研究和体悟性传播。书院采取理事会领导下的院长负责制，是浙大人文学科创新发展的实验性特区。以书院为学术平台，目前已设立“经学”博士点，面向本科生开设“经学通论”的核心通识课程。2018年10月，书院举办了“纪念马一浮泰和会语八十周年座谈会”，缅怀马一浮先生的事业与精神，探讨当代书院的发展方略。

7. 浙江大学道教文化研究中心

成立于2015年3月，致力于道教历史、思想、文献、数术、养生、图像、民间信仰的综合研究，推出的标志性研究成果有：《江西道教史》(中华书局2011年版)、《民国杭州道教》(杭州出版社2013年版)、《浙江道教史》(中国社会科学出版社2015年版)。中心在成立前后筹办召开有“葛洪与中国文化国际学术研讨会”(2003)、“天台山暨浙江区域道教国际学术研讨会”(2005)、“道家文化国际学术研讨会”(2008)、“温州暨浙江区域道教学术研讨会”(2013)、“《浙江道教史》暨《东部道藏》学术研讨会”(2015)等。目前，正在推进的项目为《东方道藏》的汇编整理，分《民间道书合集》《珍稀道教刊本文献汇编》两大系列，前者收录各地民间得之于道坛、宫观、乩坛、档案馆的成套未刊文献，后者则收录地域不明，得之于图书馆、博物馆、个人等的文献。2017年11月，“《东方道藏》新书发布会”在香港举行。[②]

8. 浙江大学佛教文化研究中心

中心成立于2010年3月，推出的成果有《杭州佛教文献集萃》(第1辑12

---

① 吴光主编：《马一浮国学会讲》前言，浙江大学出版社2019年版，第2页。

② 相关信息来源于“浙江大学道教文化研究中心”网站(http://www.ch.zju.edu.cn/daoism)。

册,宗教文化出版社2016年版),主要收录了五代、两宋时期具有代表性的高僧大德的著作,如永明延寿、契嵩、大慧宗杲等。

此外,浙江大学的佛教研究机构还有:宗教文化研究中心、东亚宗教文化研究中心、汉藏佛教艺术研究中心、佛教资源与研究中心等。

(二)浙江工业大学

浙江工业大学从事浙江学术研究的机构是挂靠在人文学院的浙江学术文化研究中心,成立于2017年11月,是新一轮浙江省哲学社会科学重点研究基地。中心依托人文学院中国语言文学一级学科建设,将聚焦学术传统与地方文化发展前沿,构建从学术传承、文献研究到文化创新的现代学术文化研究体系,设浙江学术史研究、浙江文化精神研究、浙江文学演变研究等三个研究方向。目前推进的项目有"浙江当代学人研究丛书""民国词人词作整理""文学地理"等。[①]

(三)浙江师范大学

浙江师范大学从事浙学研究的相关科研机构主要有:江南文化研究中心、浙学研究院、浙学传承与地方治理现代化协同创新中心、孔氏南宗研究中心。

1. 江南文化研究中心

系浙江省首批哲学社会科学重点研究基地(2006年3月)、新一轮浙江省哲学社会科学重点研究基地(2017年11月)。中心依托浙江师范大学人文学院,将文学、哲学、历史学、艺术学、社会学、地理学等多学科知识引入江南地域文化研究,设立江南文学与艺术、江南学术与文献、江南城市与社会等研究方向。

中心完成的标志性研究成果有:黄灵庚主编的《吕祖谦全集》(浙江古籍出版社2008年版)、《十七史详节》(上海古籍出版社出版2008年版),梅新林主编的《江南文化世家研究丛书》(中国社会科学出版社2011年版)、《中国学术编年》(华东师范大学出版社2013年版),黄灵庚、陶诚华主编的《重修金华丛书》(上海古籍出版社2013年版),黄灵庚主编的《金华宗谱文献集成》(上海古籍出版社2013年版)、《宋濂全集》(新编本,人民文学出版社2014年版),李圣华主编的《宁海丛书》(上海古籍出版社2016年版),陈国灿主编的《江南城镇通史》(上海人民出版社2017年版)等。上述研究成果,一方面搜集和整理了江南区

---

① 《浙江省哲学社会科学重点研究基地"浙江学术文化研究中心"举行揭牌仪式暨基地建设研讨会》,浙江社科网,2018年9月4日。

域的一些重要的古籍文献，另一方面探讨了江南文学艺术的传统渊源与现代化进程，揭示了江南文化世家地域个性与时代意义，探究了江南城市发展的古今演进与江南社会文化发展的内在精神与当下意义。

中心还举办了以江南文化世家、金华历史文化名人为主题的学术研讨会，比如"吕祖谦暨浙东学术文化国际研讨会"(2005)、"李清照及南渡词人学术研讨会"(2007)、"江南文化与中国社会学术研讨会"(2008)，"宋濂学术研讨会"(2010)，"首届江南文化论坛"(2011)、"《宋濂全集》首发式暨宋濂与江南文化学术研讨会"(2014)、"第三届江南文化论坛暨中国城市史研究高端峰会"(2014)、"《重修金华丛书》暨浙东文化研究座谈会"(2014)、"浙学传承与当代价值国际学术研讨会暨浙江省第四届学术年会浙学专场"(2018)、"浙学论坛暨浙学与'东南三贤'国际学术研讨会"(2019)等。会后，结集出版题为《江南文化研究》(梅新林、王嘉良主编，学苑出版社2007年起陆续出版)系列论文集。

江南文化研究中心自2010年以来，连续多年获得"浙学"专题的国家社科基金重大项目，诸如：2010年12月立项的《浙东学派编年史及相关文献整理与研究》(负责人梅新林)、2014年11月立项的《〈明文海〉〈明文案〉〈明文授读〉及张宗祥〈增订明文海〉整理与研究》(负责人黄灵庚)、2015年11月立项的《明人别集稿抄本搜集、整理与研究》(负责人李圣华)、2017年11月立项的《浙江鱼鳞册的搜集、整理、研究与数据库建设》(负责人胡铁球)。

2. 浙学研究院

成立于2016年5月，研究院在致力于浙学通史、浙学经典文献整理、浙江四库编纂、浙江珍稀资料搜集与数据化等研究的同时，还深化地方服务，发挥文化建设"智库"功能，为浙江经济社会发展作出重要贡献。[①]

3. 浙学传承与地方治理现代化协同创新中心

正式成立于2018年5月[②]，成立浙学文献馆、中国契约文书博物馆，设置浙学研究、浙江文献编纂整理、浙江地方治理现代化、习近平浙江治理经验研究、浙江文化资源保护与开发、浙学国际传播等六个方向。致力于继续弘扬浙学，打造与"浙商"相媲美的哲学社会科学金名片；梳理浙学发展脉络，夯实浙学研究的基础；通过发掘浙学中的优秀文化基因，推动传统文化的创造性转化；同时

① 朱光明：《我校成立浙学研究院》，《浙江师范大学报》2016年5月31日。

② 武怡晗：《我省高校新增8个协同创新中心》，《浙江教育报》2018年5月25日。

通过体制机制创新，促进形成多学科交叉融合的长效机制，产出一批满足文化发展和地方治理现代化需求的高质量成果。

4. 孔氏南宗研究中心

成立于2003年7月，研究成员主要由浙江师范大学法政与公共管理学院、人文学院、马克思主义学院的部分教师以及衢州孔氏家庙管理委员会的有关成员组成，致力于孔氏南宗的历史文化以及儒家思想的研究。

（四）中国计量大学

中国计量大学（原名“中国计量学院”）从事浙学相关专题的研究机构有依托于人文与外语学院的哲学研究所、佛教与江浙文化研究中心、国学院、中国文化研究中心等。

1. 哲学研究所

该所以中国语言文化系为人才培养基地，学术研究主要集中在中国佛教哲学与文化、宋明理学研究、浙江地方文化的研究与建设等三个方向，致力于研究、弘扬中国哲学与文化，力求追本溯源，传承创新。同时，特别关注传统文化的弘扬与传播，以设在学院的浙江省儒学学会高校分会为平台，通过普及性的传统文化讲座、实践等活动，在学校、政府机关、街道、社区开展传统文化的弘扬、宣传工作。

2. 佛教与江浙文化研究中心

目前承担有浙江省教育厅人文社科重大攻关项目《浙江佛教人物传记资料集成》（2013年立项），浙江省社科基金重大委托项目《唐诗之路：浙东文学与宗教遗存研究》（2016年立项）。主办学术辑刊《江浙文化》（原名《佛教与江浙文化》，上海三联书店2013年起出版），主要收录了当代浙江学者研究历史与现实、江浙文化等专题的学术论文。

3. 国学院

成立于2016年9月，院址设在武义县璟园古民居博物馆。国学院设有国学教学体系的构建、浙中地区传统文化研究、传统文化弘扬与建设等三个研究方向，致力于打造成浙中地区传统文化的弘扬中心、中国哲学的教学与实践基地，力争实现国学研究与教育“省内领先，国内有特色”的目标。[①]

---

① 田达志：《中国计量大学国学院揭牌仪式在武义县璟园隆重举行》，“中国计量大学新闻网”，2016年11月29日。

4. 中国文化研究中心

中心致力于南宋儒学史、阳明心学、儒学与西学关系研究。中心以“文津讲坛”为载体，邀请吴光、陈来、董平、杨国荣、徐文明等省内外著名学者开展讲学活动，提升学术品位；同时以“学源论坛”“格致沙龙”和“经典读书会”等师生交流平台，浓厚学术氛围；在助推浙江地方文化和企业文化建设方面，积极发挥高校服务社会的职能。

(五)浙江工商大学

浙江工商大学创建的与浙学研究相近的研究机构主要有挂靠于人文与传播学院的中国思想文化研究中心。该中心主要从事中国思想史、浙江文化史及其相关历史文献的研究工作。出版的标志性研究成果有：徐斌的《论衡之人：王充传》(浙江人民出版社 2005 年版)、《旷古书圣：王羲之传》(浙江人民出版社 2007 年版)、《天地良知：马寅初传》(浙江人民出版社 2007 年版)，罗昌智的《浙江文化教程》(浙江工商大学出版社 2009 年版)。目前正在进行的大型科研项目是宫云维主持的《毛奇龄全集》的编校整理。此外，该中心还招收儒家文化史、浙江文化史方向的硕士研究生。

(六)杭州师范大学

杭州师范大学(原名“杭州师范学院”)创建的从事浙学相关专题研究机构有：马一浮研究所、中国哲学与文化研究所、弘一大师·丰子恺研究中心、浙江历史文化研究所、浙江省民国浙江史研究中心、国学院、浙西学术研究中心。

1. 马一浮研究所

当代国学大师马一浮先生侄儿马镜泉，于二十世纪八九十年代在杭州师范学院工作期间，推动杭州师范学院成立了马一浮研究所，时任杭州师范学院副院长毕养赛任所长、马镜泉任副所长。1993 年 3 月，杭州师范学院马一浮研究所与浙江省社会科学院合作举办了“马一浮国际学术研讨会”。马一浮研究所推出的学术研究成果有：《中国当代理学大师马一浮》(毕养赛主编，吕正之、马镜泉副主编，上海人民出版社 1992 年版)、《马一浮评传》(马镜泉、赵士华著，百花洲文艺出版社 1993 年版)、《马一浮学术研究》(毕养赛、马镜泉主编，杭州师范学院 1995 年内部印行)、《中国现代学术经典·马一浮卷》(马镜泉编，河北教育出版社 1996 年版)。

毕养赛、马镜泉退休后，杭州师范学院(后改名“杭州师范大学”)马一浮研究所重组，协办了 2008 年 11 月召开的“纪念马一浮先生诞辰 125 周年暨国际学术研讨会”，也参与了《马一浮全集》（吴光主编，浙江古籍出版社 2013 年版）的编校整理工作；近年来推出的研究成果有：陈锐的《马一浮与现代中国》（中国社会科学出版社 2007 年版）、《马一浮儒学思想研究》（上海古籍出版社 2010 年版），邓新文的《马一浮六艺一心论研究》（上海古籍出版社 2008 年版）。

2. 中国哲学与文化研究所

该所依托于中国哲学专业硕士学位点，致力于传统儒学与现代新儒学、道家与道教、中国佛教、传统浙学的研究。

2000 年至 2010 年，浙江省社会科学院哲学研究所与杭州师范大学中国哲学与文化研究所合作培养“浙学研究”方向的硕士研究生；2001 年 11 月、2002 年 10 月，中国哲学与文化研究所主办主题为“‘浙学’研究与中国哲学研究”的两次学术沙龙[①]，并在 2003 年第 2 期的《杭州师范学院学报（社会科学版）》辟有“‘浙学’与中国哲学研究”的“专题研讨”，刊登杨国荣《关于中国哲学研究的几个问题》、吴光《中国哲学的特色与浙学精神》、陈锐《浙江思想家与非主流文化》、陈永革《明清之际浙江宗教思潮及其研究》、杨际开《浙学精神与近现代政治思想史》等“浙学”专题论文。2009 年 12 月，中国哲学与文化研究所联合杭州市哲学学会主办“浙学传统与当代浙江精神学术研讨会”。

此外，以中国哲学与文化研究所为科研母体还筹建有“国学研究中心”“浙学研究中心”“休闲文化研究中心”，编辑出版《国学与现代化研究丛书》，已经出版有《马一浮六艺一心论研究》（2008）、《马一浮儒学思想研究》（2010）、《清末变法与日本：以宋恕政治思想为中心》（2010）、《浙学研究论集》（2012）、《浙学传统与浙江精神论集》（2012）、《向道而生：传统生态文化与休闲思想》（2017）等。此外，还有《浙江净缘：净土法门在浙江》（宗教文化出版社 2006 年版）。

3. 浙江历史文化研究所

前身为 1981 年 3 月成立的杭州师范学院历史系浙江地方史研究室，1992 年更名为“历史文化研究所”，后易名为“浙江历史文化研究所”。主要致力于南宋都城、杭州历史文化研究，现挂靠于人文学院。推出的研究成果有《南宋都城临安研究》《杭州历史与文化》《宋代衣食住行研究》《浙江历史与旅游文化》等。

4. 弘一大师・丰子恺研究中心

成立于 1997 年 10 月，作为中国高等学校中唯一的弘一大师研究与丰子恺

---

① 《浙学与中国哲学研究》，《杭州师范学院学报（社会科学版）》2003 年第 2 期。

研究机构，中心旨在深化弘一大师研究和丰子恺研究，弘扬两位大师的人格精神和艺术精神，在高等学校营造良好的文化氛围，配合学校对学生进行中国文化、美育、艺术、人格教育，开展丰富多彩的文化艺术活动，为社会的精神文明建设注入活力。

研究中心及时出版反映弘一大师研究与丰子恺研究最新成果的学术著作，诸如《李叔同西湖出家实证》（杭州出版社 2008 年版）、《丰子恺杭州行迹考论》（杭州出版社 2008 年版）、《丰子恺年谱长编》（中国社会科学出版社 2014 年版）、《丰子恺全集》（50 卷，海豚出版社 2016 年版）；与国内外有关学术、文化机构开展学术、文化交流活动，并适时举办国际或国内弘一大师研究与丰子恺研究的学术会议，诸如第一届至第五届“弘一大师研究国际学术会议”、第一届至第三届“丰子恺研究国际学术会议”，均公开出版会议论文集。中心设有“李叔同艺术成就奖”“丰子恺文艺奖”等，以此鼓励在艺术教育、艺术创作和学术研究领域中取得优异成绩的在校师生。中心藏有丰富的弘一大师与丰子恺研究资料和国内外艺术家捐赠的艺术品。中心系浙江省社会科学普及示范基地，主办学术期刊《美育研究》（2010 年 11 月创刊）。

5. 浙江省民国浙江史研究中心

依托于杭州师范大学人文学院，系浙江省首批哲学社会科学重点研究基地（2006 年 5 月）。中心研究方向有民国浙江政治军事史研究、民国江浙区域经济史研究、民国浙江社会变迁研究、民国浙江思想文化史等。此外，将“民国浙江史”这一区域研究扩及更为宏观的领域，也是中心研究的另一特色。

中心推出的标志性研究成果有：袁成毅的《民国浙江政局研究》（中国社会科学出版社 2007 年版），袁成毅主编《民国史论丛》（中国社会科学出版社 2008 年版），杭州师范大学民国浙江史研究中心编的《民国浙江史料辑刊》（第一、二辑，国家图书馆出版社 2008 年版、2009 年版），《民国浙江史研究丛书》（中国社会科学出版社 2009 年版），浙江省政协文史资料委员会、杭州师范大学民国浙江史研究中心合编的《辛亥革命浙江史料汇编》（国家图书馆出版社 2011 年版），陶水木等译著的《民国浙江史研究丛书 · 浙江财阀》（国家图书馆出版社 2014 年版）。

6. 国学院

成立于 2011 年 5 月，是进行国学教育与研究的学术机构，该院旨在传承中华文明，滋养明理、怡情、力行的素质；配合该校争创一流的本科与研究生教育，在通识教育中开设国学教育系列；继承该校百年来优秀的初教传统，在学前、小教、中等教育中探索国学教育；投入中华民族的伟大复兴与世界多元文明的共生，在国际教育中融入国学教育；参与民间的国学补课与再教育，在社会教育中推进国学教育。

同时，该院还专设"国际宋研究中心""二十世纪中国学术思想研究所""浙学研究所"。[①] 目前已经完成的科研项目是国家社科基金重大科研课题《"群经统类"的文献整理与宋明儒学研究》(课题负责人：何俊)，相关的科研成果由上海古籍出版社、天津人民出版社陆续出版。

7. 浙西学术研究中心

中心前身为2011年启动建设的首批杭州市哲学社会科学重点研究基地"中国古代文学与传统文化研究中心"。经过两轮建设期的锤炼和深度磨合，在充分总结经验，广泛听取意见的基础上，正式更名为"浙西学术研究中心"，将主攻方向确定为"古代杭州与浙西文化、学术研究"。主要开展上古杭州与浙西地区文学与文化遗存研究、两宋文学与文化研究、杭州与环太湖文化圈研究、浙西文献整理、杭州与浙西印刷史研究、宋元以降通俗讲唱文学与叙事文学研究、浙派文学、艺术研究等，紧密围绕"浙西学术"这一目标，服务地方文化建设事业。

(六)宁波大学

宁波大学关于"浙东文化""浙东学术""浙东学派"以及宁波历史文化的研究成果相当丰硕，并先后成立有中国文化研究中心浙东学术研究室、浙东文化研究所、浙东文化与海外华人研究院、宁波市浙东文化研究基地、宁波市民国文化研究基地、浙东文化与宁波文化大市建设研究中心、哲学和国学研究中心、公众史学研究中心、浙东文化研究院等科研机构(含基地)。

1. 浙东文化研究中心

前身是成立于1995年的宁波师范学院浙东文化研究中心，整合原宁波师范学院黄宗羲研究室[②]、古籍整理研究室、蒋介石研究室、语言文学研究室、宁波地方史研究室和近代史研究室的教学科研队伍而成立。学术代表作有《黄宗羲诗文选》(华东师范大学出版社1990年版)、《明夷待访录导读》(巴蜀书社1992

---

① 信息来源于"杭州师范大学国学院"网站(http://gxy.hznu.edu.cn/bjcb/qjtl/)。

② 宁波师范学院黄宗羲研究室组建于1986年9月，以黄宗羲及其开创的清代浙东学派为研究对象。详细介绍见万之：《辛勤笔耕 硕果累累：黄宗羲研究室十年简介》，《宁波大学学报(教育科学版)》1996年第5期。

年版)、《浙东学术史》(华东师范大学出版社 1993 年版)、《黄宗羲年谱》(华东师范大学出版社 1995 年版)等,[①]并参与协办了“纪念黄宗羲逝世 290 周年学术研讨会”(1985)、“国际黄宗羲学术讨论会”(1986)、“纪念黄宗羲逝世三百周年暨国际学术研讨会”(1995)等。1996 年,原宁波大学、宁波师范学院和浙江水产学院宁波分院三校合并,组建新的宁波大学,“宁波师范学院浙东文化研究中心”随之更名“宁波师范大学浙东文化研究中心”。2007 年 10 月重组,中心主任徐定宝。推出的学术论著有:《浙东文化概论》(宁波出版社 1997 年版)、《黄宗羲评传》(南京大学出版社 2002 年版)、《黄宗羲长传》(浙江大学出版社 2011 年版)等。

2. 宁波市浙东文化研究基地

组建于 2006 年 12 月,系宁波市社会科学重点研究基地,主要通过资助科研项目、筹办学术会议、发表学术论著等方式推进浙学文化的研究与传承。

3. 宁波市民国文化研究基地

组建于 2013 年 12 月,系宁波市社会科学研究基地,主要从事浙东民国史研究。

4. 浙东文化与海外华人研究院

组建于 2011 年 11 月,该研究院以浙东历史文化研究、对外文化交流史研究、开放口岸与近现代史研究、海外华人研究为主要研究方向,先后举办了“多维视野下的浙东文化学术研讨会”(2013 年 12 月)、“浙东文献与藏书文化学术研讨会”(2014 年 11 月),并出版了张伟主编的《浙东文化研究》(第 1、2 辑、浙江大学出版社 2014 年版、2016 年版)。目前正在承担宁波市社科院重大委托项目《浙东学术史(四卷本)》的编撰工作。

5. 浙东文化与宁波文化大市建设研究中心

成立于 2008 年 10 月,系宁波市人民政府与中国社会科学院合作共建基地,[②]挂靠在宁波大学人文与传媒学院。

6. 浙东文化研究院

成立于 2017 年 11 月,是新一轮浙江省哲学社会科学重点研究基地。

基地主要依托宁波大学上一轮浙江省哲学社会科学重点研究基地“浙江省

---

① 《“浙东文化研究中心”宣告正式成立》,《宁波师范学院学报(社会科学版)》1995 年第 2 期。万之:《宁波师院召开“浙东文化研究”工作会议》,《宁波大学学报(教育科学版)》1995 年第 3 期。

② 《宁波与中国社科院携手战略合作》,《浙江日报》2008 年 10 月 18 日。

海洋文化与经济研究中心”、浙江省高校人文社会科学重点研究基地“外国语言文学”、浙江省重点创新团队(文化创新类)“海洋文化研究创新团队”、宁波市与中国社科院共建“浙东文化与宁波文化大市建设研究中心”、“外国语言文化与宁波国际化发展战略研究中心”等平台和团队组建而成,涉及中国史、世界史、外国语言文学、汉语言文学、哲学等学科。

研究院有三个研究方向:(1)浙东传统文化及其现代转型,重点研究浙东本土特色文化及其演变问题;(2)海外浙东文化史料搜集与整理,主要目的是系统地调查、搜集、整理、翻译海外收藏的关于浙东文化的历史资料;(3)浙东文化研究精品翻译与评价,主要内容包括:将中国学术界关于浙东文化的研究精品翻译成外文,将国外学者关于浙东文化的代表性论著译成中文,并加以评价,以回应国外学者提出的问题。2018 年 10 月,研究院承办了以“浙学・新时代的文化思考”为主题的“浙学论坛(2018)”。

(七)温州大学

温州大学作为一所地方综合性大学,一直以来重视对以永嘉学派、南戏为重心的温州历史文化研究。其中,陈安金负责的“文化视野下的世界温州人研究创新团队”、黄涛负责的“浙南瓯越文化研究创新团队”为浙江省重点创新团队。与温州历史文化有关的校级科研中心主要有:哲学与文化研究所、孙诒让研究所、国学研究所、中国及周边俗文学研究中心、口述历史研究所、温州方言与东瓯文化研究所、浙江侨乡文化研究中心、温州历史文化研究中心、曲艺研究所、中国南戏研究中心、浙江传统戏曲研究与传承中心。

1. 哲学与文化研究所

主要从事永嘉学派研究,代表论著有:陈安金、王宇合著的《永嘉学派与温州区域文化崛起研究》(人民出版社 2008 年版),陈安金、孙邦金合著的《晚晴温州知识社群与儒学传统的近代转化》(光明日报出版社 2015 年版),孙邦金的《晚清温州儒家文化与地方社会》(人民出版社 2017 年版)。

2. 孙诒让研究所

学术成果有王兴文、张振楠合著的《学高身正:晚清朴学大师孙诒让传略》(浙江大学出版社 2016 年)等。2018 年 11 月 14 日,“《蝉蜕:寂寞大师孙诒让和近代变局中的经学家》首发式暨纪念孙诒让先生诞辰 170 周年研讨会”在温州大学举行。2018 年 12 月 26 日,“孙诒让教育思想研究会暨浙南百年名校联盟成立大会”在瑞安中学举行,王兴文所长作《孙诒让教育思想与现实价值》的专题报告。

3. 温州方言与东瓯文化研究所

研究所致力于东瓯语言文化研究,学术成果有《温州地名的语言文化研究》(浙江大学出版社 2004 年版)、《瓯越语语汇研究》(人民出版社 2011 年版)等。

4. 温州历史文化研究中心①

组建于 2012 年,是温州市首批社科重点研究基地。中心依托温州大学人文学院,致力于温州思想文化研究,温州口述史研究,温州民风民俗研究,温州对外交流史研究,温州科技、经济及历史人物研究等。目前已有的代表性科研成果有:有蔡克骄的《瓯越文化史》(作家出版社 1998 年版),蔡克骄、夏诗荷合著的《浙东史学研究》(知识产权出版社 2009 年版),林亦修的《温州族群与区域文化研究》(上海三联书店 2009 年版),蔡克骄、刘同彪合著的《明代温州民俗文化》(知识产权出版社 2011 年版)等。

5. 中国南戏艺术文化研究中心②

成立于 2014 年 8 月,系温州市社会科学重点研究基地。鉴于南戏形成于温州,是浙江文化的标志,加强南戏研究能提升浙江文化的在全国的影响力,也有助于浙江文化走出去,让世界了解浙江的戏曲文化。中心致力于中国南戏的历史发展与艺术传承,下设南戏文献研究、南戏与中国戏曲史研究、南戏传播研究等三大研究方向,从各领域深入开展研究。中心已经完成 2013 年立项的国家社科基金重大项目"《南戏文献全编》整理与研究"(负责人俞为民)。③

6. 浙江传统戏曲研究与传承中心④

组建成立于 2017 年 11 月,是新一轮浙江省哲学社会科学重点研究基地。中心下设南戏研究所、戏曲文献研究所、浙江戏曲传承与发展研究所等三个研究机构,围绕戏曲表演学、戏曲社会学、戏曲民俗学、戏曲传播学、戏曲文献学、戏曲文物学、浙江地方剧种发展与传承研究、浙江传统戏曲数据库建设与研究八大方向展开研究。其中,围绕"戏曲文献学",重点开展南戏文献研究、浙江地方戏曲文献整理与研究、浙江地方曲目整理与研究、域外戏曲文献整理与研究、

---

① 信息来源于"温州大学人文学院网站"(http://hum.wzu.edu.cn/info/1153/20445.htm)。

② 信息来源于"温州大学人文学院网站"(http://hum.wzu.edu.cn/info/1153/20445.htm)。

③ 蒋宸:《国家哲学社科基金重大招标项目"〈南戏文献全编〉整理与研究"结项鉴定会在我院成功举办》,"温州大学人文学院网站",2018 年 12 月 21 日。

④ 信息来源于"温州大学人文学院网站"(http://hum.wzu.edu.cn/info/1153/20445.htm)。

戏曲文献学理论研究等。目前正在推进的科研项目是“浙江文化研究工程”（第二期）第二期重大科研项目《浙江戏曲研究》（俞为民主持）等。[①]

（八）绍兴文理学院

浙江省越文化传承与创新研究中心是绍兴文理学院从事浙学专题的研究机构，中心发轫于2002年组建的绍兴文理学院越文化研究院，2006年申报为“一地多点式”的浙江省社科重点基地，2010年升格为独立基地，2017年11月再次入围新一轮浙江省哲学社会科学重点研究基地。[②]

鉴于越文化是越族文化、越地文化、越人文化的交融，是浙江文化的根脉与中华优秀传统文化的重要组成部分，中心以越文献整理与研究、越文学艺术研究、越历史文化研究为主要研究方向，系浙江省内唯一专业从事越文化研究、交流及其价值当代化的学术研究平台。中心长期致力多渠道推进学术研究，多层次开展学术交流，多种方式实现越文化价值当代化。完成的标志性研究成果有：孟文镛的《越国史稿》（中国社会科学出版社2010年版），潘承玉的《中华文化格局中的越文化》（人民出版社2010年版），胡源的《越中书法史》（中国社会科学出版社2011年版），董楚平的《广义吴越文化通论》（中国社会科学出版社2012年版），王建华主编的《越中现代知名作家评传丛书》（中国社会科学出版社2013年版）等。中心策划召开以越文化为专题的学术研讨会，比如：“江南文化与中国古代文学国际学术研讨会”（2007）、“古城文化与区域发展高峰论坛：纪念绍兴建城2500年学术研讨会”（2011）、“浙江省纪念辛亥革命100周年理论研讨会”（2011）、“江南暨越地戏曲研讨会”（2013）、“佛教史学家慧皎大师圆寂1460周年纪念活动”（2014）、“纪念鲁迅逝世80周年暨浙江鲁迅研究的回顾与展望学术研讨会”（2016）、“纪念鲁迅逝世80周年暨吴越史地研究会成立80周年学术研讨会”（2016）、“中国·绍兴阳明文化周”（2017）、“第二届中国阳明心学高峰论坛绍兴闭幕论坛”（2018）等。

中心编辑出版学术辑刊《浙学、秋瑾、绍兴师爷研究》（人民出版社2008年版）、《中国越学》（一年一辑，中国社会科学出版社陆续出版），刊发越文化研究

---

① 浙江省哲学社会科学发展规划领导小组：《关于公布浙江文化研究工程（第二期）第三批立项课题的通知》（浙社科规[2018]17号），2018年8月14日，见浙江社科网（http://www.zjskw.gov.cn/tzgg/14413.jhtml）。

② 《浙江省越文化传承与创新研究中心简介》，见“绍兴文理学院越文化研究院网站”（http://ywh.usx.edu.cn）。

特别是王阳明、蔡元培、鲁迅等越文化标志性人物、中国其他地域文化、地域文化理论创新和地域文化产业开发研究的专论,为中国传统文化研究和各地域文化研究提供交流平台[①]。

(九)台州学院

为打造天台山和合文化研究品牌,担当科学研究、社会服务、人才培养、学术交流等天台山文化传承发展任务,台州学院成立有唐诗之路与天台山文化研究所、天台宗研究中心、台州民间文化与区域社会发展研究中心,尤其是 2017 年在台州市政府的支持下成立了和合文化研究院、天台山文化研究院[②],2018 年又组建成立唐诗之路研究院。

1. 唐诗之路与天台山文化研究所

研究所以台州市重点学科"中国古代文学与天台山文化研究""宗教学""语言学及应用语言学"为基础,力图创建新的学科品牌,使唐诗之路与天台山文化的研究发展在浙江省内乃至国内有一定的知名度与影响力。研究所工作重点是浙江古代地域文学研究、台州宗教研究、台州典籍整理与研究以及学科建设与人才培养。[③] 研究所的标志性论著是胡正武的《浙东唐诗之路与隐逸文化》(中国社会科学出版社 2006 年版)。

2. 天台宗研究中心

成立于 2018 年 7 月,系台州市哲学社会科学重点研究基地。[④] 中心依托台州佛宗道源的丰厚资源,依托台州学院在天台宗研究方面的长期积淀,致力于为台州学院的社科研究、特色凝练增添"新名片",为地方高校的社会服务、文化引领打造"新亮点"。

3. 天台山文化研究院、和合文化研究院[⑤]

成立于 2017 年 2 月。由台州学院天台山文化研究所升格而成,是台州学院唯一独立设置的实体性研究机构。

研究院确立了"以和合文化为本质特征、以儒释道文化为思想基础、以唐诗之路为传播形态"的总体研究布局和三大抓手,设立和合文化研究所、儒释道研

---

① 《〈中国越学〉征稿启事》,"绍兴文理学院越文化研究院网站",2017 年 1 月 4 日。

② 《台州学院积极打造天台山和合文化研究品牌》,见浙江省教育厅网站新闻,2017 年 5 月 16 日。

③ 信息来源于"台州学院科研处网站"(http://kyc.tzc.edu.cn/)。

④ 《关于命名台州市首批社科研究基地的通知》,见"台州社科网",2018 年 7 月 27 日。

⑤ 信息来源于"台州学院发展规划处(地方合作处)网站"(http://fzgh.tzc.edu.cn/)。

究所、唐诗之路研究所对之进行对口研究。(1)天台山文化和合思想的研究,可以为台州市"和合圣地"建设提供学术支撑,为理论观照现实和指导实践提供具体路径;"天台山和合文化研究"为浙江省文化研究工程(第二期)科研项目。(2)台州儒学、佛教天台宗、天台山道教、济公文化、寒山文化等具有世界影响的文化及其相互关系的系统研究,是传承和弘扬天台山文化的基础性工作,可以从中汲取治国理政和地方治理的思想资源。(3)唐诗之路研究对于天台山文化的意义,在于天台山是唐诗之路的顶点和主要目的地,而唐诗之路又促进了天台山文化的传播;唐诗之路研究不仅丰富了天台山文化研究的内容,还为其申报相关文化遗产做了准备工作。

4. 唐诗之路研究院

组建于2018年7月,系台州市哲学社会科学研究基地。[①] 研究院力争建设成为"浙东唐诗之路"研究领域的学术高地、党委政府的"新型智库",为"浙东唐诗之路"申报世界线性文化遗产做出应有的贡献。[②]

(十)衢州学院

坐落于素有"南孔圣地"之称的国家历史文化名城衢州的衢州学院,利用"天时地利人和"之便,2006年与浙江省社会科学院合作成立"南孔文化研究中心",2011年又与中国社会科学院哲学所合作成立"中国哲学与文化研究中心"[③]。

1. 南孔文化研究中心

成立于2006年9月,主要致力于南孔儒家文化的研究、传承与弘扬。2006年9月、2008年9月、2010年9月,中心协助衢州市委、市政府承办由浙江省与中国社会科学院合作领导小组主办的"中国衢州国际儒学论坛"。中心还在衢州学院举办一年一届的"孔子文化节","南孔文化"被评为浙江省高校校园文化品牌,相关成果"儒风雅韵:衢州学院南孔文化育人模式的探索与实践"获第七届全国高校校园文化建设优秀成果奖。中心还推出《南孔文化》(浙江大学出版社2004年版)、《孔氏南宗与浙西南社会变迁研究》(浙江大学出版社2010年版)、《儒风浩荡:孔氏南宗与江南社会文化》(商务印书馆2016年版)、《孔氏南宗》(浙江大学出版社2016年版)等论著。

---

① 《关于命名台州市首批社科研究基地的通知》,见"台州社科网",2018年7月27日。

② 高阳:《台州学院成立唐诗之路研究院》,《浙江教育报》2018年8月29日。

③ 《中国哲学与文化研究中心在衢州成立》,浙江在线新闻网站,2011年10月14日。

2. 中国哲学与文化研究中心

成立于2011年，系衢州学院与中国社会科学院哲学所共建的研究机构。

研究中心以立足地方、服务地方为宗旨，主要围绕以下三方面展开研究工作：一，以整理衢州的文献目录为基础，对衢州的历史文献和学术发展脉络进行系统梳理；二，组织开展衢州历史文化研究，为衢州文化名市建设提供有力的智力支撑；三，组织开展区域社会发展问题研究，加强应用对策研究，为政府和有关部门提供决策参考。中心推出的标志性成果是全200册的《衢州文献集成》（国家图书馆出版社2015年版），收录自唐代至清末衢州历史文献及民国衢州方志等计230多种，获浙江省第19届哲学社会科学优秀成果奖一等奖。

（十一）丽水学院

丽水学院成立刘基研究所、浙西南人文研究中心、汤显祖文化研究中心、瓯江文化研究中心等，对历史上的处州历史文化开展研究。

1. 刘基研究所

成立于2001年，首任所长吕立汉。作为全国最早的一家专门研究刘基的机构，推出《刘基考论》（中州古籍出版社2000年版）、《千古人豪：刘基传》（浙江人民出版社2005年版）、《刘基与朱元璋》（西北大学出版社2005年版）、《郁离子》（中州古籍出版社2008年版）等研究专著。研究所还筹建民间学术团体丽水市刘基研究会、青田刘基研究会；协助青田县举办“全国刘基文化研究学术讨论会暨浙南旅游经济发展战略研讨会”（2002）、“中国青田刘基文化研讨会”（2006）、“刘基诞辰700周年纪念活动暨刘基文化研讨会”（2011），并组织出版《刘基文化论丛》三辑（延边大学出版社2002年、2007年、2012年版）。

2. 浙西南人文研究中心

成立于2009年，主要致力于浙西南音乐与民俗文化研究，推出的论著有：《艺术文化视野中的浙西南菇民山歌》（中国社会科学出版社2014年版）、《浙江菇民音乐与民俗研究》（中国社会科学出版社2016年版）。[①]

3. 瓯江文化研究中心

成立于2012年12月，围绕丽水市瓯江文化建设这一主题，中心致力于瓯江文化的挖掘、整理、提升、应用等研究，最大限度地发挥文化的引领能力、服务能力、竞争能力和创新能力，使中心成为瓯江文化研究与瓯江文化产业化的核

① 吴启珍：《让家乡的山歌传得更远》，《处州晚报》2017年12月19日。

心学术机构。[①]

(十二)浙江工贸职业技术学院

地处温州的浙江工贸职业技术学院设有温州区域文化研究中心,主要围绕刘基与刘基文化、瓯绣瓯塑瓯窑等特色工艺美术开展研究、教学。其中对刘基文化的研究与宣传主要表现为:创建刘基文化研究所、温州市刘基文化研究会,与有关单位合作筹办了"首届国际刘基文化学术研讨会"(2006 年 12 月)[②],"刘基诞辰 700 周年纪念大会暨中国(温州)刘基文化高峰讲坛"(2011 年 7 月),"刘基文化与温州历史文化发展研讨会"(2015 年 4 月),"第三届刘基文化国际学术研讨会"(2017 年 12 月)等,并策划出版《刘基文化研究丛书》(人民出版社 2011 年版)。

此外,浙江省内其他高校(包括省、市党校系统)也有从事浙学专题相关的科研机构(研究所、中心),并依托所在教学单位(哲学教研部、人文学院、马克思主义学院等)开展浙学相关专题的研究,比如:(1)浙江省委党校的哲学教研部、社会学文化学教研部、哲学与当代发展研究中心、文化发展创新与文化浙江建设研究中心(系浙江省哲学社会科学重点研究基地),其从事浙学专题研究的专家学者有杨太辛、董根洪、陈立旭、李涛、陈海红等。(2)宁波市委党校(宁波行政学院)建有浙东学术文化研究所,主要从事王阳明、黄宗羲与浙东学术研究,研究专家有乐承耀、潘起造、梁一群等。(3)温州医科大学重视对温州医学史的研究,有《永嘉医派研究》(中医古籍出版社 2000 年版)、《温州近代医书集成》(上海社会科学院出版社 2005 年版)出版,学者刘时觉目前正在主持国家社科基金项目《中国医学古籍的挖掘整理与考证研究》。(4)浙江海洋学院人文学院重视晚清经学家黄式三、黄以周的研究,2007 年 11 月与舟山市社科联共同发起成立"舟山市黄式三、黄以周学术研究会",出版有詹亚园、张涅主编《黄式三、黄以周合集》(上海古籍出版社 2014 年版)。(5)嘉兴学院范道济编校《查慎行全集》(中华书局 2017 年版),2018 年 6 月 9 日,嘉兴学院与嘉兴市社科院共同举办"《查慎行全集》首发式暨嘉兴历史文化名人研讨会"召开;多洛肯研究明清"浙江进士群体",有《明代浙江进士研究》(上海古籍出版社 2004 年版)、《清代浙江进士群体研究》(中国社会科学出版社 2010 年版)等专著出版。

---

① 李笑笑:《丽水市瓯江文化研究中心在丽水学院揭牌成立》,"浙江教育在线",2012 年 12 月 20 日。

② 何向荣主编:《刘基与刘基文化研究》,人民出版社 2008 年版。

还有，浙江古籍出版社、浙江大学出版社组织学者编校整理出版《两浙文丛》《浙江文献集成》，为研究浙江历史文化名人提供了第一手的文献史料，功莫大焉。

第二节　浙江省社会科学界联合会助力浙学研究

浙江省社会科学界联合会，简称"浙江省社科联"，是浙江省委、省政府联系哲学社会科学界的桥梁和纽带，通过协助浙江省委宣传部组织浙江社科界参与提炼"浙江精神"、组织实施"浙江文化研究工程"等哲学社会科学课题研究、遴选"浙江省哲学社会科学重点研究基地"、协调和管理省级社科类学术团体等多种形式，助推了以"浙学"为主体的浙江历史文化研究。

（一）协助浙江省委、省政府具体实施"浙江文化研究工程"

先是在2004年6月，习近平同志到浙江省社会科学院、省社科联进行专题调研时提出，要进一步弘扬浙江的优秀历史文化，积极开展有浙江特色和优势的基础理论研究。随后，浙江省社科联在省委宣传部的具体指导下，制定"浙江文化研究工程"实施方案；文化研究工程方案提出后，习近平同志专门听取工程方案的汇报，多次作出指示，亲自率团赴中国社会科学院征求专家学者意见。[①]

2005年7月，浙江省委十一届八次全会审议通过《中共浙江省委关于加快建设文化大省的决定》，提出要大力实施文明素质工程、文化精品工程、文化研究工程等文化建设"八项工程"。"浙江文化研究工程"正式启动后，省委、省政府对工程建设高度重视，习近平同志亲自担任指导委员会主任。2005年8月31日，浙江文化研究工程指导委员会全体会议召开，习近平同志出席会议并发表重要讲话，其指出："文化研究工程是繁荣我省哲学社会科学的重大工程，是我省第一次大规模、有计划地集中高精尖哲学社会科学研究力量，探索浙江当代发展的重大理论和现实问题，深刻挖掘浙江丰厚文化底蕴的精品工程。"[②] 2006年5月30日，习近平同志为"浙江文化研究工程成果文库"撰写"总序"：

---

① 陈敏尔：《在浙江文化研究工程指导委员会会议上的讲话》，载陈永昊主编《浙江文化研究工程概览（一）》，研究出版社2008年版，第14—15页。

② 习近平：《在浙江文化研究工程指导委员会会议上的讲话》，载陈永昊主编：《浙江文化研究工程概览（一）》，研究出版社2008年版，第5—12页。

"我们希望通过实施浙江文化研究工程,努力用浙江历史教育浙江人民、用浙江文化熏陶浙江人民、用浙江精神鼓舞浙江人民、用浙江经验引领浙江人民,进一步激发浙江人民的无穷智慧和伟大创造能力,推动浙江实现又快又好发展。"

2005 年"浙江文化研究工程"启动后,浙江省哲学社会科学发展规划领导小组转发了省委办公厅关于实施"文化研究工程方案"等八项工程的通知,公布了《文化研究工程选题参考》《文化研究工程实施办法》。其中,《浙江省文化研究工程参考选题指南》中把浙江文化研究工程参考选题分"四大板块":浙江当代发展研究、浙江历史文化专题研究、浙江历史名人研究、文献整理。

"浙江文化研究工程"启动后,得到社会各界尤其浙江省社科理论工作者的积极响应。全省各地和省内外高校科研机构的科研人员纷纷参与到工程的设计与研究中来,他们围绕《浙江省文化研究工程参考选题指南》,设计课题、投标竞标、刻苦钻研、勤奋著书,从而使得"浙江文化研究工程方案"得以顺利实施。为了更好地引导研究、交流信息、宣传工程、催生成果、保护知识产权,浙江省社科联组编发了《浙江文化研究工程概览》,该书全面介绍了 2005 年至 2009 年间"浙江文化研究工程"课题有关情况,对招标、评审、立项的课题研究内容、学术带头人、成果目标等一一进行了介绍。其中,陈永昊主编《浙江文化研究工程概览(一)》(研究出版社 2006 年版)、《浙江文化研究工程概览(二)》(浙江大学出版社 2008 年版);陈荣主编《浙江文化研究工程概览(三)》(浙江大学出版社 2009 年版)、郑新浦主编《浙江文化研究工程概览(四)》(浙江大学出版社 2015 年版)。

2017 年 1 月,浙江省委、省政府办公厅下发《关于印发〈浙江文化研究工程(第二期)实施方案〉的通知》,明确了"浙江当代发展问题专题、浙江历史文化专题、浙江文献专题、浙江艺术专题、'浙学'文化意义诠释专题"五大研究板块,从学术角度进一步全面解读当代浙江发展和浙江历史文化,系统探讨浙江文化内在特征和个性特色,深化对浙江在中国发展中的作用、贡献和意义的认识。其中,强调把"浙江经典"文献整理、"浙江学术史研究""'浙学'与中华文明、当代中国""浙江历史文化传承与未来发展"作为浙江省弘扬传承中华优秀传统文化的重点方向,浙学研究在其中占有极其重要的分量,显示了浙学所具有的当代生命力以及加强"浙学"研究的重要性。

2017 年 2 月 21 日,浙江省社科联召开"学习贯彻习近平总书记传承中华优秀传统文化系列重要论述座谈会",总结交流了首期"浙江文化研究工程"实施经验和优秀成果，深入探讨如何推进第二期“浙江文化研究工程”，逐步形成有中国气派、浙江特色的当代“浙学”品牌，更好助推“文化强省”建设。浙江省委书记车俊指出：“实施新一期浙江文化研究工程，是坚定不移沿着‘八八战略’指引的路子走下去的具体行动，是推动新时代中国特色社会主义文化繁荣兴盛的重大举措，也是建设文化浙江的必然要求。”①

在承接“浙江文化研究工程”第一期成果的基础上，第二期将进一步传承优秀传统文化，弘扬时代价值。据统计，2017 年 5 月，“浙江文化研究工程”（第二期）首批立项课题名单中所涉浙江历史文化类的科研项目有：梅新林的《浙江学术编年》，何善蒙的《天台山和合文化研究》；②2017 年 9 月，“浙江文化研究工程”（第二期）第二批立项课题名单中所涉浙江历史文化类的科研项目有：周赳等《浙江历史经典产业研究》，龚缨晏的《浙江海外交流史研究》（系列丛书），龚延明的《浙江历代进士录》（系列丛书），吴光的《浙江儒学通史》（系列丛书），方建新的《浙江古代文献总目》，徐晓军的《两浙文丛》，洪治纲的《浙江现代文学名家年谱》（第一辑），沈浩的《浙江书法研究大系》等。③ 2018 年 8 月，“浙江文化研究工程”（第二期）第三批立项课题名单中所涉浙江历史文化类的科研项目有：楼含松的《百年浙江学人学案》，赵伐的《浙江旧海关档案文献整理与研究》，张涌泉的《兰溪鱼鳞册整理与研究》，俞为民的《浙江戏曲研究》，洪岗的“浙江人文历史学术研究精品外译”等。④

通过两期“浙江文化研究工程”的实施，一大批优秀学术研究成果涌现出来，一大批优秀浙学研究人才成长起来，浙江省哲学社会科学研究水平站上新高度。据了解，两期工程预期出版研究成果近千册，两期成果总体量将超过 2000 册；以工程项目为牵引，浙江省属高校学科建设得到很大发展，浙江师范大学文献研究学科崭露头角，杭州师范大学民国史、现代文学史研究形成特色，宁

---

① 李月红：《浙江文化研究工程二期全面启动》，《浙江日报》2018 年 4 月 28 日。

② 浙江省哲学社会科学发展规划领导小组：《关于公布浙江文化研究工程（第二期）首批立项课题的通知》（浙社科规[2017]8 号），2017 年 5 月 9 日。见浙江社科网：http://www.zjskw.gov.cn/tzgg/11819.jhtml。

③ 浙江省哲学社会科学发展规划领导小组：《关于公布浙江文化研究工程（第二期）第二批立项课题的通知》（浙社科规[2017]22 号），2017 年 9 月 25 日。见浙江社科网：http://www.zjskw.gov.cn/tzgg/12510.jhtml。

④ 浙江省哲学社会科学发展规划领导小组：《关于公布浙江文化研究工程（第二期）第三批立项课题的通知》（浙社科规[2018]17 号），2018 年 8 月 14 日。见浙江社科网：http://www.zjskw.gov.cn/tzgg/14413.jhtml。

波大学海外交流史研究实力增强；同时，浙江省哲学社会科学入选国家社科基金项目数连续三年名列全国前三，进入国内第一方阵。①

（二）遴选“浙江省哲学社会科学重点研究基地”

2000 年 12 月，浙江省委、省政府制定出台了《浙江省建设文化大省纲要（2001—2020 年）》，要求：“重视哲学社会科学研究。……集中研究力量，加强优势学科和重点研究基地建设。争取到 2005 年，建成邓小平理论、浙江经济社会发展、农村发展与农业经济管理、宋学、阳明学与浙东学派等研究基地。”②

2005 年 7 月，浙江省委十一届八次全会审议通过《中共浙江省委关于加快建设文化大省的决定》，其中关于“实施（浙江）文化研究工程”的具体要求有“推动研究基地建设，形成可持续的研究平台”。2006 年 4 月，在浙江省社科联的具体实施下，浙江省哲学社会科学发展规划领导小组公布了首批“浙江省哲学社会科学重点研究基地”建设名单，其中与浙江历史文化研究有关的基地有：浙江省社会科学院浙江历史文化研究中心、浙江师范大学江南文化研究中心、绍兴文理学院越文化研究中心、杭州市社科院南宋史研究中心、浙江大学宋学研究中心、杭州师范学院浙江省民国浙江史研究中心、浙江大学浙江文献集成编纂中心。③ 这些省哲学社会科学重点研究基地通过组织浙江地域文化性质的学术研讨会（包括学术讲座）、编集基地学术辑刊、公开招标科研课题、组织出版学术专著等形式，极大促进了浙江历史、浙江文化、浙东学派、浙东学术、南宋学术、南宋历史、吴越文化、江南文化的研究，并取得了重要的学术成果。

为打造学术高地、塑造当代“浙学”品牌，浙江省社科联于 2017 年 6 月启动了“新一轮浙江省哲学社会科学重点研究基地”的遴选、申报工作，经专家评审、省社科联党组研究，报省哲学社会科学发展规划领导小组审批，浙江大学民生保障与公共治理研究中心等 17 个研究机构列为新一轮浙江省哲学社会科学重点研究基地。其中，浙江历史文化类基地名单有：浙江大学宋学研究中心、浙江师范大学江南文化研究中心、温州大学浙江传统戏曲研究与传承中心、浙江工业大学浙江学术文化研究中心、宁波大学浙东文化研究院、浙江理工大学浙江

---

① 李月红：《浙江文化研究工程二期全面启动》，《浙江日报》2018 年 4 月 28 日。

② 《中共浙江省委关于印发〈浙江省建设文化大省纲要（2001—2020 年）〉的通知》，《浙江政报》2001 年第 16 期。

③ 浙江省哲学社会科学发展规划领导小组：《关于公布首批浙江省哲学社会科学重点研究基地的通知》，2006 年 4 月 24 日。

省丝绸与时尚文化研究中心、浙江省委党校文化发展创新与文化浙江建设研究中心、浙江省社会科学院浙学研究中心、绍兴文理学院浙江省越文化传承与创新研究中心。[①] 为打响“浙学”品牌、熔铸浙江精神，2018 年起，浙江省社科联与省内高校科研机构合作，轮流举办“浙学论坛”。

(三)“浙学”类省级学术团体简介

浙江省社科联的一项职能是“协调和管理省级社科类学术团体”[②]，为此浙江省社科联下设社科社团处，协调、管理的浙江省儒学学会、浙江省历史学会、浙江省古代文学学会、浙江省越国文化研究会、浙江省地方志学会、浙江鲁迅研究学会、浙江省朱子学研究会、浙江省钱塘江文化研究会等，通过课题研究、学术研讨等形式在一定程度上推动了浙学的研究阐释、宣传推广，兹择要介绍。

1. 浙江省儒学学会

秘书处设在浙江省文史研究馆。成立于 2007 年 4 月 15 日，系国际儒学联合会及浙江省社科联团体会员单位。现任会长吴光。学会秉承“一元主导，多元辅补；会通古今，兼融中西”的办会宗旨，以研究儒学学说、复兴中华国学为己任，力求为建设浙江文化大省、实现中华民族伟大复兴而贡献力量。学会在开展学术研究、普及、推广等方面做了大量工作，在国内外产生了一定的影响，逐渐形成了自己的特色和亮点。比如，学会主办或参与主办了“纪念马一浮先生诞辰 125 周年暨国际学术研讨会”“纪念叶适诞辰 860 周年暨学术研讨会”“宋明时期儒学基本特征与思想精华学术研讨会”“黔浙文化合作论坛”等；2013 年 5 月，学会与中国孔子基金会联合发起、在杭州成功举办了“首届全国省级以上儒学团体负责人联席会议”，此后形成了“全国儒学社团联席会议”的年会机制；学会还组织编辑出版了《浙江文化简史》《文澜弘道：“儒学·国学·浙学”演讲录》《马一浮思想新探》等论文集，目前正在承担“浙江文化研究工程”第二期重大项目《浙江儒学通史》的编撰。

2. 浙江省历史学会

秘书处设在浙江大学历史系。以加强省内历史学界学术交流与合作，深化

---

① 浙江省哲学社会科学发展规划领导小组：《关于公布新一轮浙江省哲学社会科学重点研究基地的通知》(浙社科规[2017]31 号)，2017 年 11 月 27 日。见“浙江社科网”：http://www.zjskw.gov.cn/tzgg/12752.jhtml。

② 《浙江省社会科学界联合会简介》，见“浙江社科网”：http://www.zjskw.gov.cn/sklj/index.jhtml。

学术研究、服务社会为宗旨。通过举办专题研讨会以及每年一次的学会年会等形式推动浙江历史文化的研究与宣传，比如2009年11月在富阳召开了“浙江历史人物学术研讨会暨浙江省历史学会2009年年会”，通过专题研讨来深度阐发历代浙江学者的学术思想、考证浙江乡贤事迹、评判浙籍政治家的是非功过。[①]

3. 浙江省越国文化研究会

秘书处设在浙江省社会科学院历史所，以研究、交流、推动越国文化遗迹保护与旅游资源开发为宗旨。2018年11月，联合绍兴文理学院越文化研究院举办了“越文化暨越国史学术研讨会”。

4. 浙江省地方志学会

成立于1985年10月[②]，秘书处设在浙江省地方志编纂委员会办公室。业务范围有：推动浙江旧志整理和地情研究工作；团结和组织会员开展地方志编纂实践；开展地方志理论研究和学术交流，推进方志学学科建设；普及地方志知识，推动读志用志，编辑出版地方志书刊《浙江方志》等。

5. 浙江鲁迅研究会

成立于1992年，研究会主要通过学术研究、会议研讨等形式推动鲁迅著作、思想的研究。从2004年起，秘书处设在绍兴文理学院。作为鲁迅故乡的高校，绍兴文理学院一直把鲁迅研究作为学术研究特色和重点，从不同的层面与维度进行切入。除继续发掘整理鲁迅与故乡的资料，还致力于从越文化与鲁迅双向互动的视野中对鲁迅思想与艺术的发生、鲁迅文学的意义等进行深度研究，确立了在全国鲁迅研究领域中的独特个性与地位。

2012年4月，绍兴文理学院召开了“浙江省鲁迅研究会常务理事会暨‘回顾与展望：越文化视野中的鲁迅’研讨会”，《鲁迅：从越文化视野透视》（北京大学出版社2012年版）和《经典与现实：纪念鲁迅诞辰130周年国际学术研讨会论文集》正式首发；浙江省内外的诸位鲁迅研究专家通过学术研讨的方式，总结了近年来鲁迅与越文化的研究成绩与经验，并对今后浙江省的鲁迅研究进行了展望。[③] 2016年11月，筹办召开“纪念鲁迅逝世80周年暨吴越史地研究会成立

---

① 张凯：《浙江历史人物学术研讨会暨浙江省历史学会2009年年会综述》，《浙江学刊》2010年第1期。

② 王志邦：《“方志之乡”谱新篇：浙江省地方志学会成立》，《浙江学刊》1985年第5期。

③ 《2012年浙江鲁迅研究会常务理事会暨“回顾与展望：越文化视野中的鲁迅”学术研讨会在我校召开》，见“绍兴文理学院人文学院网”，2012年4月17日。

80 周年学术研讨会”。[①]

6. 浙江省朱子学研究会

成立于 2015 年 12 月。研究会立足浙江，主要通过定期组织朱子学会议，弘扬朱子学与中华优秀传统文化。

第三节　浙江各地市开展的地域特色文化研究

在 2005 年启动的“浙江文化研究工程”的带动下，浙江省下辖各市纷纷召开“文化强市”工作会议，贯彻落实浙江省委“关于加快建设文化大省”的决定，成立了“加快建设文化大市”领导班子，制定本市实施“浙江文化研究工程”的具体方案，担负“浙江文化研究工程”实施的领导职责。而各市、县(区)的宣传部、社科联、政协文史委、文联、文广新局、方志办等政府部门，或独立运作，或依托所在地市的高校科研机构，围绕本地发展和历史文化特色，积极展开对本市、县(区)的传统文化和本土特色文化研究，取得了不少的科研成果。

一、杭州历史文化研究

因南宋定都杭州(临安)，此是杭州作为“中国历史文化名城”重要依据，在杭州市委、市政府大力支持下，“杭州学”成为一大研究热点。“杭州学”是研究、发掘、整理和保护杭州传统文化和本土特色文化的综合性学科。杭州市政府委托杭州市社科院邀请全国宋史研究专家，召开了“南宋史系列丛书”编纂工作会议，落实全部研究项目，并将杭州市实施文化研究工程拟启动的重大研究项目写入“建设文化名城”规划。

近年来，为充分挖掘杭州历史文化资源，提升城市软实力，杭州国际城市学研究中心(杭州研究院)、杭州城市学研究理事会组织了《杭州全书》的编纂工作，王国平任总主编。《杭州全书》有《西湖丛书》《杭州运河丛书》《杭州西溪丛书》《湘湖白马湖丛书》《钱塘江丛书》《钱塘江文献集成》等系列丛书。《西湖丛书》则有《西湖通史》《西湖全书》《西湖文献集成》《西湖文献集成续辑》等。根据

---

① 《“纪念鲁迅逝世 80 周年暨吴越史地研究会成立 80 周年学术研讨会”隆重召开》，《绍兴文理学院报・越文化研究》2016 年 12 月 20 日。

《〈杭州全书〉编纂出版中长期规划纲要(2010—2025年)》,杭州城市学研究理事会拟用15年时间,编纂出版体系完善、内容全面、特色鲜明、制作精美,系统性、学术性、权威性和可读性强的《杭州全书》。

《杭州全书·湘湖(白马湖)文献集成》之《湘湖水利文献专辑》,由杭州出版社2014年版出版。《湘湖(白马湖)丛书》出版有:《湘湖记忆》(杭州出版社2013年版)、《湘湖传说》(杭州出版社2013年版)、《湘湖史话》(杭州出版社2013年版)、《任伯年评传》(杭州出版社2013年版)、《白马湖诗词》(西泠印社出版社2014年版)、《湘湖诗韵》(浙江古籍出版社2014年版)、《一代名幕汪辉祖》(杭州出版社2014年版)、《湘湖风俗》(杭州出版社2014年版)、《湘湖楹联》(杭州出版社2016年版)等。

隶属于杭州市政协文史委的杭州文史研究会,每年定期举办"杭州文史论坛",主办会刊《杭州文史》,组编《杭州文史小丛书》(均由杭州出版社出版),还多次组织专家学者参与市政协组织的各类调研视察和研究论证工作,为杭州历史文化保护和文化建设提供学术支撑和智力支持。孙忠焕主编的《杭州运河文献集成》(杭州出版社2009年版),为展现大运河丰富的历史文化内涵,揭示大运河对杭州政治、经济、文化、社会发展的作用提供一个研究范本。

杭州市哲学社会科学规划领导小组办公室通过课题立项、成果评奖,以及组织出版《杭州学人文库》《杭州研究文库》等方式支持社会各界开展合作历史文化研究;杭州市社科院有文史研究所,开展吴越文化、宋史文化及民国问题研究;杭州市社科联主办有《杭州学刊》,发布"杭州学"研究成果,并由社会科学文献出版社公开出版。

杭州出版社与浙江图书馆于2004年合作启动了整理出版《文澜阁四库全书》的项目,中间几经周折,《文澜阁四库全书》(1559册)影印精装本于2015年由杭州出版社出版。陈东辉主编的《文澜阁四库全书提要汇编》(30册),由杭州出版社2017年出版。

杭州市下辖各区(县、市)也对本地的历史文化资源进行挖掘、研究、宣传。

拱墅区是杭州段中国大运河(京杭大运河)古迹保存最完整、底蕴最深厚、资源最丰富的一段。围绕大运河文化,打造"运河文化看拱墅"这一金名片,建成开放了"中国京杭大运河博物馆",保护修缮了小河直街等历史街区,2018年还成立了"杭州市拱墅区大运河文化研究院"①。

余杭区的"良渚文化"被誉为"中华文明之光"。良渚古城遗址被发掘之后，余杭就不遗余力地开展对良渚文化的保护、挖掘与宣传：与浙江省文物研究所合作，在1996年11月召开了"纪念良渚文化发现60周年国际学术讨论会"②；与浙江省社会科学院合作成立"国际良渚文化研究中心"，出版《良渚文化密探》（人民出版社2006年版）、《良渚文化兴衰史》（社会科学文献出版社2009年版）等专著；张炳火主编的《良渚文化研究丛书》（浙江摄影出版社2011年版），也被纳入"浙江文化研究工程成果文库"出版；如今，良渚古城遗址已经被推荐申报"世界文化遗产"。余杭区政府极力推动了近代民主革命先驱章太炎故居的保护、《章太炎全集》的出版，2016年6月还召开了"纪念章太炎逝世八十周年暨章太炎故居保护开放三十周年：章太炎先生生平及思想学术研讨会"③。此外，"余杭历史文化研究丛书"也由西泠印社出版社出版。

萧山区政府自20世纪90年代开始，就一直致力于萧山历史文化与古籍文献资料的保护与抢救工作。位于萧山区城厢镇湘湖村跨湖桥的跨湖桥遗址，经过1990年、2001年、2002年的三次文物发掘，经测定，其年代距今7000—8000年间。2004年12月，在"跨湖桥遗址考古学术研究会"上，"跨湖桥文化"正式命名，跨湖桥文化遗址的发现，将浙江的人类文明史提到了8000年前。从2009年开始，跨湖桥遗址博物馆每年举办一届"跨湖桥文化节"，并举办了多届"跨湖桥文化国际学术研讨会"④。萧山区政府也重视对萧山区历史人文资源的挖掘与研究。陈志根主编《萧山历史文化》（方志出版社2006年版），收录了"萧山长山商周土墩墓发掘""萧山究竟何时建县""浅论萧山历史上的社会保障体系"等研究萧山历史文化论文30余篇；2011年，萧山区方志办成立"明清萧山县志"编委会，点校整理嘉靖、万历、康熙、乾隆年间的四部《萧山县志》⑤；徐树林著《萧山地名杂记》（方志出版社2014年版）系萧山地名文化研究代表作；庞晓敏主编的《毛奇龄全集》（全40册），由学苑出版社2015年影印出版；萧山区地方志办公

---

① 陈琳：《留住乡愁记忆，拱墅成立大运河文化研究院》，杭州网，2018年1月18日。

② 浙江省文物研究所编：《良渚文化研究：纪念良渚文化发现六十周年国际学术讨论会文集》，科学出版社1996年版。

③ 余杭章太炎纪念馆编：《章太炎逝世八十周年暨章太炎故居保护开放三十周年纪念文集》，上海人民出版社2017年版。

④ 吴健主编：《跨湖桥文化国际学术研讨会》，文物出版社2012、2014、2016年版。

⑤ 杭州市萧山区人民政府地方志办公室编：《明清萧山县志》，上海远东出版社2012年版。

室主编，蔡堂根、舒仕斌点校的《魏骥集》由浙江人民出版社 2017 年出版。

二、宁波历史文化研究

宁波是具有 7000 年历史的河姆渡文化的发祥地。作为全国历史文化名城，宁波人文积淀丰厚，历史文化悠久。四明学派、姚江学派、浙东学派，还有佛教文化，均是宁波历史文化的重要部分。在宁波市委、市政府的支持下，宁波市委宣传部、宁波市社科联（社科院）组织协调全市社会科学研究力量开展宁波历史文化研究，宁波市将“宁波通史”“宁波邦研究”“宁波碑刻目录整理”“明史、清史实录中关于宁波经济社会发展史料记载整理”“近现代以来学界对宁波研究的资料整理”“阳明心学研究”“宁波佛教文化研究”等项目列为宁波市重大科研（招标）项目。宁波大学、宁波理工学院等高校科研机构以及社会各界人士，通过申报宁波市文化研究工程项目、宁波市哲学社科规划课题、宁波市社会科学学术著作出版资助等方式，极大地推动了宁波历史文化的研究传承与普及推广。

宁波市社科联具体实施的“宁波市文化研究工程”分为三个研究系列：宁波专门史研究、宁波历史名人研究和宁波特色文化研究，先后出版了大量的研究成果。比如宁波历史名人研究系列出版有：周军的《浙东诗学巨子李邺嗣研究》（宁波出版社 2010 年版），毛海莹的《苏青评传》（中国社会科学出版社 2010 年版），毛庆根的《中国奥运之父：王正廷传》（浙江大学出版社 2012 年版），张实龙的《杨简研究》（浙江大学出版社 2012 年版），张萍的《明代余姚吕氏家族研究》（浙江大学出版社 2012 年版），郭晶的《鄞州马氏家族研究》（浙江大学出版社 2012 年版），张萍的《沈光文研究》（浙江大学出版社 2014 年版）等。宁波专门史研究系列丛书有：乐承耀的《宁波经济史》（宁波出版社 2010 年版），王凤山等的《宁波近代商帮的变迁》（宁波出版社 2010 年版），王瑞成的《宁波城市史》（宁波出版社 2010 年版），邱枫的《宁波古村落史研究》（浙江大学出版社 2011 年版），林士民的《宁波造船史》（浙江大学出版社 2012 年版），张如安的《南宋宁波文化史》（浙江大学出版社 2013 年版）、《元代宁波文化史》（浙江大学出版社 2018 年版）等。宁波特色文化研究系列丛书有：黄定福的《宁波近代建筑研究》（宁波出版社 2010 年版），徐文明的《现代转型与民国时期宁波市民的文化娱乐》（宁波出版社 2010 年版），冯盈之的《宁波服饰文化》（浙江大学出版社 2010 年版），刘云华的《红帮裁缝研究》（浙江大学出版社 2011 年版），苏勇军的《浙东海洋文化研究》(浙江大学出版社 2011 年版),刘彩珍的《宁波老歌谣研究》(浙江大学出版社 2014 年版),陈红波的《宁波水文化研究》(浙江大学出版社 2016 年版)等。2017 年,宁波市社科联结合自身组织开展宁波地域文化研究和社科知识普及的工作职能,在已有的宁波地域文化研究成果的基础上,选取有代表性的地域文化内容,组织宁波地域文化研究专家撰写,推出了进一步面向社会大众的宁波地域文化普及读本——"宁波地域文化系列丛书"(《宁波望族文化》《宁波水利文化》《宁波慈善文化》《宁波海洋文化》),由浙江大学出版社出版。

宁波市社科联下属历史文化类学会也积极开展活动,推动宁波历史文化研究。比如宁波市文化学会、宁波市历史学会合作,自 2007 年以来每年举办一届"浙东文化论坛":2007 年第一届"浙东文化论坛"的主题为"浙东地域传统文化与宁波和谐社会建设",2008 年第二届"浙东文化论坛"的主题为"浙东文化与海内外文化交流",2009 年第三届"浙东文化论坛"的主题为"浙东文化与宁波发展",2010 年第四届浙东文化论坛的主题为"黄宗羲 · 甬上文化 · 传承发展",2011 年第五届浙东文化论坛的主题为"三江口的古代、近代、现代",2012 年第六届"浙东文化论坛"的主题为"纪念沈光文诞辰 400 周年",2014 年第八届"浙东文化论坛"的主题为"阳明心学的当代价值及其传承",2018 年第十一届"浙东学术论坛"的主题为"传承与创新:新时代的浙东学术文化"。

2004 年,宁波市委宣传部牵头,组织宁波大学、市委党校等社会各界的学术力量,启动编纂"宁波市重大文化研究工程项目"《宁波通史》;2009 年,由中华书局原总编辑傅璇琮任主编的五卷本《宁波通史》,由宁波出版社出版。据介绍,《宁波通史》是迄今为止第一部对宁波 8000 年历史进行系统梳理和阐述的学术著作,填补了不少宁波区域文化研究的学术空白,作为城市通史研究著作,《宁波通史》的编纂出版走在了全国的前列。① 此外,宁波市还与中国社会科学院合作,共建"浙东文化与宁波文化大市建设研究中心"。

宁波大学关于浙东文化、浙东学术、浙东学派的研究成果也是相当丰硕:先后成立有中国文化研究中心浙东学术研究室、浙东文化研究所等研究机构,2011 年 11 月组建成立了浙东文化与海外华人研究院,以浙东历史文化研究、对外文化交流史研究、开放口岸与近现代史研究、海外华人研究为主要研究方向,

---

① 李波:《〈宁波通史〉首发式在北京人民大会堂举行》,人民网:http://culture.people.com.cn/GB/10336960.html,2009 年 11 月 7 日。

先后举办了“多维视野下的浙东文化学术研讨会”(2013 年 12 月)、“浙东文献与藏书文化学术研讨会”(2014 年 11 月)，并出版了张伟主编的《浙东文化研究》(第 1、2 辑、浙江大学出版社 2014 年、2016 年版)。目前正在承担宁波市社科院重大委托项目《浙东学术史(四卷本)》的编撰工作。此外，宁波大学方祖猷著《王畿评传》(南京大学出版社 2001 年版)、《万斯同评传》(南京大学出版社 2005 年版)、《黄宗羲长传》(浙江大学出版社 2011 年版)，方同义等著《浙东学术精神研究》(宁波出版社 2006 年版)、《千年文脉：浙东学术文化》(宁波出版社 2014 年版)，徐定宝著《黄宗羲评传》(南京大学出版社 2002 年版)，钱茂伟著《姚江书院派研究》(中国社会科学出版社 2005 年版)、《浙东学术史话》(宁波出版社 2009 年版)、《浙东史学研究述评》(海洋出版社 2009 年版)、《王应麟学术评传》(中华书局 2011 年版)，张如安著《清初浙东学派文学思想研究》(浙江大学出版社 2013 年版)、《宁波古代历史文化研究资料索引续编(1900—2014)》(浙江大学出版社 2015 年版)，这些研究成果均不同程度地深化了浙东历史文化的专题研究。

宁波市委党校的历史文化学者也出版有不少关于浙东学术的研究成果，如潘起造的《明清浙东经世实学通论》(宁波出版社 2005 年版)、《甬上宋明心学史》(宁波出版社 2010 年版)，乐承耀的《宁波近代史纲》(宁波出版社 1999 年版)、《浙海关与近代宁波》(人民出版社 2010 年版)、《台湾文献初祖沈光文研究》(九州出版社 2015 年版)。《宁波市委党校学报》与中国实学学会合作，每期辟有“浙东学术与中国哲学”研究专栏，刊载研究浙东学派、浙东学术的学术研究文章。

宁波天一阁博物馆组织出版有《天一阁研究丛书》，其中有虞浩旭的《历代名人与天一阁》(宁波出版社 2012 年版)，袁慧的《范钦评传》(宁波出版社 2012 年版)，骆兆平的《伏跗室书藏记》《天一阁藏明代地方志考录》《天一阁丛谈》(宁波出版社 2012 年版)等。此外出版有《天一阁藏〈四明丛书〉珍稀文献图录》(浙江古籍出版社 2016 年版)，《宁波市天一阁博物馆古籍普查登记目录》(国家图书馆出版社 2017 年版)，《天一阁藏历代方志汇刊》(850 册，国家图书馆出版社 2017 年版)。天一阁博物馆还与中国社会科学院、复旦大学古籍研究所合作举办过一系列的学术研讨会，比如“纪念范钦诞辰 500 周年暨天一阁建阁 440 周年活动”(2006 年 11 月)、“科举与科举文献国际学术研讨会”(2010 年 12 月)、“明代的书籍与文学国际学术研讨会”(2016 年 12 月)等。宁波博物馆主编的学术集刊《浙东文化集刊》，2007 年起由上海古籍出版社出版发行，刊发的论文以博物馆学为主，同时兼及浙东文化研究。

宁波市下辖各区、市、县也结合本行政区域的历史文化开展有特色的学术研究活动。比如，海曙区、鄞州区的全祖望研究就开展得有声有色：2005 年系全祖望诞辰 300 周年，鄞州区政协文史委编有《越魂史笔：全祖望诞辰 300 周年纪念文集》（宁波出版社 2005 年版）、《史心文韵：全祖望诞辰三百周年纪念文集续集》（宁波出版社 2007 年版）；2008 年，海曙区人民政府修缮了全祖望墓园，遂与中国社会科学院历史所合作举办了“全祖望与浙东学术文化国际学术研讨会”，会后结集出版了《全祖望与浙东学术文化国际学术研讨会论文集》（中国社会科学出版社 2010 年版）。奉化区围绕佛教弥勒文化开展活动，截至 2018 年 11 月，已经举办了 11 届“浙江宁波奉化弥勒文化节”。

余姚市的历史文化研究主要围绕“余姚四先贤（严子陵、王阳明、黄宗羲、朱舜水）”来开展与进行，余姚市委、市政府联合浙江省社会科学院先后举办有“纪念黄宗羲逝世 300 周年暨学术研讨会”（1995 年 10 月）[①]、“黄宗羲民本思想国际学术研讨会”（2006 年 4 月）[②]、“王阳明学术思想国际研讨会”（2007 年 4 月）[③]、“中日舜水学研讨会”（2008 年 11 月）[④]。先是在 1998 年，季学原主编的《姚江文化史》由宁波大学出版社出版，余秋雨作“序”，以为“姚江文化是整个中国文化经络中一个很关键的穴位”，因为“从明代开始，长江下游的姚江地区，开始成为中国人文思维的一个重镇，以王阳明、黄宗羲为代表的姚江学者在思维的强度和深度上都处于整个中国文化制高点的地位上，这种情况，使长江下游当之无愧而又平静厚实地取得了对近代以前的中国文化的大部分总结权”[⑤]。2005 年，“姚江文化丛书”编委会成立，历时 8 年，投入 250 余万元，出版了包括《姚江文化史》（修订版）、《姚江民间故事》、《姚江山水名胜》、《名城名贤研究文选》、《姚江田野考古》等 26 种图书，系统地介绍了从河姆渡文化到现当代文化的余姚文化史，是目前为止介绍余姚规模最大、涵盖最全面、内容最丰富的一套丛

① 吴光等主编：《黄梨洲三百年祭：祭文·笔谈·论述·佚著》，当代中国出版社 1997 年版。

② 吴光主编：《从民本走向民主：黄宗羲民本思想国际学术研讨会论文集》，浙江古籍出版社 2006 年版。

③ 钱明、叶树望主编：《王阳明的世界：王阳明故居开放典礼暨国际学术研讨会论文集》，浙江古籍出版社 2008 年版。

④ 钱明、叶树望主编：《舜水学探微：中日舜水学研讨会文集》，浙江古籍出版社 2009 年版。

⑤ 余秋雨“序”文见季学原主编：《姚江文化史》，宁波出版社 1998 年版，第 1—5 页。

书。余姚市档案史料研究会组织编纂了《余姚历史文化名人读本系列》丛书，有《认识王阳明》(中国档案出版社 2008 年版)、《认识黄宗羲》(中国档案出版社 2009 年版)、《认识朱舜水》(中国档案出版社 2010 年版)、《认识严子陵》(中国文史出版社 2011 年版)。为推进阳明学研究，2011 年 8 月，余姚市人民政府与中国社会科学院历史所合作，筹办"余姚国际阳明学研究中心"，先后举办了三届"国际阳明学研讨会"(2011 年 11 月、2012 年 11 月、2014 年 11 月)，编辑出版了四卷《国际阳明学研究》辑刊(中国社会科学出版社 2011 年版，上海古籍出版社 2012 年、2013 年、2014 年版)，还编著了《王阳明廉政思想与廉政行为研究》(中国社会科学出版社 2013 年版)一书。从 2015 年开始，余姚连续在阳明先生的诞辰日(10 月 31 日)举办"阳明文化日"系列活动，自 2017 年开始升级为"宁波(余姚)阳明文化周活动"，先后推出了中国阳明心学高峰论坛、王阳明遗墨特展、心学大师王阳明图书展等活动。而由余姚市委宣传部出品的动画片《少年王阳明》在浙江电视台播出；由余姚市姚剧保护传承中心编排的姚剧《王阳明》先后赴日本及中国台湾地区巡演。

宁海县为做好宁海历史文化发掘与文献整理工作，与浙江师范大学江南文化研究中心合作，2013 年启动了"宁海文献丛书"的编撰，2015 年至 2016 年由上海古籍出版社陆续出版。《徐霞客游记》以宁海为开篇。1999 年，宁海与中国徐霞客研究会、浙江省徐霞客研究会共同举办了"徐霞客思想与宁海旅游"研讨会。2000 年，宁海与中央电视台共同举办了 100 集大型电视风光片《徐霞客游记》的开机仪式。2001 年 5 月 19 日，宁海举办"中国旅游日"倡议活动，倡议国家将徐霞客宁海开篇的日子——5 月 19 日，作为"中国旅游日"来纪念。2002 年 5 月 18 日至 5 月 20 日，首届"中国(宁海)徐霞客开游节"在宁海举行。2004 年以来，每年一届的"中国(宁海)徐霞客开游节"形成惯例。其中，2011 年 4 月 12 日，国家旅游局正式宣布 5 月 19 日为中国旅游日，因为 5 月 19 日是徐霞客鸿篇巨作《徐霞客游记》的开篇日，将 5 月 19 日确定为"中国旅游日"在文化内涵上和旅游联系密切，在时间上具有旅游的普适性，在认识上具有广泛共识。2011 年 5 月 19 日，"中国旅游日主题活动启动仪式暨第九届中国徐霞客开游节"在宁海举行。2013 年 5 月 19 日是《徐霞客游记》开篇 400 周年，第十一届"中国(宁海)徐霞客开游节"期间，举行了"《徐霞客游记》开篇 400 周年纪念大会"。截至 2019 年 5 月，已经举办了十七届徐霞客开游节。

慈溪市则通过慈溪市地方志办公室组织推动"慈溪地方文献集成"的编撰

出版，已经出版了：王清毅、岑华潮主编的《溪上遗闻集录》（西泠印社出版社2005年版）、童银舫的《溪上文钞·慈溪家谱》（第四辑，中国文史出版社出版2013年版）、王孙荣的《慈溪进士录》（第六辑，浙江古籍出版社2015年版）等。

总之，宁波历史文化的研究大多突出浙东文化的地域特色，通过对宁波经济社会发展专门史的系列研究、历史名人的系列研究和特色文化的系列研究，系统梳理了宁波历史文化发展的轨迹，探索揭示了宁波历史文化发展的规律，从而彰显宁波文化发展的竞争力和影响力。

三、温州历史文化研究

温州是一座底蕴深厚的历史文化名城，拥有5000年文明史、2200多年行政建制史、近1700年的建城史，文源深、文脉广、文气足；数千年来，中原文化、商业文化、山地文化、海洋文化、民俗文化等在瓯越大地交汇，尤其在两宋之时产生了永嘉学派，晚清时又有一大批的知识群体产生，从而创造了独具特色的瓯越文化史。

改革开放以来，温州历史文化研究的开展相对于民营经济的高速发展相对滞后，但是在“浙江文化研究工程”的带动下，温州市委、市政府也适时启动了“温州文化研究工程”，建立了文化研究工程指导委员会，时任温州市委书记王建满担任主任。在温州市委宣传部、温州市社科联的有力推动下，在温州市政协文史委、温州图书馆、温州博物馆、《温州日报》以及温州大学等单位机构的协作下，温州历史文化研究取得了长足的发展。温州历史文化研究的现状主要体现为以下几方面：

一是温州市社科联、温州市图书馆合作推出“温州文献丛书”“温州文献丛刊”“温州历史文献集刊”。2001年7月至2007年3月，温州市图书馆负责承担“温州文献丛书”的编辑整理工作，由温州市历史学者胡珠生担任主编。最终成果是由上海社会科学出版社2002年至2007年陆续完成出版的4辑40种48册2000万字的“温州文献丛书”，系统整理了上起北宋晚期的周行己、刘安节、刘安上、许景衡，下至新中国成立前后王理孚、刘景晨、孙延钊、梅冷生等温州先贤遗留文献，时间跨度近千年。[①]“温州文献丛书”以点校、校注、校笺、校补、汇编等方式进行整理，在抢救挖掘稿本、抄本、孤本的同时，收录了大量文集及零散资

① 卢礼阳：《〈温州文献丛书〉出版纪实》，《温州瞭望》2007年第7期。

料,是温州市迄今为止最为完整、准确并具权威性的历史文献总汇。[①]“温州文献丛书”第1辑书目为:周梦江校笺的《周行己集》,张良权点校的《薛季宣集》,张宪文校注的《张璁集》,蔡克骄点校的《岐海琐谈》,马允伦编的《太平天国时期温州史料汇编》,胡珠生编注的《孙锵鸣集》(上、下册),潘猛补校补的《温州经籍志》(上、中、下三册),金柏东主编的《温州历代碑刻集》,徐和雍、周立人整理的《孙衣言、孙诒让父子年谱》,俞雄选编的《张棡日记》;第二辑书目为:陈增杰校注的《李孝光集校注》,陈光熙编的《明清之际温州史料集》,张如元校笺的《瓯海轶闻》(上、下册),俞天舒编的《黄体芳集》,俞光编的《温州古代经济史料汇编》,胡珠生编的《东瓯三先生集补编》,刘时觉主编的《温州近代医书集成》(上、下册),沈不沉编《洪炳文集》,薛钟斗编、余振棠校补的《东瓯词徵》,卢礼阳辑编的《黄群集》;第三辑书目为:周梦江校注的《二郑集》,胡珠生校注的《弘治温州府志》,张宪文校注的《王叔杲集》,蔡克骄点校的《龙门集、神器谱》,沈洪保点校的《何白集》,周干校注的《东嘉先哲录(外两种)》,谢作拳、伍显军编的《杨青集》,马允伦编的《黄光集》,吴明哲编的《温州历代碑刻二集》,周立人、徐和雍编校的《孙延钊集》;第四辑书目为:陈光熙、丁治民点校的《刘安节集、刘安上集、许景衡集、刘黻集》,胡雪冈校释的《张协状元校释》,戴侗撰《六书故》(影印),方长山、魏得良点校的《项乔集》(上、下册),张如元、吴佐仁校补的《东瓯诗存》(上、下册),胡珠生点校的《清史两种》,张禹、陈盛奖编注的《王理孚集》,卢礼阳、李康化编注的《刘景晨集》,潘国存编的《梅冷生集》,陈瑞赞编注的《东瓯逸事汇录》。

在“温州文献丛书”完成出版之后,温州市图书馆研究室策划、温州文化研究工程资助的10部14册“温州文献丛刊”,由黄山书社出版社2009年至2012年陆续出版。书目为:卢礼阳编校的《蒋叔南集》,蔡克骄点校的《王叔果集》,王妍点校的《王德馨集》,杨安利点校的《周衣德集》,沈洪保点校的《识匡斋全集 歌宜室集》,陈镇波 陈肖粟点校的《林损集》(全三册),孙建胜编校的《永嘉场墓志集录》,方韶毅、沈迦编校的《伍叔傥集》,陈瑞赞编校的《侯一元集》(全三册),周干、蔡听涛等点校的《畏庵集匊庵文选(外一种)》。

在“温州文献丛刊”完成之后,温州市图书馆又推出整理“温州历史文献集刊”与“温州图书馆馆藏日记”。“温州历史文献集刊”已经于2010年、2012年、2013年、2015年由南京大学出版社出版了四辑。由卢礼阳执事的“温州图书馆

① 黄之宏、王妍:《〈温州文献丛书〉历时5年40部出齐》,《温州日报》2007年3月26日。

馆藏日记”，内容独特，涉及温州近代政治、教育、文化、经济、社会诸方面，绝大多数为稿本（少数为抄本），对于研究清末民初历史具有极高的文献价值。“温州图书馆馆藏日记”分两种形式出版，一种是全文影印出版，第一批60册《温州市图书馆藏日记稿钞本丛刊》，由中华书局2017年出版；另一种形式是全文标点整理，诸如刘绍宽的《厚庄日记》，张棡的《杜隐园日记》，符璋的《符璋日记》，林骏的《颇宜茨室日记》，刘耀东的《疚庼日记》等。

二是温州市社科联以“温州文化研究工程”资助出版方式，先后推出“温州研究集刊”“温州乡土文化书系”“温州学人文库”“温州文化丛书”。

在“温州文化研究工程”启动之初，时任温州市社科联专职副主席洪振宁提出了“温州学”的概念。“温州学”是以温州文化、温州人和温州发展为研究对象的一门综合性地方学科，其将温州作为人文、自然要素共同构成的地域综合体进行综合性研究，具体研究对象包括温州地区的历史、文化、经济、社会、生态，以及温州人与温州人文精神等，并探究其发生发展的内在规律。而由温州文化研究工程资助出版的“温州研究集刊”“温州乡土文化书系”“温州学人文库”“温州文化丛书”等，则是对“温州学”的进一步解读与阐释。

“温州研究集刊”推出的成果主要有：俞为民的《南戏通论》（浙江人民出版社2008年版），俞雄的《孙诒让传论》（浙江人民出版社2008年版），洪振宁《宋元明清温州文化编年》（浙江人民出版社2009年版），陈振波的《宋恕评传》（浙江人民出版社2010年版），顾钟麟等著的《张璁评传》（浙江人民出版社2010年版），张宏敏的《刘基思想研究》（浙江人民出版社2011年版），尹燕的《陈黻宸学术思想研究》（浙江人民出版社2011年版），陈彩云的《元代温州研究》（浙江人民出版社2011年版），吴光、洪振宁主编的《叶适与永嘉学派》（浙江人民出版社2012年版），等等。此外，“温州文化研究工程”还资助出版了陈安金、王宇的《永嘉学派与温州区域文化崛起研究》（人民出版社2008年版），林亦修的《温州族群与区域文化研究》（上海三联书店2009年版）等。

“温州乡土文化书系”主要出版有：金丹霞、施菲菲的《温州望族》（浙江摄影出版社2008年版），施菲菲的《温州老街》（浙江摄影出版社2008年版），胡春生、胡骅的《温州刺绣》《温州花板·铜皮》《温州瓦当花檐》（浙江摄影出版社2008年版），刘淑婷的《温州泰顺乡土建筑》（浙江摄影出版社2009年版），胡春生的《温州漆艺》（浙江摄影出版社2009年版），魏敬先、魏乐文的《温州发绣》（浙江摄影出版社2011年版），胡春生、胡骅的《温州瓯茶》《温州瓯窑褐彩青瓷》

（浙江摄影出版社 2012 年版），洪振宁的《温州文化史图说》（浙江摄影出版社 2012 年版），等等。

由温州市社科联筹划编辑、“温州文化研究工程”资助出版《温州学人文选》，主要收录当代温州籍学者研究温州历史文化研究学者的个人论文集，主要有《胡珠生集》《胡雪冈集》《章志诚集》《徐顺平集》《陈增杰集》《陈学文集》《徐定水集》，并由黄山书社 2008 年至 2011 年陆续出版。

2012 年，温州市社科联推出“温州市社会科学学术著作出版资金资助出版”，分“温州学术文库”系列和“温州文化丛书”系列。“温州文化丛书”系列主要资助有鲜明温州文化特色的研究著作，目前已经出版的有：丁海涵的《近现代绘画视野中的永嘉山水》（浙江人民出版 2013 年版），张一平、张胜男的《温州诗歌史（先秦至两宋时期）》（浙江人民出版 2013 年版），张立新的《瓯人与东瓯国》（浙江人民出版 2013 年版），李子敏的《南戏故里声腔戏剧珍萃》（浙江人民出版 2015 年版），朱赛萍的《温州方言动后介词结构的韵律句法研究》（浙江人民出版 2015 年版），胡臻、林士毅等的《瓯越谚语与中医药文化》（浙江文艺出版社 2015 年版），周文明、周峰点校的《四书管窥》、《管窥外篇》（浙江文艺出版社 2015 年版），高启新的《瓯窑不老》（浙江文艺出版社 2016 年版），俞美玉、何伟的《刘伯温家族史研究》（浙江文艺出版社 2016 年版），等等。

温州市社科联下属的研究会，诸如温州市历史学会、儒学研究会、民俗学会、南拳研究会、瓯塑艺术学会、刘基文化研究会、谢灵运研究会、王十朋研究会等，也围绕温州历史、文化民俗、永嘉学派以及温州历史文化名人举办各种活动，开展学术研究。温州市社科联还筹办过“纪念叶适诞辰 850 周年暨永嘉学派国际学术研讨会”（2000 年 11 月）、“纪念陈傅良诞辰 870 周年暨永嘉学派学术研讨会”（2007 年 12 月）、“中国东南地域文化国际学术研讨会”（2009 年 11 月）等，以促进省内外、境内外学者对温州地域历史文化研究的交流与分享。

三是温州市委、市政府力推《温州通史》的编纂与《温州通史》专题史丛书的出版。

为助推温州申报“国家历史文化名城”，2010 年温州市委、市政府将《温州通史》编纂作为温州文化建设的基础工程，定格为高质量、有特色的学术课题。2011 年正式启动，聘请复旦大学中国地理历史研究所所长吴松弟（温州泰顺人）担任主编。《温州通史》全书计划编七卷，分东瓯卷、汉唐卷、宋元卷、明卷、清卷、民国卷等六卷之外，再将各卷的人物部分集中为第七卷即人物卷。

考虑到历史的复杂性以及“通史”编撰者知识面的有限性，还推出了《温州通史》专题史丛书。专题史以特定的专题为研究对象，它是温州通史中既有机联系，又保持一定的独立性的单元。全部专题史共二十九部，包括：温州平原的形成与水利建设①，温州海上交通史研究②，温州人口史，温州族群史记，温州畲族史③，温州盐业经济史④，温州手工业史研究（唐五代宋元时期），温州山区开发历史进程，温州城镇史，温州历代职官志，温州政区与地方政治，温州古代的法制与地方社会，温州近代地方政治史，温州中共革命史，温州地区思想史研究（宋元明时期），晚晴温州儒学史⑤，温州道教史，温州民间信仰研究，温州基督教天主教史，明清以来温州的公益慈善活动，温州古代教育与科举史，温州民俗史，温州曲艺史，温州古代戏曲史，温州医学史⑥，温州建筑史，温州家族史研究，温州沿海平原的家族和地域社会，温州历史地图集⑦与温州古旧地图的整理研究。

《温州通史》编撰工程自2010年立项以来，温州市图书馆作为《温州通史》编纂项目的牵头单位，为《温州通史》编纂提供文献保障、技术支持和联络服务，还及时编纂《温州通史编纂通讯》传递温州历史研究的最新动态。其实在地方政府层面推动《温州通史》编纂工程之前，温州地方史研究资深专家胡珠生数十年如一日、以一人之力编撰了《温州近代史》（辽宁人民出版社2000年版）、《温州古代史》（待出版）。

四是温州大学（原温州师范学院等）等驻温高校重视开展对温州历史文化的研究。

温州大学作为一所地方综合性大学，其所属的人文学院、法政学院一直以来都重视对温州历史文化的研究。陈安金负责的“文化视野下的世界温州人研究创新团队”、黄涛负责的“浙南瓯越文化研究创新团队”为“浙江省重点创新团队”。与温州历史文化有关的温州大学校级科研中心主要有：国学研究所、温州历史文化研究中心、哲学与文化研究所、孙诒让研究所、中国及周边俗文学研究

① 康武刚：《温州沿海平原的变迁与水利建设》，人民出版社2018年版。

② 松浦章著，杨蕾等译：《温州海上交通史研究》，人民出版社2016年版。

③ 邱国珍：《温州畲族史》，人民出版社2017年版。

④ 王兴文：《温州盐业经济史》，人民出版社2017年版。

⑤ 孙邦金：《晚晴温州儒家文化与地方社会》，人民出版社2017年版。

⑥ 刘时觉：《温州医学史》，人民出版社2016年版。

⑦ 钟翀：《温州古旧地图集》，上海书店2014年版。

中心、口述历史研究所、南戏研究中心、曲艺研究所、温州方言与东瓯文化研究所、浙江侨乡文化研究中心。代表性的科研成果有蔡克骄的《瓯越文化史》(作家出版社 1998 年版),陈安金、王宇合著的《永嘉学派与温州区域文化崛起研究》(人民出版社 2008 年版),林亦修的《温州族群与区域文化研究》(上海三联书店 2009 年版),蔡克骄、夏诗荷合著的《浙东史学研究》(知识产权出版社 2009 年版),陈安金、孙邦金合著的《晚晴温州知识社群与儒学传统的近代转化》(光明日报出版社 2015 年版),等等。

浙江工贸职业技术学院设有温州区域文化研究中心,主要对刘基与刘基文化、瓯绣瓯塑瓯窑等特色工艺美术开展教学研究。其中对刘基文化的研究与宣传主要表现为与有关单位合作筹办了"首届国际刘基文化学术研讨会"(2006 年 12 月)[①],"刘基诞辰 700 周年纪念大会暨中国(温州)刘基文化高峰讲坛"(2011 年 7 月),"刘基文化与温州历史文化发展研讨会"(2015 年 4 月),"第三届刘基文化国际学术研讨会"(2017 年 12 月),此外《浙江工贸职业技术学院学报》设有"刘基研究"专栏。温州职业技术学院近年来也重视对温州历史文化的研究,比如 2017 年 11 月举办了"瓯文化传承创新路径探究学术研讨会";《温州职业技术学院学报》的"温州研究"栏目为"全国高校优秀社科期刊特色栏目",刊发了不少关于温州历史文化研究、温州近代当代研究的学术论文。温州医科大学重视对温州医学史的研究,刘时觉著有《永嘉医派研究》(中医古籍出版社 2000 年版),其编校有《温州近代医书集成》(上海社会科学院出版社 2005 年版)、目前正在主持《中国医学古籍的挖掘整理与考证研究》的国家社科基金项目。

五是温州下辖各区(市、县)对当地历史文化的挖掘与重视。

在"温州文献丛书"的"示范效应"下,温州市下辖的各县(市、区)纷纷行动起来,就近整理当地的代表性文献,进而开展当地的地域文化研究。

苍南推出"苍南文献丛书"(八册,陈庆念主编,上海古籍出版社 2005 年版),整理南宋至清末的苍南历代文献资料,既有《苍南诗征》《文征》《苍南女诗人集》《永嘉集》《逢原斋诗文钞》《愈愚斋诗文集》等历代文人诗文集,亦有如《黄庆澄东游日记》《东瀛观学记》等近代苍南文人对日本的考察著述。2011 年,苍南县历史文化研究会创办了《苍南历史文化研究》的会刊,每年出版 4 期,设有史事钩沉、人物春秋、征考觅源、口述历史、读书笔记等栏目。

---

① 何向荣主编:《刘基与刘基文化研究》,人民出版社 2008 年版。

乐清市社科联大力推进乐清历史人文研究和乐清历史文献整理等乡土人文研究工作，先后整理出版了"乐清文献丛书""乐邑寻踪""乐清地域文化研究丛书""乐清学人文丛""乐清古典作家选集丛书"等五个系列近60种书目。[①] 其中，"乐清文献丛书"第一、二辑，2009年至2015年由线装书局陆续出版。第一辑书目有：余力笺注的《翁卷集笺注》，沈不沉编注的《章纶集》，陈彩云点注的《赵廷松集》，王志成、高知贤编注的《徐炯文集・徐德元集・徐乃康集》，张炳勋编注的《黄式苏集》，南航校注的《洪邦泰集》，南航编注的《朱鹏集》，陈纬校注的《道光乐清县志》，卢礼阳、詹玉美校注的《雁荡山志》，蒋振喜选编的《乐清谱牒文献选编》。第二辑书目为：钱志熙编著的《乐清钱氏文献丛编》，曹云霖编注的《冯薖集・冯豹集》，阮伯林校注的《张玄应集》，吴小如校点的《耕心堂集》，袁国唐编注的《盗天庐集》，王志成校注的《林启亨集》，高益登编注的《高谊集》，卢礼阳、方韶毅编校的《吴鹭山集》，黄岳清编注的《鹿迹山房诗文集》，邱星伟、崔宝珏校注的《白石山志・白龙山志・蒲岐所志》。在推出"乐清文献丛书"的同时，乐清市社科联还组织出版了"乐清地域文化研究丛书"（许宗斌主编），已经出版的书目有：吴济川的《乐清古代书院考述》（线装书局2013年版），周是一的《乐清细纹刻纸技法与实例》（线装书局2013年版），陈维的《石塘山居杂文》（线装书局2014年版），尚洪浦的《乐清道教与民间信仰研究》（线装书局2016年版）。乐清文史学界还重视乐清籍历史文化名人的研究，比如1998年《梅溪集》重刊委员会编校整理的《王十鹏全集》由上海古籍出版社出版；2012年10月，乐清市委、市政府举办了"纪念王十朋诞辰900周年全国学术研讨会"[②]；2015年1月，乐清市社科联筹办了"朱镜宙先生诞辰125周年学术研讨会"[③]。乐清文史专家许宗斌的雁荡山文化研究也值得关注，其著有《雁荡山笔记》（线装书局2009年版）、《昨夜风：乐清历史文化述略》（线装书局2016年版），同时兼任《浙江通志・雁荡山卷》主编。

历史上的龙湾，人杰地灵，有着丰富悠久的历史文化积淀。为此，龙湾区文联深入挖掘、研究和宣传龙湾历史文化名人资源，主持编撰有"龙湾文献丛书"，出版有潘猛补点校的《嘉靖永嘉县志》（中国文史出版社2009年版），陈伟玲校

① 《乐清文献系列丛书参展2019温州国际时尚文博会广获好评》，见"浙江社科网"，2019年3月29日。

② 项宏志主编：《纪念王十朋诞辰900周年全国学术研讨会论文集》，线装书局2012年版。

③ 钱宗主编：《朱镜宙先生诞辰125周年学术研讨会论文集》，线装书局2015年版。

注的《明代英桥王氏诗录》(中国文史出版社 2009 年版),卢礼阳点校的《王毓英集》(中国文史出版社 2011 年版),张侃、张卫中编辑的《普门张氏文献综录》(中国文史出版社 2011 年版),等等。龙湾区文联还推出了"龙湾文化丛书",出版了张宪文、张卫中编著的《张璁年谱》(修订本,人民日报出版社 2004 年版),张卫中等编著的《龙湾历代名人录》(人民日报出版社 2004 年版),龙湾政协文史委组编的《龙湾历代诗文选》(人民日报出版社 2009 年版)。2010 年 11 月,龙湾区组织召开了"温州龙湾明代文化研讨会"[①],围绕龙湾明代的政治、经济、军事、社会生活、思想信仰、人物、文献的搜集与整理等展开讨论和交流。此外,方坚铭的专著《"永嘉场"地域文化研究:以明代永嘉场为考察中心》,全面而深入地阐述了"永嘉场"地域文化的特色,而且初步总结和探讨了明代"永嘉场"地域文化崛起的原因,并围绕明代四大家族,即李浦王氏、普门张氏、英桥王氏、七甲项氏家族的代表人物,考察其生平历履、宦绩学业、文学成就,以及对明代政治、文化的影响。[②]

瑞安文史学者推出了"瑞安地方文化丛书",出版有俞海主编的《李笠诗文选集》(中国文史出版社 2008 年版),《虞廷恺家书》(中国文史出版社 2010 年版)等。瑞安文史学者俞光多年潜心研究地方经济史,写成《瑞安经济史》(浙江人民出版社 2013 年版),并对叶适的《习学记言序目》展开研究,著有《叶适研究论稿》(黄山书社 2015 年版)。瑞安市社科联也重视对叶适与永嘉学派的研究,2010 年 11 月与浙江省儒学学会合作举办了"纪念叶适诞辰 860 周年暨学术研讨会"[③],2014 年 10 月推动成立了温州市叶适与永嘉学派研究会并编印会刊《叶适与永嘉学派研究》,2017 年 11 月举办了"陈傅良诞辰 880 周年和孙锵鸣诞辰 200 周年纪念座谈会"。此外,瑞安市政府还重视对晚晴朴学大师孙诒让与玉海楼的研究,2000 年 11 月举办"孙诒让学术国际研讨会",筹资出版《孙诒让全集》(许嘉璐主编,中华书局 2009 年至 2016 年陆续出版)。李刃主编的"瑞安文化丛书"(5 册)由浙江大学出版社 2011 年出版。2018 年恰逢孙诒让、洪炳文诞辰 170 周年,项湘藻诞辰 160 周年,沈靖诞辰 140 周年,周予同诞辰 120 周年,缪天瑞诞辰 110 周年,10 月 22 日、10 月 23 日,由浙江省社科联、温州市委宣传部和瑞安市委、市政府联合举办的"瑞安先贤与近现代中国——浙江省社会科

① 曹凌云主编:《明人明事:浙南明代区域文化研究》,人民出版社 2012 年版。

② 方坚铭:《"永嘉场"地域文化研究:以明代永嘉场为考察中心》,浙江大学出版社 2012 年版。

③ 吴光、洪振宁主编:《叶适与永嘉学派》,浙江人民出版社 2012 年版。

学界第四届学术年会分论坛”主题报告会和学术研讨会在瑞安召开。

为挖掘平阳优秀的历史文化内涵，“平阳地方文献丛书”推出第一、二辑 14 部，分别是：周干、陈仲光编校的《元到民国时期平阳史料选编》，张奋点校的《潜斋集外三种》，陈兴华点校的《新编音画字考》，陈盛奖点校的《马鞍山人诗草》，林孝暖编校的《元代平阳诗文辑集》，林顺道等点校的《南雁荡山志》，陈仲光、马允伦点校的《龙湖书院志・仙坛山志稿》，李成廉、张君点校的《青华集・还珠亭日课・尚志堂诗文集》，由中州古籍出版社于 2010 年出版；张奋点校的《一粟轩诗文集》，李成廉、张奋点校的《蓉林笔钞》，陈仲光、周干点校的《出山草谱》，张奋点校的《吟香舫吟稿》、陈正印点校的《戊社汇刊》、郑振国点校的《惺园诗文钞》，由中州古籍出版社于 2013 年出版。

永嘉县重视对楠溪江古村落文化、永嘉耕读文化的保护与研究，2007 年 6 月与浙江省建设厅合作举办过“新农村建设中乡土建筑保护暨永嘉楠溪江古村落的保护利用学术研讨会”；2010 年 10 月，与浙江工贸职业技术学院合作开展“永嘉耕读文化”研究的科研项目，举办过“永嘉耕读文化研究专家座谈会”。此外永嘉县政府也重视永嘉学派的研究，2014 年 11 月联合浙江社科省院哲学所召开了小型的“永嘉学派研讨会”。永嘉县方志办整理出版有清光绪《永嘉县志》(中华书局 2010 年版)，《枫林古镇景物志》(中华书局 2011 年版)。值得关注的是，清华大学建筑系陈志华教授多次对永嘉楠溪江古村落文化进行调研，出版有《乡土中国：楠溪江中游古村落》(生活・读书・新知三联书店 1999 年版)，《楠溪江乡土建筑研究与保护》(云南人民出版社出 2004 年版)。

文成县重视对历史文化名人刘基的研究，先后召开各类以纪念刘基诞辰、刘基学术文化研究为主题的活动，比如“中国(文成)刘基文化暨生态旅游文化节”(2004 年、2006 年、2008 年、2011 年)，“第五届中国(文成)刘伯温文化节开幕式暨‘太公祭’秋祭大典”(2013 年)，“中国(文成)‘问道刘基’学术研讨活动”(2014 年)等；文成县还成立了刘基文化研究会，定期编印会刊《刘伯温研究》。2011 年 7 月，为纪念刘基诞辰 700 周年，文成县刘基文化研究会组编了《刘伯温民间传说集成》(重庆大学出版社 2011 年版)[①]；2017 年 12 月，为配合“第三届刘基文化国际学术研讨会”的召开，文成县文广新局牵头编纂了署名“周文锋、郑

---

① 《刘伯温研究系列丛书出版发行》，中国文成网(http://www.66wc.com/35182.html)，2011 年 7 月 11 日。

文清主编”的《刘伯温传说》。①

四、绍兴历史文化研究

“浙江文化研究工程”启动后，绍兴市成立了以时任市委书记王永昌为组长的文化强市建设领导小组，并成立了办公室，市财政还设立了文化研究工程的专项经费，予以支持。

绍兴是历史古都，春秋战国时期，以绍兴为中心建立的越国就定都绍兴；绍兴是名士之乡，绍兴名人灿若群星，而且有不少堪称中华民族的精英；绍兴是文化名城；从古越的稻作文化、舟楫文化、陶瓷文化到如今的兰文化、酒文化、茶文化，绍兴处处散发着浓郁、鲜活的区域文化特质。李永鑫主编的《绍兴通史》(共5册，浙江人民出版社2012年版)对绍兴7000余年历史进行了广泛深入的研究和梳理，向读者展示绍兴人、绍兴古城、绍兴文化、绍兴文明的演进过程及其特点，充分展示了被誉为“鱼米之乡”“文物之乡”“名士之乡”“戏曲之乡”“书法之乡”的绍兴发展史。

因为绍兴是“名士之乡”，故而围绕大禹、王羲之、陆游、王阳明、徐渭、秋瑾、鲁迅、蔡元培、马寅初等历史文化名人的生平事迹、学术成就举办了不少纪念性质的座谈会或学术会议，出版了不少学术论著。比如，为“传承大禹精神、弘扬大禹文化”，绍兴市政府发起举办每年一届的“公祭大禹陵典礼”活动；王羲之曾在绍兴兰亭写下“天下第一行书”《兰亭集序》，为更好地传承弘扬书法文化，绍兴自1985年起举办每年一届的“兰亭书法节”，2013年起中国书坛最高奖——“中国书法兰亭奖”长期落户绍兴；因为王阳明父亲王华致仕后迁居绍兴，再加上王阳明晚年在绍兴讲学，王阳明病逝后葬于绍兴，近年来，绍兴也重视了对王阳明的研究，成立了绍兴市王阳明研究会、王阳明研究院，也举办了“纪念王阳明逝世485周年学术研讨会”(2014年1月)、“纪念王阳明诞辰545周年学术研讨会”(2017年9月)等会议。

鲁迅作为家喻户晓的大文豪，鲁迅故居、百草园、三味书屋、咸亨酒店等一大批“鲁迅故里”的标志性建筑，更是绍兴作为国家历史文化名城的重要组成部分。在绍兴市政府的支持下，绍兴文理学院、绍兴鲁迅纪念馆成立国际鲁迅研究中心，并加快了对古越国史和越文化的系列研究。2004年5月，浙江省鲁迅

---

① 周文锋、郑文清主编：《刘伯温传说》，浙江人民美术出版社2017年版。

研究会(1980年11月成立)挂靠绍兴文理学院,每两年举办一次大型的学术研讨互动,比如2004年5月举办"越文化视野中的鲁迅学术研讨会",2008年举办"新时期鲁迅研究三十年学术研讨会",2009年举办"鲁迅作品与中小学教育学术研讨会",2011年举办"鲁迅:经典与现实——纪念鲁迅诞辰130周年学术研讨会"。

绍兴筹办每年一届的"绍兴文化论坛",比如2015年11月举办的"文化引擎与城市发展"鲁迅文化论坛暨"当代文化语境中的鲁迅"学术研讨会,2016年12月召开的绍兴首届文化论坛"纪念鲁迅逝世80周年暨吴越史地研究会成立80周年学术研讨会",2017年10月举行的绍兴"文化创新与城市发展"鲁迅文化论坛暨"鲁迅与新文学"国际学术研讨会。此外,近年来浙江省鲁迅研究会、鲁迅文化基金会和绍兴文理学院等单位联合举办了"鲁迅与世界文豪:跨时空对话"系列活动。2018年4月25日,继"鲁迅与雨果""鲁迅与托尔斯泰""鲁迅与泰戈尔""鲁迅与夏目漱石"等"大师对话"文化交流论坛之后,"鲁迅与但丁:跨时空对话"中意文学论坛在绍兴召开。鲁迅长孙、鲁迅文化基金会会长在发言中指出,鲁迅与但丁虽然身处于不同的时空,但在精神上却具有一致性。作为中意两国的发声者、批判者,他们的作品对于两国民族文化都具有极其重要和深远的影响。"鲁迅与但丁:跨时空对话"不仅是谈鲁迅与但丁,同时也是中国与意大利两国的文学对话,也可以说是绍兴和佛罗伦萨两座城市的对话。在绍兴举办大师对话活动,是适得其所、理所当然,具有象征性,也具有历史性和现实性,将对我们两个城市、两个国家的文化发展和交流互动、文明互鉴,具有实际推动意义。①

绍兴下辖区、县、市也重视本地历史文化的发掘与传承研究。比如上虞区重视对乡贤文化研究,2001年成立有上虞乡贤研究会,致力于挖掘故乡历史,抢救文化遗产,弘扬乡贤精神,服务农村文化发展这一宗旨,出版《上虞名贤名人》等专著30余本,参与筹办过2008年11月召开的"纪念马一浮先生诞辰125周年暨国际学术研讨会",2013年11月举办的"东山文化与新时期上虞精神学术研讨会",2018年10月举办的"唯物求真·改革创新:王充思想学术研讨会"等。尤其是在2015年,上虞获得了"中国乡贤文化之乡"的称号,《光明日报》、中央

① 浙江省鲁迅研究会:《浙江省社会科学界第四届学术年会分论坛暨"鲁迅与但丁:跨时空对话"中意文学论坛召开》,见"浙江社科网":http://www.zjskw.gov.cn/skyw/13563.jhtml,2018—04—28。

电视台等多家媒体密集报道了上虞乡贤研究的成果经验，乡贤文化研究的“上虞现象”蔚然成风，并引发了全国不少地方一次又一次的乡贤文化大讨论。

新昌、嵊州多年来着力挖掘、打造“浙东唐诗之路”，1991 年，新昌文史学者竺岳兵提出了“唐诗之路”的概念；1993 年，中国唐代文学学会发文认定“浙东唐诗之路”。浙东唐诗之路是指唐代诗人穿越浙东七州（越州、明州、台州、温州、处州、婺州、衢州）的山水人文之路，他们大多从钱塘江出发，经古都绍兴，自镜湖向南过曹娥江，溯源而上，入浙江剡溪，走新昌的沃洲、天姥，过天台山石梁飞瀑。2007 年，新昌县人民政府成立了“浙东唐诗之路申报世界遗产领导小组”，自此之后，“唐诗之路”所经之地也都积极行动加入申报世界遗产的活动中来。2015 年，新昌县委宣传部与中国计量学院人文社科学院联合举办了“浙东唐诗之路与佛教文化”学术研讨会。2018 年 11 月，由浙江省委宣传部、省发改委、省文化和旅游厅、浙江日报报业集团主办的“全国唐诗之路与天姥山学术研讨会”在新昌举行，来自全国各地 30 多位唐诗之路研究专家学者齐聚新昌，共同探讨近年来国内外唐诗之路研究成果及研究方向。

五、湖州历史文化研究

湖州人文荟萃、文化底蕴深厚。湖州市社科联根据《湖州文化研究工程方案》，确立了“湖州在杭宁发展带率先崛起”的系列研究项目，还将“特色文化研究”“湖州名镇、名村、名家族等专门史研究”和“湖商研究”等作为本地区历史文化研究的三大重点，有针对性地围绕省文化研究工程选题，组织社科力量申报课题。

2006 年，湖州市委宣传部、湖州市社科联组织启动编写“湖州历史文化丛书”，“湖州历史文化丛书”的编写工程启动，旨在先行编写出版湖州的专业史，为最后编辑出版《湖州通史》作准备，截至 2017 年已经在杭州出版社、浙江古籍出版社陆续出版了七辑。2007 年出版的第一辑有：嵇发根的《丝绸之府五千年：湖州丝绸文化研究》，张西廷的《湖州茶香飘千年：湖州茶文化史纲》，张前方的《毛颖之技甲天下：湖州笔文化研究》，董惠民、史玉华、蔡志新的《崛起沪上大财团：近代湖商研究》，徐可的《人家都住水云乡：湖州民俗文化研究》，冯罗宗的《鹦鹉杯中箬下春：湖州饮食文化漫笔》；2008 年出版的第二辑有：陈连根的《跨越历史的拷问：湖州吏治文化研究》，潘明福的《苕霅诗音自古传：湖州诗词文化研究》，余连祥的《乌程霜稻袭人香：湖州稻作文化研究》；2010 年出版的第三辑：

韦良的《岁寒惟有竹相娱：湖州竹文化研究》，王增清、龚景兴、李学功的《苕水悠悠芸香远：湖州藏书文化研究》，沈文中的《垂虹玉带出吴兴：湖州古桥文化研究》；2011 年出版的第四辑有：陆建伟的《湖州农业史》，周向阳的《湖州商业史》，陈连根的《湖州教育史》，韩玉芬、高万湖的《湖州科技史》；2013 年出版的第五辑有：沈俊、汲晓辉的《湖州园林史》，朱全德、薛帅杰的《湖州书画史》，钱克金的《湖州环境史》，刘正武的《湖州文献史证》；2014 年出版的第六辑有：龚景兴、张银龙、顾仁娟的《湖州科举史》，张志良的《湖州曲艺史》，王昌忠等人的《湖州现代文学史》和李秀娟的《湖州宗教史》。2017 年出版的第七辑有：沈文泉的《湖州新闻史》，周淑舫的《湖州妇女运动史》，钱志远的《湖州廉政史话》，丁国强、沈令行的《湖州医学史》。遗憾的是，类似于“湖州文献集成”性质的湖州历史文献整理工作则相对滞后。

2012 年 1 月，中共湖州市委推出“关于推进文化改革发展‘八大行动’建设文化强市的意见”，其中提出：深入实施湖州历史文化研究工程，挖掘梳理湖州历史文脉，深度研究挖掘湖笔书画文化、丝绸文化、农耕文化、茶文化、鱼文化、竹文化、湖商文化、民国文化等地域特色文化，深度研究挖掘古城、古镇、古村落和历史名人。加强湖州文献“回家”、保护、整理和出版工作，编纂《湖州通史》和湖州专门史等，建立“湖州市珍贵古籍名录”。继续举办国际湖笔文化节、陆羽国际茶文化节等重大文化活动，创办湖州文化艺术节，保护湖州传统节庆文化，大力传承弘扬优秀传统文化。①

湖州长兴县泗安镇白莲村于 2004 年发现七里亭遗址，2005 年至 2006 年经过考古学家的发掘，证明七里亭遗址是东南沿海地区最早的古人类文化遗存，也是全国旧石器时代早期遗址中为数不多的超过百万年的遗址之一，对早期人类的分布、扩散和适应生存行为的研究有重大的学术意义。

六、嘉兴历史文化研究

嘉兴建制始于秦，有两千多年历史，境内的马家浜文化遗址距今有 7000 多年，是长江下游、太湖流域新石器时代早期文化的代表。马家浜文化遗址上承余姚河姆渡文化，下启上海青浦崧泽文化和浙江余杭良渚文化，它的发现引起

① 《中共湖州市委关于推进文化改革发展“八大行动”建设文化强市的意见》，《湖州日报》2012 年 1 月 21 日。

了国内外考古界的重视，认为这证明了长江流域和黄河流域同是中华民族文化起源的摇篮。嘉兴市文化局编印有《江南文化之源：马家浜文化》(浙江摄影出版社 2004 年版)，浙江省文物考古研究所编有《江南文化之源：纪念马家浜遗址发现五十周年图文集》(中国摄影出版社 2011 年版)。

嘉兴对地方历史文化的整理、研究未曾中断。2006 年，嘉兴市建立“文化研究工程指导委员会”，由时任市委书记黄坤明任主任，并设立专家(编辑)委员会，分别设立了“嘉兴当代发展研究”“嘉兴历史文化研究”专家委员会和“嘉兴历史文献整理”编辑委员会。嘉兴市委宣传部、市社科联正式负责实施“嘉兴市文化研究工程”，并陆续推出两辑“嘉兴历史文化研究丛书”。第一辑丛书着眼于大文化，包括《南湖诗词选》《诗说嘉兴运河》《南湖传统民俗文化研究》《嘉兴望族的家族教育》4 种，2010 年由浙江人民出版社出版。[①] 第二辑丛书“南湖文化名人”关注嘉兴历史上的文化大家，收录了《朱生豪》《蒲华》《沈钧儒》《陆贽》《褚辅成》《朱彝尊·沈曾植》等 9 位文化名人的传奇故事，2011 年由浙江人民出版社出版。嘉兴鸳湖书局独资整理出版嘉兴历代文献的大型地方文献丛书——“嘉兴文献丛书”，陆续整理点校出版。2010 年由凤凰出版社出版的“嘉兴文献丛书”第一辑三册七种艺文类典籍分别是：冯梦祯的《快雪堂日记》，李日华的《六研斋笔记》《紫桃轩杂缀》，郭容光的《艺林悼友录》，张鸣珂的《寒松阁谈艺琐录》，朱福清的《鸳湖求旧录》《续录》。[②] 嘉兴学院文法学院范道济教授整理点校清代著名诗人、学者查慎行诗文集，汇集为巨制《查慎行全集》，2017 年 11 月由中华书局出版发行。

嘉兴下辖的各区县也重视开展当地历史文化的研究。为了完整挖掘和真实展示桐乡历史文化的深厚底蕴，从 2010 年开始，桐乡市文化广电新闻出版局、市文学艺术界联合会启动编写“桐乡历史文化丛书”系列，至今已完成三辑 15 本。2012 年出版第一辑五册，有《桐乡史话》《文明留痕》《小镇模样》《风土杂记》《名物小志》，2013 年出版第二辑五册，有《水墨乌镇》《人文濮院》《水韵洲泉》《古韵石门》《浅读崇福》；2016 年第三辑丛书由浙江人民出版社出版，包括《晚村纪事》《张履祥传》《达叟严辰》《书业先驱》《百年太虚》。[③] 2004 年，桐乡还成立了吕留良研究会，点校整理出版《吕留良诗文选》(浙江古籍出版社 2009 年)、

---

① 耿俪浻：《南湖文化研究丛书出版》，《嘉兴日报》2013 年 9 月 17 日。

② 《〈嘉兴文献丛书〉三种》，《中国典籍与文化》2010 年第 2 期。

③ 沈怡华：《桐乡历史文化丛书第三辑出版》，《钱江晚报·今日桐乡》2016 年 8 月 17 日。

《吕留良诗文集》(浙江古籍出版社 2011 年版)。桐乡籍学者俞国林编校整理了《吕留良全集》(全 10 册),作为国家清史编纂委员会"文献丛刊"一种,由中华书局 2015 年出版。《吕留良全集》收《吕留良诗笺释(何求老人残稿)》《吕晚村先生文集》《惭书》《吕晚村先生论文汇钞》《天盖楼砚铭》《御儿吕氏婚礼通俗仪节》《东庄医案》《天盖楼杜诗评语》《四书讲义》[①]《吕子评语》等十余种,末附生平资料、序跋资料、著述目录、年谱简编,以便读者研究参考。

平湖市近年来大力开展陆稼书研究,2014 年 12 月,平湖市陆稼书研究会成立,主要业务是发扬优秀传统文化、开展平湖名人文化研究,广泛开展陆稼书研究的交流、合作与传播,编刊《陆稼书研究报》《陆稼书研究》《陆稼书的故事》等。同时,2016 年 9 月,在陆稼书曾经担任县令并留下美名的上海嘉定,召开了"上海儒学与当湖书院:陆陇其学术思想研讨会"。平湖市陆稼书研究会还编辑会刊《陆稼书研究》(内部印行),目前正在组织学者编辑《陆稼书全集》,开展陆稼书"无讼文化"研究。

七、金华历史文化研究

金华有 2200 多年的历史,因其"地处金星与婺女两星争华之处"而得名,古称"婺州"。历史上的"婺学",又称"吕学""金华学派",主要是指南宋中期由吕祖谦开创的一个儒家学派,它是南宋"浙东学派"重要的一支。

金华市于 2005 年 11 月 18 日由市委办、市府办联合下发《关于印发金华市文化研究工程实施方案的通知》,在实施方案中,提出了近年研究重点,准备启动"南宋婺学"等重大项目,还提出了金华地区各县区实施文化研究工程应启动的项目选题指南。金华市委、市政府重视对金华历史文献的整理,比如与浙江师范大学合作编纂了"重修金华丛书"(200 册,上海古籍出版社 2013 年版),"续金华丛书"的编纂也在进行中;金华市政协主持整理《吕祖谦全集》(浙江古籍出版社 2008 年版)、《十七史详节》(8 册,上海古籍出版社 2008 年版)。

2006 年 3 月,金华市委、市政府提出了"创建文化大市"的决定,着手系统化挖掘整理金华历史文化资源,首次提出并确立了"婺文化"这个概念。金华市委宣传部、金华市社科联积极组织浙江师范大学等驻金高校的专家和金华婺文化研究会(2007 年成立)等社团的学者,广泛开展金华历史文化研究,形成了一系

---

① 吕留良撰、俞国林点校的《四书讲义》(全三册)作为"理学丛书"之一种,由中华书局 2016 年出版。

列深受市民群众欢迎的成果，尤其是已经出版的“婺文化丛书”（包括《婺文化概要》《古婺遗韵》《金华农耕文化》等），为宣传普及金华历史文化知识、传承弘扬金华优秀传统文化做了承前启后、富有成效的工作。[①] “婺文化研究团队”成功入选“浙江省文化创新团队”。金华市委宣传部策划、主编的“金华历史文化丛书”即将推出。

金华下辖的各区县也重视开展当地历史文化的研究：

义乌市委、市政府紧跟“浙江文化研究工程”部署要求，于 2008 年制定“义乌丛书”编纂总体方案，启动“义乌丛书”编纂工作。根据“方案”，从 2008 年到 2020 年，义乌市将花 13 年完成一个中远期规划，完成“义乌丛书”的编纂。“义乌丛书”的内容构架将分义乌文献题录、义乌方志丛编、义乌文学读物、义乌文化研究、义乌家史丛编、义乌人物汇纂、义乌先贤文存、义乌杂著钩沉、义乌史料文物集粹、义乌丛书影印等 10 辑。“义乌丛书”已出版丛书有上海古籍出版社影印出版的《义乌人物记》《青村遗稿》《傅大士文集》《王忠文公集》《丹溪心法》等，上海人民出版社出版的《骆宾王全传》《义乌民俗》《义乌谭故》《品读义乌》《义乌墨韵》《傅大士评传》《义乌著作志》《走进倍磊》等，中华书局出版的《吴百朋集》等，人民文学出版社出版的《冯雪峰全集》等。

永康支持对南宋永康学派代表人物陈亮的研究，2004 年永康政府与浙江省社会科学院合办“陈亮国际学术研讨会”[②]。邓广铭点校的《陈亮集》增订版由河北教育出版社于 2003 年出版。浙江师范大学方如金教授一直以来从事陈亮研究，1996 年由人民出版社出版《陈亮与南宋浙东学派研究》，2016 年由河北大学出版社出版《陈亮研究论稿》。永康民间学者程朱昌、程育全父子编撰出版“永康程氏遗书”（《程文德集》《战国策集注》《程正谊集》《程子樗言》《程尚濂诗集》），由上海古籍出版社 2013 年出版。

武义是东晋隐逸明招文化、唐五代禅宗明招文化和南宋浙东理学明招文化的发源地，明招文化是浙东史学、浙东学派和婺学思想的重要组成部分，武义县人民政府与浙江师范大学合办中华明招文化研究院，并连续举办了三届“中华明招文化研讨会”（2012 年 10 月、2015 年 10 月、2017 年 10 月），主要就吕祖谦与宋明理学、吕氏家族与明招文化、吕学在港台地区的传播、吕学的当代价值、

---

① 方增吉：《挖掘八婺文化优势 凝聚新时代精神力量》，《金华日报》2017 年 11 月 27 日。

② 卢敦基、陈永革主编：《陈亮研究》，上海古籍出版社 2005 年版。

明招文化与武义地方历史文化等议题进行了探讨，发掘明招文化与中华传统文化的关系及明招文化的历史价值和现实意义。[①]

兰溪市委宣传部重视对范浚、李渔等历史文化名人的研究，2014 年 3 月由兰溪市委宣传部、兰溪市文联等单位主办的“婺学开宗范浚学术研讨会暨《范浚集》首发式”举行。《范浚集》原名《香溪先生范贤良文集》，范浚后裔范国梁编校，2014 年由浙江古籍出版社正式出版。2018 年 4 月，兰溪市范浚研究会成立。

浦江重视对明代开国文臣之首宋濂与饮誉中外的承夏古代家族文化“江南第一家”郑义门的宣传与研究：1994 年就举办有“纪念宋濂诞辰 685 周年暨‘江南第一家’中国古代家族文化研讨会”[②]；1995 年启动了《宋濂全集》的编撰工作，1999 年由浙江古籍出版社出版。

八、衢州历史文化研究

衢州是一座具有 1800 多年历史的江南文化名城，为挖掘历史悠久、人文内涵丰富的衢州历史文化，衢州市成立“浙江文献集成”编纂工作领导小组，由时任市委书记厉志海任组长，办公室设在社科联，以“两套丛书一部简史”为重点，实施历史文化研究，即“衢州历史文献典籍丛书”“衢州历史文化丛书”和《衢州简明史》。2013 年 11 月，衢州市正式启动“衢州文库”编撰工程。“衢州文库”将衢州深厚的文化划分为三大块：“衢州文献集成”“衢州区域文化集成”和“衢州名人集”。“衢州文库”编撰工程，衢州学院具体承担其中的“衢州文献集成”编纂任务，2015 年，全 200 册的“衢州文献集成”由国家图书馆出版社正式出版，收录自唐代至清末衢州历史文献及民国衢州方志等，计 230 多种。

南宋建炎三年(1129)，孔子后裔随驾南迁，来到衢州安家繁衍，从此，孔氏家庙在全国有了两处：一为山东曲阜，二为浙江衢州，故而衢州素有“南孔圣地·东南阙里”之称。衢州南孔家庙现为国家级文保单位。早在 1991 年 10 月，衢州市政府与中国孔子基金会、浙江省社会科学院合作举办“儒学与浙江文化研讨会”，对宋代衢州书院、孔氏南宗和衢州家庙等进行初步研讨。[③] 郭学焕著

① 朱静怡：《武义举办中华明招文化研讨会》，《金华日报》2017 年 10 月 22 日。

② 中共浦江县委宣传部、浙江省文学学会合编：《宋濂暨“江南第一家”研究》，杭州大学出版社 1995 年版。

③ 浙江省衢州市政府等编：《儒学与浙江文化》，中国广播电视大学出版社 1993 年版，第 184—212 页。

《孔子后裔在浙江》(浙江人民出版社 2013 年版)一书,追溯孔子后裔迁徙和生活在浙江的历史,旨在理清浙江孔裔的主要宗派、支系脉络及分布情况。

1997 年 9 月,衢州孔子学术研究会成立,孔祥楷当选为首任会长;1999 年 1 月,衢州孔氏南宗家庙管理委员会成立,孔祥楷任主任。徐寿昌主编有《孔氏南宗史料》,由孔氏南宗家庙管理委员会于 2004 年、2009 年作为“内部资料”刊印。今人编撰的《衢州孔氏南宗家庙志》,2001 年由浙江人民出版社出版;明代学者沈杰辑编的《三衢孔氏家庙志》,2015 年由国家图书馆出版社影印出版;衢州市文化广电新闻出版局编的《东南阙里:衢州孔氏南宗家庙》,2016 年由商务印书馆出版。

2006 年,衢州学院与浙江省社会科学院合作成立“南孔文化研究中心”;2011 年,又与中国社会科学院哲学所合作成立“中国哲学与文化研究中心”[①]。衢州学院还举办有多届“孔子文化节”。吴锡标、刘小成编著《儒风浩荡:孔氏南宗与江南社会文化》,作为“衢州文库·区域文化集成”一种,由商务印书馆 2016 年出版;刘小成、吴锡标二人还合作编写《孔氏南宗》,由浙江大学出版社 2016 年出版。此外,徐建平、章浙中主编的校本教材《南孔文化》由浙江大学出版社于 2004 年出版。

2006 年 9 月、2008 年 9 月、2010 年 9 月,衢州市委、市政府连续承办了三届由浙江省与中国社会科学院合作领导小组主办的“中国衢州国际儒学论坛”。详况可以参阅 2006 年 10 月 31 日《光明日报》刊登的《南孔:一个值得寻味的文化符号》,2010 年 12 月 31 日《光明日报》刊发的《儒家文化与时代精神:2010 中国·衢州国际儒学论坛发言摘登》。

2016 年 9 月,定位于儒学文化的体验中心、展示平台、传承推广中心和儒学典籍的收藏中心的衢州中国儒学馆正式开馆,馆内设有孔子雕像馆、最美衢州人展馆、儒学文献典藏馆、孔子学堂(培训室)、少儿体验馆、风颂剧场、报告厅等,其主体部分是“东南阙里·儒风天下”主题陈列馆。近年来,为了更好地弘扬、传承和发展南孔文化,衢州市委宣传部在中国儒学馆开设了“南孔大讲堂”,以期对古城历史遗存、传说故事、典籍古物、风俗民情等文化资源进行系统整理,让南孔文化从典籍中走出来,从学术中走出来,更好地融入南孔古城建设,让南孔文化形神兼备、内外兼修。2018 年 9 月 8 日,浙江省儒学学会会长吴光

① 《中国哲学与文化研究中心在衢州成立》,浙江在线新闻网站,2011 年 10 月 14 日 。

教授做客首期“南孔大讲堂”，作了主题为“深入挖掘南孔文化精神，打造传承复兴儒学的精神高地”的专题讲座。

九、舟山历史文化研究

舟山群岛历史悠久，据考古发现，早在5000多年前的新石器时代，舟山群岛上就有人居住。

在2006年的“浙江文化研究工程”启动之后，舟山市把体现时代特征、海岛特色、舟山特点的海洋文化作为研究品牌，分四个板块：一是舟山市海洋历史文化专题研究，如舟山史前文化研究、舟山专门史研究、舟山特殊历史研究等；二是舟山海洋民俗文化研究；三是舟山海洋文化名人研究，如革命家金维映、商界名人朱葆三、政界要人董建华等；四是舟山海洋历史文献整理。

当今舟山历史文化研究的特色是普陀山佛教文化，普陀山是中国佛教四大名山之一，是观音菩萨的应化道场。1997年建成的南海观音造像，是全世界佛教徒观音信仰的标识，普陀山举办每年一届的“中国普陀山南海观音文化节”。2006年4月，首届“世界佛教论坛”在杭州、舟山两地举办。关于舟山历史文化名人研究，标志性的研究课题是浙江海洋学院开展的对晚清经学家黄式三、黄以周的研究。2007年11月，浙江海洋学院人文学院与舟山市社科联共同发起成立“舟山市黄式三、黄以周学术研究会”；詹亚园、张涅主编的《黄式三、黄以周合集》(15册)，由上海古籍出版社2014年正式出版。

十、台州历史文化研究

台州是和合文化的发源地之一，和合文化是台州历史文化资源之宝，台州历史文化研究的重点集中在天台山和合文化。天台山自汉晋以来，依托神秀的山水，名道、高僧、大儒络绎登临，望族诸姓纷至沓来，辛勤耕耘，由此诞育了佛教第一宗天台宗和中国道教南宗，这种以佛道为特色、宗教文化与宗族文化交相辉映、儒释道与民间文化相互融会的文化就是天台山文化。

1989年5月18日，台州市天台山文化研究会在天台山国清寺宣告成立，此后与中国社会科学院世界宗教研究所、浙江省社科联、南京博物院等单位合作，通过举办会议、学术研究、编辑书刊的方式推动天台山文化的历史内涵及其现代价值的研究。1993年6月、1997年9月，天台山文化研究会与中国社会科学院等单位合作，先后两次召开“中国天台山文化学术研讨会”，会议论文集由《东南文化·天台山文化专号》第二辑、第三辑出版。1999 年，台州市社科院成立天台山文化研究所，专门开展天台山文化研究。2002 年 5 月，李一、周琦主编的《台州文化概论》由中国文联出版社出版，与此同时召开了“第三届中国天台山文化国际学术研讨会”。2005 年 5 月，筹办“天台山暨浙江区域道教国际学术研讨会”①；2008 年 5 月，举办“寒山子暨和合文化国际学术研讨会”②；2009 年 6 月，举办“2009 海峡两岸济公文化研讨会暨《济公文化研究文荟》首发式”③；2011 年天台山文化研究会成立 20 周年，天台山文化研究会编《天台山文化研究会成立 20 周年学术研讨会论文集》。2015 年 5 月，召开“天台山文化当代价值研讨会”；2017 年 11 月，举办“2017 天台山和合文化论坛”。2017 年，天台山文化研究会、天台山文化研究院合作创办了内部交流期刊《天台山文化研究》，辟有“和合文化”“唐诗之路”“天台吟咏”“文化简讯”等栏目。此外，“天台山文化研究丛书”、天台山文化交流中心重点研究课题成果“中华天台学系列丛书”，由宗教文化出版社陆续出版。

台州文化底蕴深厚，历朝历代文人才子辈出，名著佳作迭现。据《台州经籍志》统计，台州历史上共有典籍 4532 部，这些濒临消亡的文献，弥足珍贵。先是在 2006 年左右，台州市提出应优先列入出版规划的三类成果：一是方志类；二是丛书和总集类，如现存台州第一部诗歌总集《天台集》、第一部儒家文化总集《台学论》等；三是文集类。2013 年 4 月，台州市正式启动了“台州文献丛书”的编纂整理工程。按照“古今、人文”的体例，“台州文献丛书”分古籍整理和文化研究两大部分。古籍部分将收录民国以前台州籍或久居台州、在学术上享有盛名的名家著作 70 种；文化研究部分将分台州文化专题研究、台州历代名人研究、台州文化遗产研究三大系列。丛书编纂工作将以本地学术力量为主，采用委托合作、社会招标等方式，分期分批分类实施。④

2014 年，“台州文献丛书”第一辑“台州丛书”由上海古籍出版社出版。“台州丛书”分甲集、乙集。甲集包括宋戴复古《石屏诗集》十卷、宋戴敏《东皋子集》一卷、明王士性《广志绎》五卷、清冯甦《见闻随笔》二卷、宋陈骙《文则》二卷；乙

---

① 连晓鸣主编：《天台山暨浙江区域道教国际学术研讨会论文集》。浙江古籍出版社 2008 年版。

② 浙江省社会科学联合会编：《寒山子暨和合文化国际研讨会论文集》，浙江大学出版社 2009 年版。

③ 程书：《“2009 海峡两岸济公文化研讨会”综述》，《世界宗教研究》2009 年第 2 期。

④ 《台州文献丛书》编纂委员会：《〈台州文献丛书〉编纂工作启动，吴蔚荣向编纂委员会授牌》，2013 年 9 月 9 日。

集包括宋陈耆卿《嘉定赤城志》四十卷、宋林表民《赤城集》十八卷、清冯甦《滇考》二卷、明金贲亨《台学源流》七卷附清吴观周《续台学源流》四卷、明金贲亨《道南书院录》五卷。2015年，"台州文献丛书"第二辑"台州府志"影印本、点校本由上海古籍出版社出版。同时，"台州文化研究丛书"第一辑《台州理学南湖学派史》《戴复古论稿》《台州节俗概说》也由上海古籍出版社出版。2017年，"台州文献丛书"第三辑出版，有《台学统》《台州外书》《台州札记》《风雅遗闻》《天台山全志》《嘉定赤城志》《赤城新志》；"台州文化研究丛书"第二辑《台州藏书史》《台州历代郡守辑考》《台州文物考论》《济公文化面面观》《黄绾年谱简编》《东瓯丛考》《天台山与中国五百罗汉文化》，也一并由上海古籍出版社出版。2018年，"台州文献丛书"第四辑由国家图书馆出版社出版，其中点校本有《洪颐煊集》《万山纲目》《水道提纲》；影印本有《台州金石录》《委羽山志委羽山续志》。"台州文化研究丛书"第四辑由上海古籍出版社出版，分别是《天台山和合文化》《越南天台宗研究》《章安史话》《翰墨飘萧：柯九思的艺术世界》。"台州文献丛书"的编纂、"台州文化研究丛书"的出版，是台州文化大市建设的一个重要内容，也是台州文化发展史上的一项重大工程，对促进台州传统文化的传承和弘扬以及台州的文化发展具有重要作用。

台州市政协市文史专家马曙明、任林豪多年来倾注于台州文史的研究，主要研究成果有：《临海墓志集录》(宗教文化出版社2002年版)、《临海文物志》(文物出版社2005年版)、《台州道教考》(中国社会科学出版社2009年版)、《台州编年史》(浙江古籍出版社2018年版)。《台州编年史》以编年叙事的形式客观记述了从先秦到新中国成立期间台州所发生的政治、军事、经济、文化、教育、宗教等重大历史事件，是一部了解台州历史、认识台州市情、感悟台州文化、传承台州文明的生动教科书。①

台州下辖各区、县、市也结合当地的历史文化情况，通过编纂地方文献、开展学术研究的方式促进台州历史文化的综合研究。

椒江旧称海门，明代海门建成，民族英雄戚继光在此屯兵抗倭，为此，椒江区辟有戚继光抗倭纪念馆，为浙江省重点文物保护单位、浙江省爱国主义和国防教育基地。戚继光抗倭纪念馆编《戚继光抗倭民间故事选》，传承戚继光的爱国主义精神。

---

① 李欣：《〈台州编年史〉举行首发仪式》，临海新闻网，2018年4月18日。

黄岩区启动了“黄岩区文化研究工程”，组织出版了《章甫秋乱弹剧作选》（中国戏剧出版社 2006 年版）、《周炳林文集》（浙江人民出版社 2009 年版）、《黄绾哲学思想研究》（中国文史出版社 2012 年版）、《黄岩金石志》（中国文史出版社 2013 年版）等。

路桥区委宣传部启动“乡土文化挖掘保护工程”，出版“九鼎文化丛书”。组织开展元明之际史学家陶宗仪的研究，资助出版有《陶宗仪集》（浙江人民出版社 2005 年版）、《陶宗仪研究论文集》（浙江人民出版社 2006 年版）、《〈南村辍耕录〉中的故事》（浙江人民出版社 2008 年版）。

温岭市委、市政府、市政协文史委于 2011 年启动“温岭丛书”的文献编纂工程，系统整理点校宋元明清历代的乡邦文献，第一辑 11 册《戴敏集》《戴复古集》《徐似道集》《王居安集》《戴昺集》《陈咏集》《林昉集》《潘伯修集》《释宗泐集》《刘仁本集》《许伯旅集》《王叔英集》《谢省集》《王佐集》《林鹗集》《黄孔昭集》《谢铎集》《戴豪集》《黄绾集》《叶良佩集》，由浙江大学出版社 2016 年出版。温岭文史学者吴茂云多年来倾心于戴复古研究，编校《戴复古全集校注》（中国文史出版社 2008 年版）、撰著《戴复古研究》（浙江大学出版社 2017 年版），还在 2017 年 11 月策划召开了“纪念戴复古诞辰 850 周年学术研讨会”。

临海市历史文化底蕴深厚，有“千年台州府、满街文化人”的美誉，是国家历史文化名城。1998 年成立的临海市历史文化名城研究会，致力于挖掘名城文化内涵，组织编校整理“临海名城文献丛书”，主要有《嘉定赤城志》（中国文史出版社 2004 年版）、《台州札记》（中国文史出版社 2004 年版）、《巾子山志》（中国文史出版社 2004 年版）、《东湖志 · 东湖新志》（中国文史出版社 2005 年版）、《民国临海县志》（中国文史出版社 2006 年版）。陈光建、叶维军主编《历史文化名城临海》（浙江人民出版社 2002 年版），以翔实的内容、精美的图片，深入浅出地全面介绍了临海国家历史文化名城保护与发展的情况。临海市委、市政府组织出版多卷本“临海丛书”，有“市情卷”《临海概览》、“人文卷”《府城史话》、“文学卷”《诗文撷英》、“名胜卷”《临海胜景》、“书画卷”《丹翰菁华》，由西泠印社出版社 2014 年出版。“临海历史文化名城研究系列丛书”，由中国文史出版社 2014 年出版。临海文博专家徐三见多年来致力于临海历史文献的研究，出版个人文集《墨默斋集》《墨默斋续集》（中国社会科学出版社 2004 年、2006 年版），编校整理《赤城遗书汇刊》（巴蜀书社 2011 年版）等。

近年来，天台县在开展天台山文化研究的基础上，又围绕“浙东唐诗之路”

与和合文化的内在联系，以“天台山和合人间文化园”为依托，设立中国人民大学和合文化研究基地，充实和合文化中的唐诗元素，打造独具特色的天台山唐诗文化。

十一、丽水历史文化研究

丽水古称处州、括州、括苍，处州历史文化属吴越—瓯越文化圈。2005 年 8 月，丽水市委响应浙江省委“关于加快建设文化大省的决定”，作出“关于加快绿谷文化建设的决定”，其中有“培育特色文化品牌”的文化研究工程与文化保护工程。丽水市对丽水九县(市、区)特色文化品牌进行摸底调查，在此基础上拟定了文化研究项目选题本级 50 项和县(市、区)级 30 项，内容涵盖丽水当代发展、历史文化专题、历史名人研究、历史文献整理四大板块。

2006 年，“丽水文化研究工程”正式启动。2008 年 5 月，丽水市社科联组织社科专家学者编纂出版了“丽水绿谷文化丛书”第一辑(虞红鸣主编)，分别是：《处州古代著述考》《历史人物与处州》《处州摩崖石刻》《处州历代书法》《处州历史人物评传》《解读刘伯温》等六本著作，由浙江古籍出版社出版。

2010 年，“丽水绿谷文化丛书”第二辑由浙江古籍出版社出版，分别是：《处州文化史》《处州历代文选》《处州历代诗词选》《处州名胜古迹》《处州史事钩沉》《此山集》。“丽水绿谷文化丛书”对丽水的文化、历史进行了深入研究，多角度多方位展示了一幅全面反映处州历史风貌的“清明上河图”。据悉，按照计划，丽水市社科联将进一步挖掘整理丽水历史文化脉络，盘点丽水历史文化古籍，着力打造瓯江文化品牌，通过整理补充《丽水文化研究工程选题目录》、组织重版《丽水古籍文献》等形式，全面实施丽水文化研究工程，推动绿谷文化大发展大繁荣，提升丽水竞争软实力。

“括苍丛书”是刘基第 20 代孙刘耀东在民国年间编纂的一部括苍地方文献丛书，收录自宋朝至清朝 20 位处州先哲们的著述。“括苍丛书”分两集，第一集收书 8 种，分别为：《论语意原》《草木子》《自怡集》《郑苍濂奏议钞》《靖匪录》《滑疑集》《太鹤山人文集》《石门山房诗钞》。第二集收书 12 种，分别为：《项氏家说》《考古质疑》《吹剑录外集》《真山民诗集》《周此山诗集》《遂昌山人杂录》《木讷斋文集》《易斋集》《太鹤集》《唾余草》《古香室遗稿》《许禹庭诗稿》。丽水市社会科学界联合会组织学者点校了这套“括苍丛书”，由浙江古籍出版社 2014 年出版。“括苍丛书”展现的是处州从宋朝到清朝的人文画卷，书中收集的不仅是

20 位先哲的著述，也从侧面展示了孔子、朱熹、刘基、宋濂、汤显祖等中国历史上风云人物的人文动态。

与温州文成重视明代思想家刘基的研究与宣传一样，丽水青田也重视对刘基这位先贤的宣传与研究，丽水学院成立有刘基研究所，民间学术团体有丽水市刘基研究会、青田刘基研究会。青田县政府联合丽水学院举办有“全国刘基文化研究学术讨论会暨浙南旅游经济发展战略研讨会”(2002 年 4 月)，“中国青田刘基文化研讨会(2006 年 7 月)”，“刘基诞辰 700 周年纪念活动暨刘基文化研讨会”(2011 年 7 月)。丽水学院刘基研究所与青田刘基文化研究会合作编辑出版有《刘基文化论丛》三辑(延边大学出版社 2002 年、2007 年、2012 年版)。

第四节 深化浙学研究的建议与未来展望

改革开放 40 多年来，经过几代“浙学”工作者的不懈努力，今天的“浙学”研究已经取得了丰硕的成果，但是，我们也需要并应该清醒地认识到，对比追踪历史、紧贴时代、结合实际、繁荣学术的新要求，面对构建中国特色哲学社会科学、建设“文化浙江”“社科强省”的新任务，我省的浙学研究还面临着不少问题与困难，主要包括：

一，“浙学”学术体系、学科体系、教材体系、话语体系建设总体水平还不够高。二，高校院所与地方政府合作推进地域文化研究过程中存在资源不平衡的现象。三，地域文化研究中存在因籍贯、故里之争而有地方政府保护主义的倾向。四，浙江历史文献整理、地域学术研究中存在一哄而上、重复立项的现象。五，“浙江文化研究工程”付诸实施之后，“浙江文化研究工程成果文库”中大量的文献、专著、论集在浙江(杭州)、北京、上海等地的不同出版社出版；尽管按照“统一封面、统一标识和统一版式”的形式公开出版，然而在不同出版社完成出版，难免会给读者在图书购置、阅读使用上带来诸多不便。

新时代、新气象，新担当、新作为。以浙江历史文化的深度挖掘与研究传承为基点，推进浙江优秀传统文化创造性转化和创新性发展，让优秀传统文化活起来、传下去，则是摆在浙江历史文化工作者面前的一项特殊使命。此外，新时代呼唤“新浙学”，如何重现历史上的“浙东学派”的辉煌与荣光，接续宋元明清以降的“浙学学统”而熔铸、重构新时代的“浙江学派”，在提倡文化自信、传统文化复兴的当下，显得尤为重要。

一、筹建并成立省一级的“浙学研究院”

鉴于浙江省委、省政府办公厅以及省委宣传部一直以来对“浙学”“（与时俱进的）浙江精神”的关注与重视，尤其是国家领导人对“浙学”“浙江精神”“浙学人物（王阳明、黄宗羲）”的重视与持续关注，建议由浙江省委宣传部牵头，联系浙江大学、浙江省社科联、浙江省社会科学院、浙江省教育厅等单位机构，组建省一级的“浙江历史文化研究院”（“浙学研究院”），由省委宣传部领导或主管科教文卫的副省长担任院长。

1.在海内外学术界公开选聘一批有一定学术声誉、德高望重的浙江历史文化研究专家，尤其是省外浙江籍的知名学术大家，诸如清华大学国学院院长陈来教授（温州人），北京大学佛教研究专家楼宇烈教授（绍兴人），中国人民大学孔子研究院院长张立文教授（温州人），华东师范大学哲学所资深教授陈卫平教授（上虞人）、杨国荣教授（诸暨人）等组成顾问与学术委员会团队。同时，在浙江高校、科研院所招募专门从事浙江历史文化研究的学者，要求老、中、青三代学者兼顾，以“驻院研究员”身份从事有关浙江历史文化的专题研究工作。

2.创办一年一届的“浙学高峰论坛”。建议首届以浙江省人民政府名义在浙江省人民大会堂举办，浙江大学、浙江省社科联、省社科院等参与承办；从第二届开始，实行轮流制，依次由杭州、宁波、温州、绍兴、湖州、嘉兴、金华、衢州、舟山、台州、丽水市人民政府负责承办，并由所在地的高校科研机构参与，也可以结合各地市（包括区、县）特色历史文化来设计会议主题。

3.也可以举办两年一届的“浙江历史文化暨浙学国际高端论坛”研讨会，邀请海内外著名的浙学研究专家与会；同时以儒学、佛学、道学，尤其以儒学中的朱子学、阳明学为结合点，加强浙学与蜀学、湖湘学、齐鲁学、关学、洛学等开展学术互动、交流合作，择机与他省社科院、社科联、文史馆合作举办“浙学·蜀学·黔学·关学·徽学”等区域学术联合互动的研讨会，打造“浙学”与中华地域学术共同体建设。

4.与《人民日报》理论版、《光明日报》理论版、《中国社会科学报》、《中国社会科学》、《历史研究》、《哲学研究》等大报大刊合作，不定期地开设“浙江历史文化专版”，组织专家学者撰写浙学人物、浙学理论、浙学时代价值的理论文章。同时，支持省社科联主办的《浙江社会科学》“浙学”特色栏目建设，支持《浙江日报》主办、浙江省社科联协办的《浙江日报》“浙学大讲堂”专版建设，支持浙江广播电视集团新媒体、浙江卫视主办的《文化浙江大讲堂》节目。

5. 创办高质量的《浙学》(《浙江思想文化评论》)研究辑刊，或者在浙江省社会科学院浙江历史文化研究中心创办的《浙江历史文化研究》辑刊的基础上，依照“国家社科基金资助期刊”的支持力度对《浙学》或《浙江历史文化研究》辑刊予以资助。前期，也可以委托《浙江学刊》或《浙江社会科学》期刊杂志社管理《浙学》或《浙江历史文化研究》辑刊的组稿编辑、日常管理。

6. 支持省图书馆开设举办每月一次的社会公益性质的“浙江历史文化讲坛”，各地市图书馆也可以围绕各地域的特色历史文化举办相关的地域文化论坛，如金华“婺学论坛”、绍兴“越学论坛”、温州“瓯越文化论坛”、台州“和合文化论坛”等。

二、重视从事“浙学”研究的人才培养与队伍建设

1. 建议省委宣传部、省委组织部及省人力社保厅、省教育厅在人才荣誉称号诸如省“特级专家”、省“五个一批”人才、省属高校“钱江学者特聘教授”的评聘，以及享受国务院政府特殊津贴专家、国家“万人计划”、中宣部文化名家暨“四个一批”人才等高层次人才的推荐上，适当兼顾数十年如一日长期坚持从事浙学、南宋史研究等浙江历史文化基础理论研究的科研人员。

2. 青年是社会上最富活力、最具创造性的群体，建议省委组织部、省委宣传部及省人社厅、省社科联、省教育厅等主管单位在选拔、扶持和培养我省哲学社会科学青年人才，诸如浙江省“新世纪 151 人才工程培养人员”、浙江省社科联“之江青年社科学者”的遴选过程中，适当向在一线从事浙江历史文化研究的青年理论工作者倾斜，为青年人才成才铺路搭桥，让他们成为有思想、有情怀、有责任、有担当的哲学社会科学理论工作者。

3. 浙江省社科联在重点支持高校科研机构的“浙江省哲学社会科学重点研究基地”建设的同时，也应适当在活动经费、科研项目上重点支持专业从事浙江历史文化研究、普及、宣传、推广工作的社会团体组织，如浙江儒学学会、浙江省历史学会、浙江文学学会、浙江省越国文化研究会、浙江省地方志学会、浙江省鲁迅学会、浙江省钱塘江文化研究会等。

4. 秉持“学术乃天下之公器”的理念，“跳出浙江看浙江”，关于专业从事浙江历史文化研究的学者队伍，我们既要重视省内高等院校、科研机构的学者，也

要看到省外高校、院所科研人员对浙江历史文化的持续关注与执着研究，更要重视港台及海外的研究人员及其研究成果。简言之，从事浙江历史文化研究，要充分利用省内省外、境内境外、国内国外“两种资源”“两个市场”，尤其鼓励和引导“省内浙江人、省外浙江人、海外浙江人”，积极投身于新时代的浙江历史文化研究。

5.从事学术研究工作终归是学者的本分与天职。浙江历史文化与浙江优秀传统文化的保护与传承，基础理论研究是前提，作为一名社科学者一定要保持定力，要有“板凳甘坐十年冷”和“十年磨一剑”的执着坚守；同时要“不忘初心”，敢于担当，树立并牢记、践行为“人民做学术”的理念，持之以恒做深做实浙江历史文化的学术研究、传承弘扬、创新发展，努力建构新时代的“浙学”学术学科体系，为传承弘扬中华优秀传统文化、构建中国特色哲学社会科学再立新功。正如习近平同志2004年12月23日在浙江省社科联第五次代表大会上的讲话中所说的：“浙江历史上出大师、出传世之作，将来也完全有可能出大师、出传世之作，出现以大师为统帅的学科学派，提高哲学社会科学在全国乃至世界的影响力，提高浙江的文化软实力。”①

三、开展实施“浙学经典丛刊”“浙学研究文库”等一批重大科研项目

1.建议省委宣传部、省社科规划办以课题立项形式，编纂一套“浙学经典丛刊”（或名“浙学基本典籍丛刊”），遴选历史上由浙江籍思想家、学者所撰写，且在当时以及后世在全国乃至国际汉学界产生过较大学术影响的经典名作20种左右，重新校勘整理出版，凸显“浙学”的文献学基础。

2.组织编纂出版“浙江历史文化研究文库”（“浙学研究文库”），遴选书目主要包括：(1)20世纪以来公开出版的浙江历史文化研究名著，诸如何炳松的《浙东学派溯源》，魏桥主编的《浙江十大文化名人》，宋慈抱的《两浙著述考》，滕复等撰著的《浙江文化史》，王凤贤、丁国顺合作撰著的《浙东学派研究》，沈善洪主编、费君清执行主编的《浙江文化史》，金普森、陈剩勇主编的《浙江通史》等。(2)适当收录海外汉学家研究浙江历史文化名人的优秀成果，诸如美国汉学家田浩的《功利主义儒家：陈亮对朱熹的挑战》，日本阳明学者冈田武彦的《王阳明

---

① 习近平：《干在实处走在前列：推进浙江新发展的思考与实践》，中共中央党校出版社2006年版，第315页。

大传》,瑞士学者耿宁的《人生第一等事:王阳明及其后学论"致良知"》,美籍华人学者杜维明的《青年王阳明(1472—1509)》,港台新儒家学者刘述先的《黄宗羲心学的定位》等。

3.组织编纂一套"浙学研究丛书",具体题目如下:(1)《浙学通论》概括"浙学"的定义,演绎"浙学"的来龙去脉,揭示"浙学"的学术价值与现实关怀。(2)《浙学通史》,具体包括《两宋浙学》《明代浙学》《清代浙学》《近现代浙学》《浙江佛学》《浙江道学》等。(3)在《浙学通史》《浙学通论》完成的基础上,编纂一部《浙学大辞典》,深入浅出地解读浙江历史文化人物、著作、专有名词、重大事件,等等。

4.以省委、省政府重大专项课题的形式,研究"传统文化"与"革命文化""先进文化"之间的内在关联,进而言之,在培育和践行社会主义核心价值观的过程中,要特别关注并深刻理解弘扬"浙江优秀传统文化"和弘扬"红船精神""浙江精神""当代浙江人共同的价值观""新时代浙商精神"之间的内在逻辑。

四、推动实施浙学研究的"数字化工程"

随着信息时代、大数据时代的到来,如何在"互联网+大数据+人工智能+"的新时代,实施"浙江历史文献数字化工程"、搭建"浙江历史文化研究成果数据库"平台,则是我们完全有条件、也有必要考虑实施的"数字化工程"。具体设想如下:

1.由浙江古籍出版社、浙江大学出版社牵头,组建专业的工作团队,推动实施"浙江文丛""浙江文献集成"的数字化工程,把浙江历史上浩如烟海的文献典籍,统一整合到一个浙江历史文献数据库中,既可以对文献典籍进行数字化、影像化保存,也方便读者快捷、迅速地浏览、检索与浙江历史文化有关任何一个学术关键词、一位文化名人。

2.由浙江省社科联牵头,组建专业的工作团队,推动"浙江历史文化研究成果(专著)"的数字化工作。先期,可以把"浙江文化研究工程成果文库"中收录的已经公开出版的学术专著,进行数字化处理,建设"浙江文化研究工程成果文库"数据库。进而,再把20世纪以来海内外学界公开出版的与浙江历史文化有关的学术专著进行数理化处理。

3、与北大方正电子图书数据库、中国学术文献数据库、中国期刊全文数据库合作,打造"浙江历史文化研究论文数据库"。如果时机成熟,创办公益性质的“浙江历史文化网站”，可以把浙江历史文献、浙江历史文化研究论著数据库进行连接，同时也及时发布有关浙江历史文化研究的最新动态。

5.采集、整理有浙江历史文化研究的口述史料，建议由省共青团委、省教育厅、《钱江晚报》等合作牵头，招募在校大学生并进行口述采访的专业培训后，对研究浙江历史文化的专家进行面对面的视频—录音采访；在对音频影像资料进行编辑存档的同时，对采访内容等进行文字材料整理，整理而成的图文可以在《钱江晚报》等报刊上进行登载，最后可以汇集成专书出版。

6.加强20世纪浙江历史文化研究史，或曰浙学研究史的研究。20世纪以来，在现代学术视域之下所开展的浙江历史文化研究学术成果，按照学科研究的具体领域有文学、政治学、哲学、宗教学、历史学、法学、教育学、经济学、文献学、文化学等，如何全面、深入地盘点20世纪以来的与浙江历史文化主题有关的论著，作系统地提炼总结，进而为新时代开展浙江历史文化研究提供借鉴，也是一项有意义的学术工作。

六、深入推进浙学的教育与宣传普及工作

1.深入推进浙江历史文化全方位融入高校教育，建议在全省普通高校开展浙江优秀传统文化传承基地建设，统编《浙江历史文化教程》，继续修订《浙江精神与浙江发展》，作为公选课在高校开设；还可以依托各高校现有专门研究浙江历史文化的科研机构，厘清浙江优秀传统文化传承创新的价值与内涵，探索新时代背景下优秀传统文化传承创新的理念与路径。

2.各级教育部门应寻找更多的方法将浙江优秀传统文化融入中小学课程当中，省教育厅、省教科院可以组织有关专家组编写《浙江历史文化读本》，供各中小学教学使用；各地市县的教育部门通过结合各地的当地文化特色，自编乡土文化教材，让学生在本乡本土味的教学中了解家乡特色文化，爱上自己的美丽家乡。

3.省内不少公开发行的高校学报，在其哲学、人文社科版中多辟有地域文化研究的特色栏目，如《宁波大学学报》的“浙东文化研究”、《中共宁波市委党校学报》的“中国哲学与浙东学术”、《绍兴文理学院学报》的“越文化研究”、《浙江师范大学学报》的“江南文化研究”、《浙江工贸职业技术学院学报》的“刘基文化研究”等，对高校学报开辟地域文化特色栏目的做法应该继续予以支持。

4.同时也应该鼓励、支持省内各地市政府机关报开辟地域文化研究专栏，

研究宣传具有地方特色的地域文化，比如效法《温州日报》“瓯越文化”专版，《宁波日报》可以开辟“浙学文化”专版、《绍兴日报》可以开辟“古越文化”专版、《台州日报》可以开辟“和合文化”专版、《金华日报》可以开辟“婺文化”专版，《丽水日报》可以开辟“绿谷文化”专版。

七、建设浙江历史名人博物馆、纪念馆，重视对全省各地历史名人故居、墓地等文物遗迹的修缮与保护

1. 建议效仿浙江博物馆、浙江美术馆等模式，遴选浙江历史上各朝各代有代表性的伟大思想家、政治家、文学家、艺术家等，建设浙江历史名人博物馆（纪念馆），可以蜡像、雕像、画像等形式复原、再现历史名人的肖像，同时可以在博物馆（纪念馆）室内墙壁上以图文形式展示他们的生平要事。

2. 在历史名人博物馆文物保护管理与藏品征集上，应着力征集与历史名人相关的生产生活用品、档案文书、古籍善本和名人宗祠的相关物品和资料，以及反映历史名人的字画、雕塑等艺术作品，适时在博物馆（纪念馆）展柜中展览他们的著作、遗墨等。

3. 继续加大对全省各地市已有的历史名人故居（纪念馆）、墓地的修复保护力度，有条件的地方可以为围绕在公共活动场所或车站广场、城市公园中为当地的历史名人树立雕像、塑像，以便增强普通民众对历史名人的记忆与缅怀。

八、推动浙学走出去，增强浙学的国际影响力

我们知道，推动中华文化走出去是增强中华文化国际影响力的重要内容。与此相应，在新时代如何让“浙学”融入全球化，准确定位、解读国际视野中的“浙学”，则是一个崭新的理论课题与实践要求，迫切需要从事浙江历史文化研究的理论工作者去解读。或许，我们可以从以下几个角度来破题：

1. 遴选浙江历史文化中的“金名片”，诸如已经进入美国文坛的“寒山诗”，在东南亚地区有相当影响的佛教天台宗、济公文化，在欧美以及东亚地区有一定影响的阳明学、舜水学，应该加大学术研究力度、丰富宣传传播方式，并使之继续发挥文化软实力的作用，让“浙学”尽快融入全球化进程中来。

2. 以国际视野中的“浙学”为切入口，继续加大力度促进与“浙学”经典文本的外译，效仿《传习录》《寒山诗》《梦溪笔谈》等浙江经典成功译成英文并在欧美世界占有一定学术市场的做法，继续促成《梦溪笔谈》《郁离子》《人间词话》等浙

学经典的外译传播工程。同时也可以考虑把二十世纪以来研究浙江历史文化的优秀作品诸如《浙江十大文化名人》等译成外文。

3.积极响应“一带一路倡议”,以“互联网+文化”的方式,继续深挖茶叶、丝绸、黄酒、中药、木雕、根雕、石刻、文房、青瓷、宝剑等十大历史经典产业的文化内涵,使其中蕴含的传统文化的价值与品位进一步凸显,进而增强浙江历史经典产业的国际影响力。

结　语

习近平同志在纪念孔子诞辰2565周年大会上指出："优秀传统文化是一个国家、一个民族传承和发展的根本，如果丢掉了，就割断了精神命脉。"党的十九大报告指出："文化是一个国家、一个民族的灵魂。文化兴国运兴，文化强民族强。没有高度的文化自信，没有文化的繁荣兴盛，就没有中华民族伟大复兴。""不忘本来，才能面向未来。"守护、研究、挖掘浙江传统文化的内涵，从浙江历史文献经典中汲取力量，保持浙江文化旺盛的生命力，在传承、创新、发展中增强文化自信，是新时代赋予我们需要认真加以研究的重大课题。

新时代呼唤新气象，新征程要有新作为，让我们继续秉持浙江精神，干在实处、走在前列、勇立潮头，以高度的责任感和使命感，开展浙江优秀传统文化的学习、研究与宣传、传承，扎实推进"文化浙江""社科强省"建设，不断激发6400万浙江人民的文化自觉与文化自信，在守正出新的学术追求中展现社会与人文关怀，让文化之根扎得更深、文明之河流得更远，谱写出无愧于时代、无愧于人民、无愧于历史的崭新篇章！最后，我们用习近平同志2006年5月30日为"浙江文化研究工程成果文库总序"中的最后一句话作为本章的结语：

今天，我们踏着来自历史的河流，受着一方百姓的期许，理应负起使命，至诚奉献，让我们的文化绵延不绝，让我们的创造生生不息。[①]

（本章由张宏敏执笔）

---

① 陈永昊主编：《浙江文化研究工程概览》(一)，研究出版社2006年版，第4页。

后 记

本书由浙江省社会科学院浙学研究中心（以下简称“浙学研究中心”）组织的《浙学通论》课题组撰写。课题组由吴光研究员负责，王宇研究员、张宏敏研究员为课题组成员。课题组在反复讨论、确定提纲的基础上分工写作。吴光研究员撰写本书第一章“浙学的内涵与外延”、第二章“浙学的形成与发展”（与张宏敏合写）、第四章“浙学的知行观”、第八章“浙学的特色、基本精神与时代价值”；王宇研究员撰写本书第三章“浙学的本体论”，第五章“浙学的价值观”；张宏敏副研究员撰写本书第六章“浙学的政治观”，第七章“浙学的文化观：一个比较的视角”，第九章“当代浙学研究的现状与未来展望”。全书完稿后，由吴光研究员统稿，并提出了具体的修改建议。需特别指出的是，本书因由多位作者合作完成，故所选用之参考资料会有所不同，为保持原稿风貌，在此不作统一，望读者理解。

浙江省社会科学院副院长兼浙学研究中心负责人陈野研究员自始至终关注课题的研究进展，在此，表示衷心的感谢！

由于课题组成员水平所限，书稿的不足之处在所难免，敬请读者朋友批评指正。

本书课题组

2021 年 11 月